Menschenbilder in der Ökonomie

Von
Privatdozent
Dr. Helmut Woll

R. Oldenbourg Verlag München Wien

Die Deutsche Bibliothek – CIP-Einheitsaufnahme

Woll, Helmut:
Menschenbilder in der Ökonomie / von Helmut Woll. –
München ; Wien : Oldenbourg, 1994
  ISBN 3-486-23056-5

© 1994 R. Oldenbourg Verlag GmbH, München

Druck: Grafik + Druck, München
Bindung: R. Oldenbourg Graphische Betriebe GmbH, München

ISBN 3-486-23056-5

INHALT

I. DIE FRAGE NACH DEM MENSCHEN: VIKTOR E. FRANKL UND JEANNE HERSCH

Unser Denken über den Menschen ist eine wichtige Voraussetzung für unser soziales Leben. Das Wesen des Menschen hat vor allem die Gelehrten des 20.Jahrhunderts interessiert (vgl. Buber 1982, Frankl 1979, Jaspers 1951, Scheler 1955). Eng verbunden mit dieser Frage ist die Beurteilung der menschlichen Freiheit und die Frage nach der Wahrheit (Fromm 1977, Heidegger 1978). Kann der Mensch als freies Wesen wissenschaftlich bestimmt werden? (Steiner 1987). Worin besteht die Freiheit? Läßt sich Freiheit nicht nur denken, sondern auch verwirklichen?

Die Ökonomie gilt als das Reich der Notwendigkeit. Als Ausgangspunkt für ein gelungenes Leben. Gibt es nur soviel Freiheit wie die Ökonomie zuläßt? Hier werden zentrale Fragen berührt: was heißt überhaupt Ökonomie? Wie denkt die Ökonomie über das Menschsein?

Die Frage des Menschseins wurde nicht in der Ökonomie, sondern u.a. in der Höhenpsychologie und Existenzphilosophie gestellt. Sie können uns Anhaltspunkte geben über die Befindlichkeit des Denkens bezogen auf den Menschen.

Der Höhenpsychologe Viktor E. Frankl (vgl. hierzu: Bresser 1986) hat versucht, ein umfassendes Menschen*verständnis* für die heutige Zeit herauszuarbeiten. Sein theoretischer Ansatzpunkt ist die allgemeine Orientierungslosigkeit und Sinnkrise. Der Mensch soll sich nach Frankl nach oben orientieren, in die Höhe, nach sinnvollen Ideen. Um dies erreichen zu können, muß sich der Mensch seiner ganzheitlichen Daseinsweise bewußt werden. Er ist kein Konsumwesen, das nur seine körperlichen Bedürfnisse zu befriedigen braucht, sondern hat drei Dimensionen: Körper - Seele - und Geist.

Alle drei Dimensionen gehören zum Menschsein und bedürfen einer Beachtung und auch einer Hierarchie. Menschsein heißt nicht nur Leib und Seele oder Leib und Psyche zu besitzen, sondern auch die schöpferischen Fähigkeiten sind Wesenselememte des Menschen.

Frankl unterscheidet drei Erfahrungsbereiche des Menschen: Körper - Seele - Geist. Der Körper ist Inhalt unserer äußeren Anschauung des Individuums. Jeder Mensch hat einen je spezifischen Körperbau. Dieser ist einmalig. Die innere Seite des Menschen benennt Frankl mit dem Begriff der Seele. Der Mensch fühlt, denkt, hat Vorstellungen und Erinnerungen. Während der Körper sich wissenschaftlich relativ leicht begreifen läßt, ist die Seele schwerer erfaßbar. "Diese Inhalte der inneren Anschauung, also alle seelischen Zustände und Vorgänge, lassen sich nicht messen oder exakt bestimmen, sondern nur qualitativ vergleichend oder unterscheidend präzisieren. Der zusammenfassende Ausdruck *Seele* umgreift das Ganze dieser Innenvorgänge, so wie der zusammenfassende Ausdruck *Körper* das Ganze der äußeren Erscheinung umgreift"(Bresser 1986, S.235). Körper und Seele sind eng miteinander verbunden und treten in Wechselwirkungen miteinander ein.

Der Geist bildet einen besonderen Bereich. Aus ihm fließen die schöpferischen Leistungen des Menschen: Literatur, Musik, Recht, Philosophie, Religion usw. "Anschaulich und erfahrbar wird das, was wir mit dem Begriff Geist bezeichnen, nicht unmittelbar in der äußeren und inneren Anschauung - wie Körperliches einerseits und Seelisches andererseits -, sondern erst in den gedanklichen und gestalterischen Schöpfungen, die wir als Werke und Leistungen unserer Kultur in der äußeren Anschauung verwirklicht sehen und zugleich mit den Erlebnisqualitäten eines Kunst-, Sinn- und Wertverständnisses als Ausdruck von Menschlichkeit und Größe aufzufassen vermögen"(Bresser 1986, S.236).

Der Mensch wird Mensch durch seine freien geistigen Leistungen. Sie überhöhen die Eigengesetzlichkeiten der körperlichen Abhängigkeiten und können die Dynamik seelischer Konfliktspannungen durchbrechen. "Der Mensch als moralisches Wesen ist ein Geschöpf mit geistiger Dimension. Der Mensch, dem wir Würde zusprechen, ist das über die niedere Natur hinausgewachsene geistige Wesen. Der Mensch kann den Anspruch auf Freiheit nur erheben, wenn er sich als geistiges Wesen versteht und wenn er generell den Menschen für fähig hält, sich über seine - in erster Linie auf Selbsterhaltung ausgerichtete - Natur hinauszuheben und eine das Zusammenleben immer auch bereichernde Kultur auszubauen"(Bresser 1986, S.237). Der Mensch ist also eine Art Doppelexistenz, Teil der Natur und eigenständiger Schöpfer, d.h. Kulturmensch. Die Kultur findet ihren Niederschlag in den kulturellen Werkschöpfungen und in den menschlichen Werten wie Verantwortung, Tugend, Kultur des Herzens etc. Die schöpferischen Taten beruhen immer auf der Leistung des Einzelnen.

Während wir körperlich gebundene Wesen sind, gibt es eine Offenheit des Geistes. Sie ermöglicht Menschlichkeit und Verantwortung. "Wenn wir die Rückkoppelung des Geistes im Innenraum der Seele mit dem Auge unserer inneren Anschauung zu lokalisieren suchen, dann stellen sich als Bereiche des Werterlebens, als 'Organe' für Menschlichkeit und Verantwortung, am ehesten jene Kristallisationspunkte einer seelischen Tiefendimension dar, die wir Gemüt oder Gewissen nennen" (Bresser 1986, S.239). Aufgrund seiner schöpferischen Fähigkeit ist der Mensch nach Frankl in der Lage, sich über seine niederen Anlagen hinwegzusetzen. Die 'Trotzmacht des Geistes' ermöglicht den Menschen sogar inhumane Zustände in einer Art innerer Emigration in Würde zu überleben. Der Mensch braucht nach Frankl geistige *Höhen*flüge, um die Zukunft human zu gestalten.

Zusammenfassend kann das Menschenbild von Viktor E. Frankl wie folgt charakterisiert werden:

1)   Der Mensch hat als Einzelwesen drei Dimensionen/ Erfahrungsbereiche: Körper, Seele, Geist.

2)   Es gibt für uns eine Selbstverständlichkeit des Körpers. Er hat individuelle Merkmale und unterliegt biologischen Gesetzen. Der Körper ist Inhalt unserer äußeren Anschauung des Menschen und naturwissenschaftlich exakt bestimmbar.

3)   Im Menschen existiert ein Erfahrungsbereich der inneren Anschauung: fühlen, denken, vorstellen, erinnern. Der Begriff Seele umfaßt alle inneren Regungen: Sie sind nicht meßbar, nur erfahrbar, qualitativ.

4)   Körper und Seele sind untrennbar zusammengehörig.

5)   Mit den Begriffen Körper und Seele sind nicht alle Erfahrungsbereiche vollständig erfaßt. Werke der Kunst und des Geisteslebens sind Äußerungen des menschlichen Geistes.

6)   Erfahrbar wird der Geist erst in den gedanklichen und gestalterischen Schöpfungen, die wir verwirklicht sehen - und welche wir mit den Erlebnisqualitäten eines Kunst-, Sinn- und Wertverständnisses als Ausdruck von Menschlichkeit und Größe aufzufassen vermögen.

7)   Durch die geistigen Leistungen kann sich der Mensch über körperliche und seelische Grenzen hinwegsetzen.

8)   Der Mensch kann den Anspruch auf Freiheit nur erheben, wenn er sich als geistiges Wesen versteht: Kultur des Herzens.

9)   Das geistig-schöpferische Geschehen, die Wurzeln der Menschlichkeit sind unserem forschenden Blick nicht zugänglich.

10)   Alle geistigen und schöpferischen Möglichkeiten bauen auf der eigenen Kraft des Individuums.

11)   Die Rückkopplung des Geistes im Innenraum der Seele vollzieht eine innere Anschauung und bildet ein Verantwortungsbewußtsein.

12)   Höhenpsychologie = Sinnfindung und Wertorientierung. Die bisherige Psychotherapie hat uns der geistigen Wirklichkeit des Menschen zu wenig ansichtig werden lassen.

13)   Die Logotherapie will dem Einzelnen helfen, seine spezifische Aufgabe und seine eigenen Ideen zu finden und zu verwirklichen.

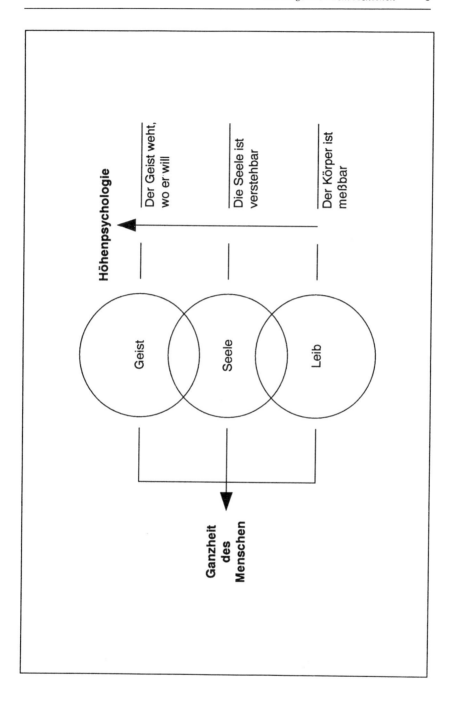

14)   Körperliche Krankheit kann auch begriffen werden als ein
       Teil der Mangelhaftigkeit des menschlichen Lebens, mit
       der wir in besonderer Weise vor die existenzielle Sinn-
       frage gestellt werden.

Der Oldenburger Philosoph und Begründer des Existenzialismus,
Karl Jaspers, hat ebenfalls sein Lebenswerk der Frage nach dem
Menschsein, nach dem Wesen und dem Ursprung der menschlichen
Existenz gewidmet. Sein Menschenbild beruht auf der philosophi-
schen Tradition der Aufklärung, auf Immanuel Kant.

Jaspers beschäftigt sich mit seinem emphatischen Wahrheitsbegriff nicht nur mit klassischen philosophischen Fragen, sondern er
bemüht sich vor allem auch, politische Fragen aus der Perspektive
des Menschseins zu begründen. Seine Schriften zur Schuldfrage der
Deutschen am Naziterror, zur Atombombe, zur Wiedervereinigung
sind ausgezeichnete Beispiele seiner Auffassung von Theoriebil-
dung. Der Philosoph ist hier nicht weltabgewandt, aber auch kein
Politiker oder praktischer Ökonom. Seine theoretischen Beiträge
wollen nicht direkt eingreifen, aber als Gedankendurchdringung dienen, die der heutige Mensch quasi im Hinterkopf behalten soll. Der
Philosoph möchte dem Politiker oder Ökonom mit seiner Denkungsart zugegen sein.

Theorie in diesem Sinne verhilft die praktische Urteilskraft und
Urteilsfähigkeit. "Aber man nutze die philosophische Denkungsart
als Licht, mit dem in konkreter Situation über die wesentlichen
Dinge die Orientierung besser gelingt. Die Motivationen werden
heller, die Realitäten klarer. Philosophie denkt auf die höchsten
Möglichkeiten hin, möchte das Gemeine überwältigen, möchte das
Wesenlose des Betriebes durchdringen" (Jaspers 1990, S.14).

In diesem Sinne hat die Schrift von Karl Jaspers zur deutschen
Wiedervereinigung aus dem Jahre 1960 und seine Schrift zur Atombombe (1958) sehr viel Klarheit geschaffen und realpolitisch
erstaunlicherweise sehr viel bewirkt. Die deutsche Ostpolitik der
70er Jahre und die Anti-Atomkraftbewegung haben hier entscheidende Denkanstöße erhalten. Beide Schriften beruhen auf einem
sehr emphatischen Menschenbild und auf einem klaren Bekenntnis
zum Humanismus und zur Freiheit des Menschen. Was heißt nun
nach der Existenzphilosophie Jaspers'scher Prägung *Menschsein*?

Das Menschsein ist für Jaspers nicht ein abstraktes Postulat, sondern steht immer in der Welt. Er stellt also die Frage nach dem Menschsein unter der Bedingung der Bedrohung durch die Technik oder durch die Gefahr für die Freiheit durch Dogmatismus und Fanatismus. Das Menschsein muß also immer neu gedacht werden und sich quasi auch bewähren. Ohne Mühe, ohne Opfer, ohne wahrhaftige Gedankenarbeit gibt es auch keinen Sinn für die menschliche Existenz. Der Mensch ist nach Jaspers (vgl. 1961) nicht erschöpfbar im *Gewußtsein*, er entzieht sich der gegenständlichen Wißbarkeit, er ist *Freiheit*. "Aber der Mensch kann sich *seiner selbst bewußt* werden vor aller Natur im Ursprung seiner Herkunft, quer zur Geschichte in der Ewigkeit - und er wird sich dann gewiß, als Produkt der Natur und Geschichte nicht erschöpft zu sein. Der Mensch ist mehr, als er von sich wissen kann" (Jaspers 1951, S.25).

Aus diesem Grund unterscheidet Jaspers das Wissen vom Menschen *als Gegenstand*, der ins Unendliche in seinem Objektwerden erforschbar ist, und dem Innewerden des Menschen *im Umgreifenden*, das wir sind und sein können auf dem unendlichen Wege unserer Freiheit" (Jaspers 1951, S.25).

Der Mensch ist nach Jaspers nicht nur ein natürliches Gattungswesen, er ist nicht nur endlos, sondern auch unendlich, unfaßbar. Versteht man nur den Menschen als Gegenstand ohne seine freiheitlichen, transzendenten Dimensionen, wird er planbar und beherrschbar.

Der Mensch hat sich in der Vorstellung der Existenzphilosophie nicht selbst erschaffen, er ist kein Selbstschöpfer aus dem Nichts. Wir sind in der Welt durch etwas, das wir nicht sind. "Wir sind nicht frei durch uns selbst, sondern im Grunde der Freiheit durch das, worin *wir uns geschenkt werden*" (Jaspers 1951, S.27). Der Mensch existiert nur bezogen auf eine Transzendenz, wir sind uns daher selbst nie genug, sind uns nie das ausschließliche Ziel. Der Mensch ist also mehr, wie er nun einmal ist. Dies eröffnet die Möglichkeit zur Freiheit; die Umkehr zum Guten, aber auch das Scheitern. Der Mensch ist nicht nur Naturnotwendigkeit, die Geschichte vollzieht sich nicht nur in Sachzwängen, sondern kann durch die menschliche Freiheit geprägt werden, wenn er sie ergreift. "Der Mensch findet sich bestimmt in seiner konkreten Umwelt, in seinem Volk, in der Menschheit, im Erdleben, im Weltall. Während er sich seiner Endlichkeit bewußt wird, gewinnt er im Endlichen Teil an der Unendlichkeit. Er ist das einzige Wesen, das umfassend auf alles gerichtet ist und das in seiner verschwimmenden Winzigkeit alles, was ist, auf irgendeine Weise sich zur Gegenwärtigkeit bringen kann. Er vermag seine Endlichkeit zu überschreiten, indem er sie ins Unendliche hinein mit neuen Inhalten erfüllt" (Jaspers 1951, S.29).

Daraus ergibt sich für Jaspers die Hoffnung für die Zukunft, nichts ist abgeschlossen, der Prozeß bleibt offen. Die Zukunft kommt nicht kausal-notwendig, sondern liegt in unserer Hand. Jaspers betont in diesem Zusammenhang die große Bedeutung der kleinen freien Handlungen. Er appelliert an unseren unbedingten Willen. Daraus ergibt sich die Hoffnung für unsere Existenz und unsere Weiterexistenz. "Gelingt uns die Vergewisserung des Menschseins im umgreifenden Rahmen seiner Möglichkeiten, so können wir nie endgültig am Menschen verzweifeln" (Jaspers 1951, S.30).

Die Philosophin und Karl Jaspers-Schülerin Jeanne Hersch hat versucht, in einem philosophischen Essay den Begriff des Menschseins zu ergänzen. Sie spricht von der *Hoffnung*, ein Mensch zu sein. Sie wendet sich gegen die These, ein Mensch zu sein, sei in der heutigen Gesellschaft unmöglich. Sie argumentiert für die Hoffnung, eine Qualität, die der Mensch nie verlieren kann.

Menschsein heißt für Hersch nicht, wie es einige Ökonomen annehmen, das Streben nach Glück oder Wohlstand, sondern daß der Mensch seine Bedingtheit und sein Menschsein erkennt. Es geht nicht um die Abschaffung der Mühe oder des Opfers. Dies hält sie für unrealistisch und auch unmenschlich. Es geht nicht um Perfektion und Optimalität. "Man neigt heute dazu, alles als wertlos zu verwerfen, solange nicht optimale Bedingungen verwirklicht sind. Das ist unsinnig: Wäre nämlich all das verwirklicht, was das Menschwerden begünstigt, so stünden wir am Ende der Geschichte. Und das Ende der Geschichte wäre auch das Ende des Menschen, denn sein Menschsein fußt in seiner Freiheit, und Freiheit existiert nicht, wo ein Endzustand, wo Vollkommenheit erreicht worden ist. Das ist etwas, das selten begriffen wird: Die Hoffnung, Mensch zu sein, besteht nur dort, wo alles noch unfertig, wo nichts vollkommen, nichts an sein Ende gekommen ist" (Hersch 1991, S.64). Menschsein heißt in diesem Verständnis auch, mit dem Ungenügen zu leben.

Es geht also nach Hersch nicht um optimale Planung, da der Mensch sich meist im Planen verliert, und sein Ziel aufgibt. Es tritt ein oft beobachteter Sinnenverlust ein, der die Qualität des Lebens entscheidend beeinträchtigt.

Natürlich ist Jeanne Hersch für die ökonomischen und sozialen Verbesserungen, vor allem in den Entwicklungsländern. Das Menschsein wird zerstört, wenn Hunger und Elend herrschen. Eine zweite Methode, das Menschsein zu zerstören, ist die Planung des Glücks, die Befriedigung aller Bedürfnisse. "Produktion und Verbrauch werden so programmiert, daß die Menschen auch in ihren Konsumbedürfnissen manipuliert und eingeplant sind. Nicht mehr die Menschen, sondern die Maschinen, die alles regeln, bestimmen die Geschichte" (Hersch 1991, S.65).

Die Zerstörung des Menschen geschieht durch Hunger, Analphabetismus und durch Überkonsum. Das anarchistische Paradies, das heute einige Ökonomen (z.b. Buchanan) als Utopie hinstellen, ist für Hersch von vornherein unrealistisch. "Als positive Theorie sind sie nicht ernst zu nehmen, aber als Symptom eines Unglücksgefühls sind sie es um so mehr, und darin muß man ihnen Verständnis entgegenbringen" (Hersch 1991, S.66).

Die Qualität des Lebens in der Industriegesellschaft hängt nach Hersch von der Produktion und der Konsumtion ab. Wir können sie durch die Qualität unserer Bedürfnisse beeinflussen. Dies ist in einem hohen Maße eine Frage der Erziehung. Man hat vergessen, daß auch in der Ökonomie soziale Beziehungen existieren, und nicht nur monetäre Geschäfte. "Mir scheint, man habe den Sinn für den lebendigen Austausch in der Gesellschaft vergessen, den Sinn für die gegenseitige Arbeit. Man weiß nicht mehr, daß Arbeitszeit nur mit Arbeitszeit bezahlt wird, und mit nichts anderem. Würde man sich dessen wieder erinnern, dann würde auch diese starre Konsumwelt wieder verlebendigt, denn sie ist von menschlicher Zeit, von menschlicher Arbeit und Kraft durchdrungen" (Hersch 1991, S.69).

Um Mensch zu sein, muß man nach der Autorin die Gegebenheiten des Menschen annehmen. Dazu gehört seine körperliche Gebundenheit, seine Freiheit und Vernunft. Tod und Leiden gehören zur menschlichen Bedingtheit, Abschaffung des Leidens heißt auch Abschaffung des Menschen. "Zur Hoffnung, Mensch zu werden, gehört, wie gesagt, ein Minimum an materieller Sicherheit, und mehr und mehr Gerechtigkeit in dieser materiellen Sicherheit. Mehr und mehr - es gibt da keine Grenze" (Hersch 1991, S.70).

Der materielle Wohlstand ist notwendig für das Menschsein, jedoch kein Garant. Sehr viele humane Leistungen wurden in elenden Verhältnissen vollbracht. Das kann aber nicht heißen, daß wir die Katastrophe brauchen, um Mensch zu werden. Im Gegenteil: Die Vernunft soll uns vor der Katastrophe retten.

Zum Menschsein gehört nach Hersch, Jaspers und Frankl der Sinn, der Mensch braucht positive Ziele. Wir brauchen etwas Einfaches in uns. Hersch nennt dies eine Substanz. Sie ist der Garant für das Zerstörerische durch die Leere "Der Mensch kann nur dann die Hoffnung haben, Mensch zu sein, wenn er etwas in sich weiß, das jenseits der Vernunft ist, das zur Freiheit selbst gehört" (Hersch 1991, S.71). Hersch nennt dies ein "inneres Freiheitsorgan". Es macht den Menschen zum Menschen. Der Mensch besitzt in sich ein *Organ* für Freiheit und Hoffnung; nur dadurch können wir Menschen werden. Es ermöglicht dem Menschen das Unmögliche zu wagen und zu tun. Dadurch gewinnt er seine Existenz und Würde.

Die Menschenbilder der Höhenpsychologie und des Existenzialismus sind humanistische Gedankenarbeiten des 20.Jahrhunderts. Mit Beginn der Aufklärung haben sich unzählige Wissenschaftler und Philosophen um ein vom Menschen erarbeitetes Menschenbild bemüht. Im Mittelalter war das Menschenbild Ergebnis der religiösen Offenbarung. Die Aufklärung forderte die Ablösung von der Religion, forderte menschliche Verhältnisse. Sie will den Menschen auf die eigenen Füße stellen (Kant). Durch Wissenschaft und Vernunft soll eine humane Entwicklung der Menschheit verwirklicht werden. Dies impliziert eine Ablösung vom Offenbarungsglauben, ein Entlassen des Menschen in die Freiheit. Der Mensch will freie Konsumwahl, Produzentensouveränität, politische Freiheit und Erkenntnisfreiheit.

Die Aufklärung entwickelte die These, daß der Mensch ein Mensch werde durch Arbeit (Hegel). Resultat der Arbeit ist die Ökonomie. Mit der Aufklärung bildet sich also sowohl ein Arbeits- als auch ein Ökonomiebegriff heraus. Beide benötigten eine Ausarbeitung des Begriffes vom Menschen. Wir beginnen unsere Analyse mit dem Vater der Ökonomie und seinem Menschenbild. Was heißt Ökonomie und Menschsein bei Adam Smith?

Literatur

Bresser, Paul Heinrich, Körper-Seele-Geist, in: Elisabeth Lukas,
    Von der Trotzmacht des Geistes, Freiburg 1986

Buber, Martin , Das Problem des Menschen, Heidelberg 1982

Frankl, Viktor E., Der Mensch vor der Frage nach dem Sinn,
    München 1979

Frankl, Viktor.E., Ärztliche Seelsorge. Grundlagen der Logotherapie
    und Existenzanalyse, 10.Aufl., Wien 1982

Fromm, Erich , Die Furcht vor der Freiheit, Ffm 1977

Heidegger, Martin , Wegmarken, 2.Aufl.Ffm 1978, vor allem: Vom
    Wesen der Wahrheit (1930) und: Brief über den
    Humanismus (1946)

Hersch, Jeanne, Die Hoffnung, Mensch zu sein, 6.Aufl., Zürich 1991

Jaspers, Karl, Über Bedingungen und Möglichkeiten eines neuen
    Humanismus, München 1951

Jaspers, Karl, Die Atombombe und die Zukunft des Menschen,
    München 1958

Jaspers, Karl, Was ist Philosophie?, 3.Aufl., München 1983

Jaspers, Karl, Freiheit und Wiedervereinigung, 2.Aufl., München
    1990

Steiner, Rudolf, Die Philosophie der Freiheit (1894), 15.Aufl.,
    Dornach 1987

Scheler, Max, Zur Idee des Menschen, Gesammelte Werke, Bd.3,
    Bern 1955

II. ARBEITSTEILUNG UND SYMPATHIE:
ADAM SMITH

Der schottische Moralphilosoph Adam Smith (1723 - 1790) gilt als Vater der ökonomischen Theorie. Seine beiden Hauptwerke "Wealth of Nations" (1776) und die "Theory of Moral Sentiments" (1759) bilden zwar eine theoretische Einheit, aber die "Moral Sentiments" sind das eigentliche Anliegen von Adam Smith (vgl. Woll 1987, S. 63 ff.). Dieses Werk hat er vor dem "Wealth of Nations" geschrieben und mehrfach bis zu seinem Tode überarbeitet. Dieses Buch wurde zunächst viel beachtet, aber in unserer heutigen Zeit wird Smith meist mit dem "Wealth of Nations" identifiziert (vgl. Meyer-Faje, 1991). Smith's geistiger Hintergrund ist die schottische Moralphilosophie von Hutcheson und er ist geprägt von der Lehre David Humes. (Hume 1739) "Hutcheson war ein Freigeist, unkonventionell, streitbar und standhaft." (Kurz 1991, S. 13) Er trat für bürgerliche und religiöse Freiheit ein. Er wehrte sich gegen die vorherrschende religiöse Meinung. Durch seinen Frankreichaufenthalt im Jahre 1765 kam Smith auch mit der französischen Aufklärungsphilosophie (Voltaire) in Berührung. Er war sehr stark geprägt von der damaligen religiösen Strömung des optimistischen Deismus (zur Smith' Biografie siehe Eckstein, in: Smith 1985, S. XI ff.).

Im "Wealth of Nations" grenzt sich Smith vom Menschenbild des Arztes und Philosophen Bernhard Mandeville (1670 - 1733) ab. Mandeville verfaßte 1705 eine satirische Flugschrift, in der das menschliche Verhalten schonungslos kritisiert wurde (Schweppenhäuser 1983). In dieser Streitschrift wurde die Frage nach der Ursache des gesellschaftlichen Reichtums gestellt. Seine Antwort besagte: "Nur Gewissenlosigkeit und Schlechtigkeit, das Laster der einzelnen, schaffen öffentlichen Wohlstand; je unehrlicher und betrügerischer sie seien, je rücksichtsloser und lasterhafter sie ihre Ziele und persönliche Bereicherung verfolgten, desto glänzender werde das öffentliche Leben und desto wohlhabender werde der Staat dastehen. Denn nur durch skrupellose Profitgier, der alle Mittel recht sind, würden der Reichtum und die Macht des Staates begründet" (Schweppenhäuser 1983, S. 14). Mandevilles Satire löste in der Öffentlichkeit einen Sturm der Entrüstung aus.

Die Bienenfabelthese, daß sich der einzelne egoistisch verhalten solle und sich dieses Verhalten unbemerkt von den Subjekten zum Wohle aller führen würde, wurde im 20. Jahrhundert sehr häufig in dogmengeschichtlichen Werken als These von Adam Smith dargestellt. Man behauptete, dies sei vor allem eine Grundannahme des "Wealth of Nations", die dann in der "Theory of Moral Sentiments" relativiert würde. Doch dem ist nicht so.

1. Die Arbeitsteilung als Basis des Wohlstandes

Der "Wealth of Nations" hat zum Ausgangspunkt nicht den Egoismus, sondern die Einsicht, daß der Wohlstand auf der menschlichen Arbeit und auf der geschickten Teilung der Arbeit beruht. "Die größte Vervollkommnung der Produktivkräfte und die vermehrte Geschicklichkeit, Fertigkeit und Einsicht, womit die Arbeit geleitet und verrichtet wird, scheint eine Wirkung der Arbeitsteilung gewesen zu sein" (Smith 1973, S. 17).

Der Mensch unterscheidet sich nach Smith vom Tier dadurch, daß er auf seine Artgenossen angewiesen ist und daß er in der Lage ist, den Reichtum mit ihnen zu teilen. Die Arbeitsteilung ist nach Smith nicht das Ergebnis der menschlichen Weisheit, sondern des natürlichen Hanges zu tauschen. "Diese Arbeitsteilung, aus welcher so viele Vorteile sich ergeben, ist nicht ursprünglich das Werk menschlicher Weisheit, welche die allgemeine Wohlhabenheit, zu der es führt, vorhergesehen und bezweckt hätte. Sie ist die notwendige, wiewohl sehr langsame und allmähliche Folge eines gewissen Hanges der menschlichen Natur, der keinen solch ausgiebigen Nutzen erstrebt, des Hanges zu tauschen, zu handeln und eine Sache gegen eine andere auszuwechseln" (Smith 1973, S. 29).

Der Mensch existiert nur dadurch, daß es auch andere Menschen gibt. Der Austausch ist nach Smith eine natürliche Anlage des Menschen. Ein Egoist würde die Nahrung für sich behalten und nicht in den Austausch treten. Beim Menschen ist es umgekehrt. Das Tier hat nach Smith die Eigenschaft, seine Beute zu sichern und nicht zu verteilen, der menschliche Instinkt widerspricht diesem

Verhalten. "Ob dieser Hang eines jener Urlemente der menschlichen
Natur ist, von denen sich weiter keine Rechenschaft geben läßt, oder
ob er, was mehr Wahrscheinlichkeit für sich hat, die notwendige
Folge des Denk- und Sprachvermögens ist, das gehört nicht zu unserer Untersuchung. Er ist allen Menschen gemein und findet sich bei
keiner Art von Tieren, die weder diese noch andere Verträge zu
kennen scheinen. Zwei Windhunde, welche zusammen einen Hasen
jagen, haben zuweilen den Anschein, als handelten sie nach einer
Art von Einverständnis. Jeder jagt ihn seinem Gefährten zu oder
versucht, wenn ihn sein Gefährte ihm zutreibt, ihn abzufangen. Das
ist jedoch nicht die Wirkung eines Vertrages, sondern kommt von
dem zufälligen Zusammentreffen ihrer gleichzeitigen Begierden bei
demselben Objekte. Kein Mensch sah jemals einen Hund mit einem
anderen einen gütlichen oder wohlbedachten Austausch eines
Knochens gegen einen anderen machen" (Smith 1973, S. 29).

Smith begründet den Austausch nicht aus der Vernunft. Er läßt
diese Frage offen. Er charakterisiert Mensch und Tier aus seiner
Beobachtung. Der Mensch braucht fortwährend seine Mitmenschen.
Wir können mit wenigen Freunden leben, aber die zivilisierte
Gesellschaft ist über den Freundesbereich hinaus auf soziale Kom-
munikation angewiesen (Smith 1973, S. 30). In der zivilisierten
Gesellschaft sollte der Mensch nach Smith wissen, daß er seinem
Nächsten den Vorschlag machen sollte: Gib mir, was ich will, und
du sollst haben, was du willst. Wenn wir zum Bäcker, Fleischer und
Brauer gehen, müssen wir nicht an seine absolute Zuneigung und
Liebe appellieren, um Waren zu erhalten, sondern wir vertrauen auf
seine Einsicht in die Arbeitsteilung. Jeder Beteiligte am Wirtschaftsprozeß weiß, daß durch Teilung der Arbeit sich jeder besser
stellt und der einzelne seine besonderen Fähigkeiten einbringen
kann.

In der Freundschaft vertrauen wir nach Smith auf Liebe und
Zuneigung. Diese hohen Eigenschaften würden den Menschen im
Wirtschaftsprozeß überfordern. Der wirtschaftliche Prozeß basiert
auf dem Austausch von selbständigen Wirtschaftseinheiten und
Subjekten. Smith setzt also weder auf das Kollektiv noch auf
Egoismus, sondern darauf, daß verantwortungsbewußte Subjekte,
Handwerker und Gewerbetreibende Waren produzieren und nicht
für sich horten, sondern an andere wertäquivalent weitergeben.
"Nicht von dem Wohlwollen des Fleischers, Brauers und Bäckers
erwarten wir unsere Mahlzeit, sondern von ihrer Bedachtnahme auf

ihr eigenes Interesse. Wir wenden uns nicht an ihre Humanität, sondern an ihre Eigenliebe, und sprechen ihnen nie von unseren
Bedürfnissen, sondern von ihren Vorteilen. Nur einem Bettler kann
es passen, fast ganz von dem Wohlwollen seiner Mitbürger abzu-
hängen. Und selbst ein Bettler hängt nicht völlig davon ab. Die
Mildtätigkeit gutherziger Leute verschafft ihm allerdings den ganzen
Fonds seiner Subsistenz. Aber obgleich aus dieser Quelle alle seine
Lebensbedürfnisse im ganzen befriedigt werden, so kann und will
sie ihn doch nicht so versorgen, wie die Bedürfnisse sich gerade zeigen. Der größte Teil seines gelegentlichen Bedarfs wird bei ihm
ebenso wie bei anderen Leuten beschafft, durch Übereinkommen,
Tausch und Kauf" (Smith 1973, S. 30/31).

Smith liefert keine tiefsinnige, wissenschaftliche Begründung der
Ökonomie. Er beobachtet lediglich die gesellschaftlichen und individuellen Handlungen und charakterisiert diese. Seine Grundannahme ist, daß der Wohlstand auf der Arbeit des Handwerks, der
Bauern, der Händler, der Ärzte und Lehrer beruht. Es ist sinnvoll,
daß eine arbeitsteilige Organisation aufgebaut wird, die ihre Waren
austauscht. Der Bettler kann nach Smith nicht das Ideal sein, da er
keine Arbeit verrichtet und an das Mitleid appelliert. Der Bettler läßt
seine Fähigkeiten verkümmern, Ökonomie heißt aber nach Smith
Fähigkeitenbildung, Wunschäußerung und Austausch von Leistungen. Dadurch muß sich der einzelne entwickeln und dadurch ergeben sich gesellschaftliche Verhältnisse.

Der Bettler arbeitet nicht und er äußert auch keine differenzierten
Wünsche. Er nimmt alles, was sich erbetteln läßt. Außerdem trägt er
keine Verantwortung für Waren, Produktion oder Personen. Smith
sieht den Bettler aber auch im ökonomischen Geschehen. Das
erbettelte Geld gelangt in den Wirtschaftskreislauf, wenn der Bettler
Waren erwirbt. Smith setzt weder auf den Bettler noch auf den
Egoisten. Smith steht damit im Gegensatz zur Bienenfabel von
Mandeville. Nicht der Egoismus führt zum Wohle aller, sondern die
Herausbildung von selbständigen Fähigkeiten, von arbeitsteiliger
Organisation und von Tauschprozessen.

Smith will die verschiedenen Fähigkeiten des Menschen durch
die Arbeitsteilung nutzen. Außerdem ermöglicht die Arbeitsteilung
wiederum, Fähigkeiten zu bündeln und neu zu erarbeiten. Die
menschlichen Fähigkeiten werden dadurch aneinander angepaßt
(vgl.Smith 1973, S. 32).

Smith sieht, daß der Mensch durch die Arbeitsteilung soziales Lernen realisieren kann. Tiere sind zu diesen Prozessen nicht in der Lage. "Viele Tiergeschlechter, die anerkannterweise zu derselben Gattung gehören, haben von Natur eine viel merklichere Verschiedenheit der Fähigkeiten, als diejenige ist, welche sich der Gewöhnung und Erziehung vorangehend unter den Menschen zeigt. Von Natur ist ein Philosoph nicht halb so sehr an Anlagen und Neigungen von einem Lastträger verschieden als ein Bullenbeißer von einem Windhund, oder ein Windhund von einem Hühnerhund, oder der letztere von einem Schäferhunde. Dennoch sind diese verschiedenen Tierarten, obgleich alle zu ein und derselben Gattung gehörig, einander kaum in irgend einer Weise nützlich. Die Stärke des Bullenbeißers wird nicht im geringsten durch die Schnelligkeit des Windhundes, die Spürkraft des Hühnerhundes oder die Gelehrigkeit des Schäferhundes unterstützt" (Smith 1973, S. 33).

Durch eine systematische Arbeitsteilung können Berufe herausgebildet werden, die Wissen produzieren und weitergeben können. Die einzelnen Berufe ergänzen und unterstützen einander. Dadurch wird für Smith der Reichtum entwickelt und systematisiert gesteigert. Das Tier kann die verschiedenen Anlagen nicht nutzen, beim Menschen können die Fähigkeiten zu einem Gesamtvermögen entwickelt werden.

Smith sieht nicht den Einzelnen im Vordergrund, sondern die Arbeitsteilung als nützliches Prinzip. Er thematisiert nicht das Problem, daß der einzelne Mensch zu einem Rädchen im Getriebe einer arbeitsteiligen Welt wird. Der Begriff der Arbeitsteilung wird von Smith in einem rudimentären Sinne verstanden, eine völlig ausdifferenzierte Ökonomie, wie sie heute existiert, steht außerhalb seiner Betrachtung.

In der arbeitsteiligen Ökonomie agieren nach Smith vor allem Arbeiter, Unternehmer und Grundbesitzer. Seine harmonische Vorstellung geht davon aus, daß Kapital und Arbeit durch wirtschaftliches Wachstum sich beide kontinuierlich besser stellen, daß die Löhne zum Lebensunterhalt ausreichen. Die Nachfrage nach Menschen wird durch die Bevölkerungsentwicklung reguliert. "So geschieht es, daß die Nachfrage nach Menschen, gerade so wie die nach jeder anderen Ware, notwendig auch die Erzeugung der Menschen reguliert: sie beschleunigt, wenn sie zu langsam vor sich geht, und verzögert, wenn sie zu rasch fortschreitet" (Smith 1973, S. 116).

Somit ist der Mensch einerseits an die natürlichen Bedingungen gebunden und andererseits in die Gesellschaft eingegliedert. Das Problem, daß der Mensch in der arbeitsteiligen Gesellschaft als Ware mit einem Preis gehandelt wird, sieht Smith nicht. Für ihn ist es maßgebend, daß der Arbeiter kein Sklave ist und über seine Arbeitskraft verfügen kann und einen einträglichen Lohn erhält (vgl. Smith 1973, S. 173/174).

Da der arme Mann nur seine Geschicklichkeit hat, ist es für Smith selbstverstdändlich, daß er gut bezahlt werden muß für seine Arbeit. Hohe Löhne sind außerdem nach Smith für die Arbeiter ein Anreiz für gute Leistungen (vgl. Smith 1973, S. 117/188).

Die Arbeiter brauchen nach Smith nicht nur hohe Löhne, sondern auch gute Arbeitsbedingungen, Vergnügen und Erholung. "Es ist die Stimme der Natur, die verlangt, daß man ihr zu Hilfe kommt durch etwas Schonung, oft nur durch Ruhe, oft aber auch durch Zerstreuung und Vergnügen. Wird ihr nicht entsprochen, so sind die Folgen oft gefährlich, manchmal verderblich und fast immer so, daß sie früher oder später zu der dem Gewerbe eigentümlichen Krankheit führen. Wenn die Arbeitgeber immer auf die Eingebung der Vernunft und Menschlichkeit hörten, so würden sie oft Veranlassung haben, den Fleiß von vielen ihrer Arbeiter eher zu mäßigen als anzufeuern. Es wird sich, wie ich glaube, bei jeder Art von Gewerbe herausstellen, daß ein Mensch, der mit so viel Mäßigung arbeitet, um ununterbrochen arbeiten zu können, nicht nur seine Gesundheit am längsten erhält, sondern auch im Verlaufe des Jahres das größte Arbeitsquantum verrichtet (vgl. Smith 1973, S. 119).

Smith appelliert also an die Vernunft und Menschlichkeit, die Arbeiter adäquat zu behandeln, er betont dabei nicht die absolute Humanität, die totale Selbstlosigkeit, sondern auch die Nützlichkeit. Ein zufriedener Arbeiter leistet auf die Dauer mehr als ein geknechteter Arbeiter.

Der Lohn des Arbeiters hängt nicht nur von materiellen Faktoren ab, sondern auch von sozialen Bedingungen. "Die Ehre macht bei allen ehrenwerten Berufen ein guter Teil der Entlohnung aus. Was den Geldgewinn anbelangt, so werden sie, wie ich bald zu zeigen versuchen werde, im allgemeinen zu gering belohnt. Die Unehre hat die entgegengesetzte Wirkung. Das Geschäft eines Fleischers ist ein rohes und abstoßendes Geschäft; aber es ist an den meisten Orten gewinnbringender als der größte Teil der gewöhnlichen Gewerbe" (Smith 1973, S. 143).

Maler und Bildhauer sollen aufgrund ihrer langen Ausbildung einen hohen Lohn erhalten. "Die Erziehung für die schöpferischen Künste und freien Berufsarten ist noch langwieriger und kostspieliger. Deshalb muß auch die Geldentlohnung der Maler und Bildhauer, der Juristen und Ärzte viel reichlicher sein: und sie ist es daher auch" (Smith 1973, S. 147).

Auch Schauspieler, Opernsänger etc. sollen und werden nach Smith hoch bezahlt. Knappheit und Schönheit legitimieren riesige Gehälter. "Die riesigen Gehälter der Schauspieler, Opernsänger, Operntänzer usw. beruhen auf diesen zwei Momenten: der Seltenheit und Schönheit ihrer Fähigkeiten und der Geringschätzung, mit der man ihre Verwertung auf diese Art ansieht. Es scheint beim ersten Anblick absurd, daß wir ihre Persönlichkeiten verachten und doch ihre Fähigkeiten mit der verschwenderischsten Freigebigkeit belohnen" (Smith 1973, S. 152).

Obwohl die beschriebenen Berufe hohe Löhne erhalten, werden sie nach Smith zu den unproduktiven Arbeitern gezählt. Der Manufakturarbeiter zählt zum produktiven Bereich, die Dienstboten zum unproduktiven Sektor. Die manufakturelle Arbeit ist beständig, die unproduktive Tätigkeit verschwindet durch die Verrichtung. "Zu der nämlichen Klasse müssen sowohl einige der wichtigsten Berufe gerechnet werden: Geistliche, Juristen, Ärzte, Gelehrte aller Art; Schauspieler, Possenreißer, Musiker, Opernsänger, Operntänzer usw. Die Arbeit der geringsten unter diesen hat einen bestimmten Wert, der sich ganz nach denselben Grundsätzen regelt, die den Wert jeder anderen Art von Arbeit regeln; und die der edelsten und nützlichsten unter ihnen bringt nichts hervor, wofür sich später eine gleiche Menge Arbeit kaufen und beschaffen ließe. Wie die Deklamation eines Schauspielers, der Vortrag eines Redners oder das Tonstück eines Musikers, so geht ihrer aller Leistung im Augenblick ihrer Produktion selber zugrunde" (Smith 1973, S. 448).

Der Mensch hat zum Ziel, seine Lage zu verbessern. Der rohe Mensch befriedigt unmittelbar seine Bedürfnisse. Er lebt quasi von der Hand in den Mund. Der entwickelte Mensch bemüht sich um Vorratsbildung. Sparsamkeit ist deswegen die Triebfeder menschlichen Handelns (vgl. Smith 1973, S. 462).

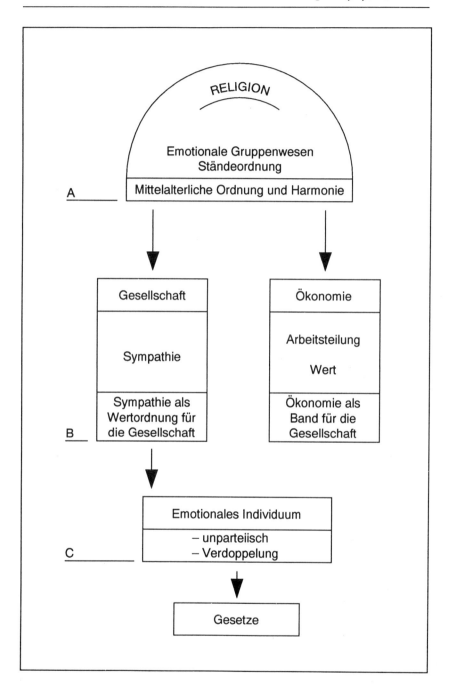

Das Menschenbild des "Wealth of Nations" wird nicht durch die Egoismusthese geprägt. Im Gegensatz zum Tier kann sich der Mensch in die Arbeitsteilung einfügen. Dies geschieht nicht aus absoluter Humanität, sondern aufgrund natürlichen Verhaltens, Vernunft und Nützlichkeitsüberlegungen. In der Arbeitsteilung muß der Einzelne eigenständige Beiträge liefern. Er kann sich nicht nur in der Gemeinschaft verstecken. Eigenständigkeit erlangt er durch Verfügung über seinen eigenen Körper und über sein Hab und Gut. Eigenständigkeit heißt aber nicht Egoismus, sondern ist die anfängliche Herausbildung von Individuen. Aus den mittelalterlichen religiösen Gruppenwesen bildet sich allmählich eine Menschheit mit selbständigen Individuen.

2.   Der Mensch als sympathisches Gefühlswesen

Das Menschenbild von Smith wird ergänzt und ausformuliert in der "Theory of Moral Sentiments". Hier thematisiert er die Frage nach den Grunprinzipien menschlichen Handelns und nach dem Zustandekommen von gesellschaftlichen Werten bzw. eines *Gesellschaftsbegriffes* (vgl. Woll 1987, S. 63 ff.).

Ausgangspunkt Smith'scher Überlegungen ist das *Gefühl* und die natürliche Eigenschaft des Menschen, vom anderen geliebt zu werden. Der Mensch ist ein Wesen, das Anteil nimmt am Wohlergehen des anderen. Es gibt nach Smith Prinzipien in der Natur des Menschen, die ihn dazu bestimmen, am Schicksal anderer Anteil zu nehmen: z.B. das Erbarmen, das Mitleid, das Gefühl für das Elend anderer.

Der Mensch empfindet Kummer, weil andere Menschen Kummer empfinden. Dieser Zusammenhang gilt für *alle* Menschen, sowohl für den Tugendhaften als auch für den Rohling. Den Kummer des anderen können wir nicht unmittelbar erfahren, wir können uns nur in den anderen hineinversetzen, ein *Bild* von ihm machen. "Wenn wir so seine Qualen gleichsam in uns aufnehmen, wenn wir sie ganz und gar zu unseren eigenen machen, dann werden sie schließlich anfangen, auf unser Gemüt einzuwirken, und wir werden zittern und erschauern bei dem Gedanken an das, was er jetzt fühlen mag" (Smith 1985, S. 2)

Die Sympathie ist der Ausgangsbegriff des Smith'schen Menschenbildes. Sie bezeichnet unser Mitgefühl mit jeder Art von Affekten. Sind sie positiv, nennt Smith sie die sozialen Affekte, die negativen heißen unsoziale Affekte. Diejenigen, die wir in uns fühlen, sind die egoistischen Affekte. Ganz allgemein gesprochen verstärkt Sympathie die Freude und erleichtert den Kummer, indem sie dem Herzen die einzige Empfindung einflößt, für die es in jenem Augenblick empfänglich ist. Deswegen wollen wir unseren Freunden von unseren unangenehmen Affekten Mitteilung machen. Wie erleichtert fühlen sich unglückliche Menschen, wenn sie jemand gefunden haben, dem sie die Ursache ihres Kummers mitteilen können. Doch durch das Erzählen des Kummers wird der Gram neu aufgerührt und die Tränen fließen stärker.

Smith argumentiert gefühlsethisch bzw. aus der Natur des Menschen heraus, allerdings kommen auch in der "Theory of Moral Sentiments" genau wie im "Wealth of Nations" Vernunftsgründe und Nützlichkeitsüberlegungen hinzu. Wir beziehen uns auf unseren Mitmenschen nach unseren natürlichen Gefühlen, vor allem auch dann, wenn wir die Gründe seiner Gefühlsäußerungen kennen. Wir haben für den Mitmenschen nicht nur absolute Sympathie, sondern wir wissen, daß ein positives Verhalten allen Menschen von Vorteil ist.

Smith postuliert nicht nur einen allgemeinen Sympathiebegriff, sondern er sieht es als natürlich an, wenn der Mensch auch an sich denkt bzw. an seine unmittelbaren Freunde. Er bestimmt die Sympathie zunächst sozial. Wichtig ist, daß der Mensch sich in die Lage des anderen versetzen kann, die Gesellschaft mit anderen gibt dem Gemüt Ruhe und den besten Schutz. "Menschen, die in Zurückgezogenheit leben und sich gerne ihren Betrachtungen hingeben, die zu Hause sitzen und über ihren Kummer oder ihr Vergeltungsgefühl zu brüten pflegen, mögen zwar oft mehr Menschlichkeit, größeren Edelmut und ein feineres Gefühl besitzen, aber sie werden selten im Besitze jener gleichmütigen Stimmung sein, die unter Männern von Welt so allgemein verbreitet ist" (Smith 1985, S. 26).

Smith sieht die Gemeinschaft als ein wichtiges Erziehungsmittel, die Menschen vermitteln sich gegenseitig die gesellschaftlichen Normen. Sie bilden sich über das Gefühl und durch das ständige Einüben. Dadurch merkt der Mensch in einem sehr langen Prozeß, was Vorteile für ihn bringt. Der Mensch kann die Gefühlsnormen kontrollieren durch einen unparteiischen Zuschauer in seiner Brust. Dieses Quasigewissen sagt ihm objektiver, ob sein Handeln richtig war. Die gelernten Normen können zu allgemeinen Regeln, zu Gesetzen ausformuliert werden.

Nach Smith soll der Mensch Sympathie für den anderen entwickeln, aber auch Sympathie für sich selbst. Smith spricht von egoistischen Affekten. "Kummer und Freude, sofern wir sie um unseres eigenen persönlichen Glücks oder Unglücks willen empfinden, bilden diese dritte Gattung von Affekten" (Smith 1985, S. 55). Der Mensch soll sein Augenmerk auch auf sich selbst lenken. Der Emporkömmling soll in gehobener Position seine ursprüngliche Bescheidenheit bewahren. Der einzelne soll sich vor allem um die kleinen Dinge des Lebens kümmern und sich daran erfreuen. Smith gebraucht den Begriff Egoismus im Sinne von Betrachtung des eigenen Lebensweges. Diese Betrachtungen sind für ihn ethisch erlaubt und notwendig.

Er wendet sich gegen die Interpretation des Begriffes Egoismus in Richtung Egozentrik und Eitelkeit. Hier kritisiert er explizit den Eitelkeitsbegriff von Mandeville. Für Smith ist Mandeville ein Purist, der jegliches Vergnügen als Laster aus Egoismus bzw. Eitelkeit begründet (vgl. Smith 1985, S. 513).

Smith setzt sich sehr ausführlich mit dem Egoismusargument von Mandeville auseinander. Mandeville verbleibt im Negativen. Er diffamiert jede Bedürfnisbefriedigung des Menschen über ein absolutes Minimum hinaus. "Nach ihm ist alles Üppigkeit oder Schwelgerei, was über das zur Erhaltung des Menschen absolut Notwendige irgendwie hinausgeht, so daß schon im Gebrauch eines reinen Hemdes oder einer bequemen Wohnung ein Laster liegt" (Smith 1985, S. 519).

Smith kritisiert hier explizit die Bienenfabel und verwirft ihre Grundannahme des menschlichen Verhaltens. Später übernimmt die Dogmengeschichte die Argumente Mandevilles und legt sie allerdings Smith in den Mund. Eine theoretische Fehlinterpretation mit großen praktischen Folgen.

Es wäre auch falsch, Adam Smith als den großen Theoretiker der Selbstlosigkeit, Sympathie und Menschlichkeit darzustellen. Dazu ist sein Ansatz viel zu pragmatisch. Er formuliert einen Mittelweg zwischen Humanität und Akzeptanz menschlicher Schwächen.

So akzeptiert Smith, daß die gesellschaftliche Rangfolge nicht auf der Weisheit beruht, sondern auf dem Besitz. Das Streben nach Besitz ist durchaus legitim, da der Reiche eher geliebt wird als der Arme. Der reiche Mann rühmt sich seines Reichtums, weil er fühlt, daß dieser die Aufmerksamkeit des anderen Menschen auf sich zieht. Der Arme schämt sich seiner Lage. Er wird entweder nicht beachtet oder man kann sein volles Leid nicht mitfühlen (vgl. Smith 1985, S. 72).

Auf dieser natürlichen Neigung des Menschen beruht nach Smith die Unterscheidung der Stände und die Ordnung der Gesellschaft. Die niederen Stände werden von ihm durchaus geachtet. Sie verkörpern positive Werte: Redlichkeit, Klugheit, Edelmut, Offenherzigkeit, Eifer etc. Der Mann der niederen Stände macht sich bei der Nachahmung der Großen lächerlich. Er hat nur die Arbeit seines Körpers und die Regsamkeit seines Geistes. "Er muß deshalb diese kultivieren: er muß sich ein höheres Wissen in seinem Beruf aneignen und eine höhere Betriebsamkeit in dessen Ausübung. Er muß geduldig in der Arbeit, entschlossen in der Gefahr und standhaft in der Not sein" (Smith 1985, S. 79). Aus diesen Gründen werden die höchsten Ämter des Staates von Männern aus niederen Ständen ausgeführt.

Der Mann von Rang meidet Beschwernisse, er will auf dem Tanzball eine Figur machen, er hat eine Abneigung gegen öffentliche Unruhen. Modische Kleidung, moderner Sprachstil, elegantes Auftreten prägen sein Verhalten. Die ethischen Gefühle werden nach Smith gefälscht durch die Bewunderung der Reichen und nicht der Weisen (vgl. Smith 1985, S. 87).

Hauptziel des Menschen ist nach Smith, daß er geachtet und bewundert wird. Das kann erreicht werden durch Reichtum oder Weisheit. Der große Haufen der Menschen, der Pöbel, bewundert Reichtum und Vornehmheit, nur ein paar Weise und Tugendhafte schätzen sich gegenseitig, was ihnen genügt. Wenn ein Reicher lasterhaft ist, wird dies ihm eher verziehen als einem armen Menschen. Um Ansehen zu erreichen, verlassen die Menschen meist den Pfad der Tugend. In vielen Staaten stehen die Männer in sehr hohen Stellungen über dem Gesetz. Betrug, Falschheit, Mord ist ihr

Repertoire. Diese Menschen werden allerdings vom Gewissen geplagt. "Inmitten all des prächtigen Prunks zur Schau getragener Vornehmheit, inmitten der käuflichen und gemeinen Schmeichelei der Vornehmen und Gelehrten, inmitten der unschuldigeren, wenngleich törichteren, jauchzenden Zurufe des gemeinen Volkes, inmitten des Stolzes über vollbrachte Eroberungen und des Triumpfes siegreicher Kriege wird er doch im Geheimen immer noch von rächenden Furien der Scham und der Gewissensbisse verfolgt" (Smith 1985, S. 93).

Der Mensch ist nach Smith begabt mit Zwecken, aber auch mit Mitteln. Selbsterhaltung und Fortpflanzung sind die wichtigsten Endzwecke. Die Mittel sind uns durch unsere Instinkte gegeben. Hunger und Durst, Leidenschaften, Liebe und Furcht treiben uns an, die richtigen Mittel für unsere Endzwecke zu wählen bzw. zu finden.

Smith beschreibt weitere Verhaltensweisen und Tugenden des Menschen. Dankbarkeit, Gerechtigkeit und Wohltätigkeit sind gute menschliche Eigenschaften. Wohltätigkeit ist frei, sie kann niemanden abgenötigt werden. Allerdings haben die Eltern die Pflicht, ihre Kinder zu versorgen. Wohltätigkeit zieht neue Wohltätigkeit an (vgl. Smith 1985, S. 121).

Niemand hat das Recht, das Glück anderer zu zerstören. So sind Mord, Diebstahl, Raub schwerer zu bewerten als der Bruch von Verträgen. Im Wettlauf um Reichtum darf jeder so schnell rennen wie er kann. Allerdings niemanden niederrennen oder zu Boden werfen. Leben, Person und Eigentum sind zu schützen.

Nach Smith leben wir in einer harmonischen Ordnung. Der Mensch kann seine Verhaltensweisen selbst bestimmen, diese fügen sich gleichzeitig in die göttliche Ordnung. Alle menschlichen Leistungen und Handlungen sind aus einem Prinzip abgeleitet (Gott). Die Gerechtigkeit erhält das innere Band der Gesellschaft. Sie ist so wichtig, daß sogar die Todesstrafe ihrer adäquat ist. Trotzdem ist der Mensch allein nicht lebensfähig. In letzter Instanz sind die irdischen Werte religiös abgesichert und begründet.

Nur die religiöse Welt kann den Menschen letztlich trösten. "Sie allein kann ihnen die Aussicht auf eine andere Welt darbieten, eine Welt von höherer Unparteilichkeit, Menschlichkeit und Gerechtigkeit als diese gegenwärtige, eine Welt, in der ihre Unschuld zur rechten Zeit kundwerden muß und ihre Tugend schließlich ihren Lohn finden wird; dasselbe gewaltige Prinzip, das allein imstande

ist, das triumphierende Laster mit Schrecken zu schlagen, gewährt
also auch der entehrten und verhöhnten Unschuld die einzig wirksame Tröstung" (Smith 1985, S. 183).

Trotzdem ist nicht das kontemplative, religiöse Leben für Smith
das Ideal, sondern das Leben in der Arbeitsteilung. Der Mensch soll
sich nicht in ein Kloster zurückziehen, sondern in der Gemeinschaft
tätig werden. "Bringe jenen Menschen in Gesellschaft anderer, und
er ist sogleich mit dem Spiegel ausgerüstet, dessen er vorher ent-
behrte" (Smith 1985, S. 168).

Nicht die stoische Hingabe an die Gemeinschaft steht für Smith
im Vordergrund, sondern auch die Achtsamkeit für das eigene
Wohlergehen. Nicht das Stoische Über den Dingen stehen hat Smith
im Auge, sondern das konkrete, alltägliche Empfinden. So ist Armut
und der Verlust des guten Rufes eine Schmach für jeden. Die
Menschen fügen sich mehr oder weniger in ihre Lebenslage ein. Das
hat die Stoiker dazu veranlaßt zu behaupten, alle Lebenslagen seien
gleich. Dies ist für Smith eine Quelle des Elends, daß der Mensch
seine Lage nicht adäquat beurteilen kann (vgl. Smith 1985, S. 221).

Die Fehleinschätzungen können korrigiert werden durch den
'inneren' Menschen. Der 'innere' Mensch muß herangezogen und
gebildet werden. Dies kann nach Smith weder eine stoische noch
eine moralistische Schulung erreichen, da beide weltfremd sind. Die
trübsinnigen und weinerlichen Moralisten haben nach Smith eine
übertriebene Sympathie mit dem Unglück anderer. Sie empfinden
künstliches Mitleid mit anderen. Smith nennt diese Haltung unvernünftig und sinnlos. Wozu sollten wir uns wegen der Leute auf dem
Mond beunruhigen? Die Stoiker lassen sich von keiner konkreten
Situation beeinflussen. Auch dies ist für Smith unmenschlich, weil
der Mensch immer auch Sorge trägt für unmittelbares auch kleines
Leid.

Der Mensch, der am meisten Gefühle für die Freuden und Sorgen
anderer hat, ist nach Smith am ehesten befähigt, die vollste Herrschaft über seine eigenen Freuden und Leiden sich anzueignen.
Derjenige ist der größte Menschenfreund, der den höchsten Grad an
Selbstbeherrschung erringt. "Übung und Betätigung derselben haben
ihm gefehlt und ohne diese kann niemals eine Charaktereigenschaft,
sei es auch nur im leidlichen Maße, erworben werden. Mühsal und
Gefahren, Unrecht und Mißgeschick, das sind die einzigen Lehrmei-
ster, unter deren Zucht wir die Übung dieser Tugenden erlernen

können. Aber das alles sind Lehrer, in deren Schule kein Mensch sich freiwillig begibt" (Smith 1985, S. 228). Aus diesem Grunde widerspricht nach Smith die Humanität der Selbstbeherrschung. Humanität heißt für Smith milder Sonnenschein, ungestörte Ruhe.

Die Eitelkeit des Menschen ist nach Smith die Quelle des Selbstbetruges. Diese menschliche Schwäche verantwortet die Hälfte aller Zerrüttungen des menschlichen Lebens. Eine Korrektur dieses Fehlverhaltens ist schwer möglich. Smith geht davon aus, daß nur ein "moralischer Sinn", "ein geistiges Auge", ein neues Wahrnehmungsorgan den Selbstbetrug eindämmen könnte. Dieses Organ scheint der Mensch aber nicht zu lieben. Nur der unparteiische Zuschauer und die davon bestimmten allgemeinen Regeln können den Selbstbetrug entschärfen (vgl. Smith 1985, S. 238).

Durch diesen Prozeß erfährt der Mensch eine Achtung vor den allgemeinen Regeln und entwickelt ein natürliches Pflichtgefühl, das gesellschaftlich gebildet wurde. Die Regeln verhindern, daß der Mensch sich nach seinen Launen verhält. Oft treffen die allgemeinen Regeln nicht die spezifische Situation, diese Unstimmigkeit ist nach Smith nicht zu vermeiden, da die meisten Menschen nicht dazu in der Lage sind. Nur der edle Mensch hält die allgemeinen Regeln ein und kann trotzdem situative Unterschiede voll berücksichtigen.

Das Pflichtgefühl und die Achtung der allgemeinen Regeln hat nach Smith zwei Ursachen. Der Mensch weiß, daß er sie für das gesellschaftliche Leben braucht und er weiß, daß sie Gebote Gottes sind. Die Religion bildet das historische Fundament der allgemeinen Regeln, lange bevor das Zeitalter des bewußten Nachdenkens und Philosophierens angebrochen war. "Daß die Schrecken der Religion das natürliche Pflichtgefühl verstärken sollten, das war für die Glückseligkeit der Menschen von viel zu großer Wichtigkeit, als daß die Natur dies hätte von der Langsamkeit und Ungewißheit philosophischer Untersuchungen sollen abhängen lassen" (Smith 1985, S. 248).

Durch das Befolgen der allgemeinen Regeln wird der Mensch zum Mitarbeiter Gottes. Wenn wir anders handeln, durchkreuzen wir den Plan Gottes und müssen seine Rache und Strafe fürchten. Bereits auf der Erde können wir für unsere guten Taten belohnt werden.

Die Belohnung auf der Erde ist aber nicht immer absolut richtig. So bewundert der Mensch eher einen fleißigen Schurken als einen tugendhaften Menschen, der wenig erntet. Auch unterliegt die Natur anderen Regeln als der Mensch (vgl. Smith 1985, S. 255).

Der Mensch ist in eine natürliche Ordnung eingebunden, aber auch aufgrund seiner Schwäche an den Glauben an ein künftiges Dasein verwiesen. Das oberste Gebot für den Menschen ist deswegen der Glaube an den Willen der Gottheit. Die Religion erhöht das Pflichtgefühl des Menschen. Smith propagiert deswegen die Achtung vor religiösen Personen und wendet sich gegen die Kirchenreligion. "Die Religion allein gewährt so starke Triebfedern zur Übung der Tugend und schützt uns durch so mächtige Hemmungen vor den Versuchungen des Lasters, daß viele dadurch zu der Meinung gebracht wurden, religiöse Prinzipien seien die einzigen Triebfedern des Handelns" (Smith 1985, S. 259).

Liest man die Passagen von Smith zur Religion, so fällt auf, daß er sich für ein religiöses Leben ausspricht, daß er aber religiösen Fanatismus auf der einen Seite und unnutzen Reichtum und Tand auf der anderen Seite ablehnt.

Zum Abschluß seiner "Theory of Moral Sentiments" stellt Smith die Frage nach der Tugend menschlichen Verhaltens. Hier stellt er die verschiedenen philosophischen Systeme in ihrer Begriffsbestimmung dar: Platon, Aristoteles, die Stoiker etc. Smith versucht durch seine eklektizistische Methode allen Schulen gerecht zu werden. Er nimmt einen Wertdiskurs vor, der die einzelnen Tugenden beschreibt. Was bedeuten Klugheit, Glückseligkeit, Wohlstand, Güte usw. für den Menschen. Smith nimmt in diesen Fragen eine vermittelnde Rolle ein. Für ihn ist die Gerechtigkeit eine "Kardinaltugend" für den Menschen, da sie genau bestimmbar ist. "Die Regeln der Gerechtigkeit sind in höchstem Maße genau und lassen keine anderen Ausnahmen oder Modifikationen zu, als solche, die ganz ebenso genau bestimmt werden können wie die Regeln selbst, und die im allgemeinen tatsächlich aus ganz den gleichen Prinzipien erfließen wie diese. Wenn ich einem Menschen zehn Pfund schulde, dann verlangt die Gerechtigkeit, daß ich ihm genau zehn Pfund zahle, sei es zu der Zeit, die wir vereinbart haben, sei es, wenn er es fordert" (Smith 1985, S. 266).

Für Smith reicht der gesunde Menschenverstand hin, die Tugend der Gerechtigkeit zu erlernen. Die Regeln der Gerechtigkeit sind für ihn genauso präzise wie die Regeln der Grammatik.

3.   Fazit

Smith kann als Aufklärungsphilosoph betrachtet werden, der in seiner ökonomischen Theorie nicht den Kapitalismus begründet, sondern eine vorkapitalistische Gesellschaft beschreibt und charakterisiert. Sein Menschen- und Weltbild steht mit einem Bein in den religiösen Vorstellungen des Mittelalters und mit dem anderen Bein in der Neuzeit. Der Mensch ist verankert in der Religion und gerade dabei, sich eigenständige Werte zu schaffen. Das natürliche Gefühl bildet die Basis menschlichen Verhaltens, durchsetzt mit Vernunftgründen, Nützlichkeitsüberlegungen und den Moralvorstellungen der griechischen Philosophie und des Christentums. Der Mensch soll zum Wohlwollen, zur Klugheit, zur Gerechtigkeit, zur Sparsamkeit erzogen werden. Nicht das kontemplative, mittelalterliche Verhalten steht dabei im Vordergrund, sondern das soziale und ökonomische Handeln. Ein guter Mensch ist meist auch ein tätiger Mensch. Nur im Extremfall ist ein zurückgezogener Mensch auch ein tugendhaftes Wesen.

Eitelkeit, menschliche Schwächen gehören nach Smith zum Menschsein. Das Streben nach materiellem Glück ist nach Smith eine Eigenschaft des Menschen. Ein Feld, in dem der Mensch seine Eitelkeit ins Spiel bringt. Insgesamt sind jedoch diese Untugenden nicht zu vermeiden und in ein harmonisches Ganzes eingebettet.

Smith versucht, dem religiösen Gruppenmenschen des Mittelalters eine neue Entwicklungsrichtung zu geben. Der Mensch wird individueller und gesellschaftlicher. Er soll nicht nur beten, sondern auch Handel betreiben. Smith vertritt einen *optimistischen Deismus*, d. h. Gott hat die Welt wie ein Uhrwerk erschaffen, das nun selbständig laufen soll. Smith arbeitet zwei Sektoren des Uhrwerkes heraus: Die Ökonomie und die Gesellschaft. Im Mittelalter hat es keinen ökonomischen Sektor gegeben, nur eine organische Ganzheit. Smith erkennt die Ausdifferenzierung dieser Ganzheit in einen ökonomischen und einen gesellschaftlichen Sektor. Beide Sektoren sind in sich lebensfähig. Der ökonomische Sektor wird stabilisiert durch Arbeit, Arbeitsteilung und reguliert durch Wertbeziehungen.

Der gesellschaftliche Sektor beruht auf der Sympathie und objektiven Werten und wird reguliert durch allgemeine Regeln. Allgemeine Regeln und ökonomische Wertbeziehungen ruhen quasi in Gott und sind dadurch verankert. Diese Entstehungszusammenhänge in ihren Anfängen gespürt zu haben, ist das eigentliche Verdienst von Smith; dabei mußte er sich den Vorwurf gefallen lassen, auf den Atheisten Hume hereingefallen zu sein.

Zusammengefaßt läßt sich das Menschenbild von Adam Smith wie folgt charakterisieren:

1.   Smith argumentiert auf dem Hintergrund der schottischen Moralphilosophie des 18. Jahrhunderts. Er konstituiert das Individuum aus dem mittelalterlichen Gruppenmenschen.

2.   *Ich* gehe zum Bäcker und appelliere an sein Selbstinteresse.

3.   Der Wohlstand beruht nicht auf der Kontemplation, sondern auf der Arbeitsteilung.

4.   Der Begriff der Gesellschaft und der Ökonomie wird in Ansätzen entwickelt. Durch die Arbeitsteilung wird der Mensch ein soziales Wesen. Die religiöse Gemeinschaft des Mittelalters soll durch eine säkulare Welt abgelöst werden.

5.   Basis der irdischen Welt ist noch nicht die Vernunft (Kant), sondern die Sympathie; auf einem natürlichen Gefühl.

6.   Der Mensch will geliebt werden, er soll sich in die Lage des anderen versetzen.

7.   Durch den unparteiischen Zuschauer wird der Mensch zum Richter seiner selbst und wird selbständig gegenüber der Offenbarung.

8.   Der unparteiische Zuschauer zeigt uns die Schönheit des Edelmutes und die Häßlichkeit der Ungerechtigkeit.

9.   Durch die Erfahrungen mit dem unparteiischen Zuschauer erarbeiten wir uns die Regeln unseres Handelns. Sie sind dann nicht mehr göttlicher, sondern menschlicher Natur.

10.   Diese Regeln erklären wir zu Gesetzen unseres Handelns.
       Die Achtung vor den allgemeinen Regeln ist das Pflicht-
       gefühl.

11.   Die wichtigste Tugend ist die Gerechtigkeit, weil sie am prä-
       zisesten formuliert werden kann, genau wie die Grammatik.

12.   Das Menschenbild von Smith ist dem 18. Jahrhundert ver-
       haftet und hat seine Berechtigung für eine vorkapitalistische
       Gesellschaft.

13.   Smith unterschätzt die kommende Dynamik der Gesellschaft
       und der Ökonomie. Die sprunghafte Entwicklung durch
       technische Innovationen werden kaum erkannt.

14.   Smith's Menschenbild ist gemüthaft und naiv. Entfremdung,
       Verdinglichung und Orientierungsprobleme sind für ihn noch
       keine Fragestellungen.

Literatur

Hobbes, Thomas , Leviathan, ed. by C. B. Macpherson,
Harmandsworth 1968

Hume, David, Treatise of Human Nature (1739), Oxfort 1888

Hume, David, Eine Untersuchung über den menschlichen Verstand,
Hrsg.: Herring, v. H., Stuttgart 1982

Kurz, Heinz D., Adam Smith (1723-1790), Ein Werk und seine
Wirkungsgeschichte, Marburg 1991

Meyer-Faye, Arnold, Das Menschenbild bei Adam Smith, in: Holler,
M. H. (Hrsg.), Homo oeconomicus III, München 1984

Meyer-Faye, Arnold / Ullrich, Peter (Hrsg.), Der andere Adam-
Smith, Beiträge zur Neubestimmung von Ökonomie als
Politischer Ökonomie, Bern/Stuttgart 1991

Schweppenhäuser, Hans-Georg, Zur Pathologie der modernen
Erwerbsgesellschaft, Berlin 1973

Smith, Adam, Eine Untersuchung über Natur und Wesen des
Volkswohlstandes, dt. Ausgabe, Gießen 1973

Smith, Adam, The Theory of Moral Sentiments, edited by Raphael,
D. D./Macfie, A.L., Glasgow Edition Vol. I, Oxford 1976

Smith, Adam, An Inquiry into the Nature and Causes of the Wealth
of Nations, edited by Campbell, R. H./Skinner, A. S.,
Glasgow Edition Vol. II, Oxford 1976

Smith, Adam, Essays on Philosophical Subjects with Dugald
Stewart's Account of Adam Smith, edited by Wightman,
W. P. D./Bryce, J. C. / Ross, I. S., Glasgow Edition
Vol. III, Oxford 1980

Smith, Adam, Theorie der ethischen Gefühle, Hrsg.: Eckstein, Walther, Hamburg 1985

Trapp, Manfred, Adam-Smith - politische Philosophie und politische Ökonomie, Göttingen 1987

Woll, Helmut, Ethik und Ökonomie in der "Theory of Morals Sentiments", in: Bausteine, Zeitschrift für theoretische Ökonomie und soziale Fragen, Vol. 11, Freiburg 1987, S. 63 ff.

III. DIE SCHÖPFERISCHEN KRÄFTE: FRIEDRICH LIST

Der Schwabe Friedrich List (1789-1846) hat dem liberalen, englischen System der politischen Ökonomie eine geschlossene Konzeption einer Nationalökonomie entgegengestellt (vgl. Schmölders 1930, S. 38 ff). Mit ihm beginnt gemeinhin die deutsche Volkswirtschaft, die romantische Schule mit Adam Müller (1779-1829) wird meist nicht als ökonomische Theorie angesehen (vgl. hierzu Woll 1988, S. 42). List vertritt eine historische Theorie auf der Grundlage *einer nationalen staatsbürgerlichen Bindung*. Er argumentiert auf der Basis der deutschen und der mitteleuropäischen Kultur. Er will die deutsche Kleinstaaterei überwinden und eine mitteleuropäische Wirtschaftsordnung gründen. Zölle (Erziehungszölle) sollen diesen Raum abschirmen, und die Möglichkeit eines internen Marktes soll geschaffen werden. List begreift die Ökonomie unter dem Primat der Politik und Kultur. Er gilt als Vater des Deutschen Zollvereins. Bei ihm verbindet sich schwäbische Gelehrsamkeit, Liberalität und Dickschädeligkeit. Er ist eine umtriebige und schillernde Figur des deutschen Vormärz. Er betreibt Theorie in praktischer Absicht und voller innerer Überzeugung. Konsequent hat er für seine Ideen gekämpft und viele persönliche Opfer gebracht.

List geht in seinen Werken nicht vom Menschen als Weltbürger aus, sondern von einem räumlich, geschichtlich und kulturell gebundenen Menschen. Er unterstellt Adam Smith eine kosmopolitische Weltsicht und begründet eine politische Ökonomie. "Es gibt demnach eine *kosmopolitische* und eine *politische Ökonomie*, eine *Theorie der produktiven Kräfte*/-Doktrinen, die voneinander wesentlich verschieden, selbständig entwickelt werden müssen" (List 1930, S. 51). Der Mensch ist nach List nur verstehbar, wenn Ausprägungen der Nationalitäten herausgestellt werden. Sie sind keine Besonderheiten, sondern Haupterklärungsmuster menschlichen Handelns. Deswegen gibt es keine Weltökonomie, sondern nur die Ökonomie Englands, Frankreichs oder Deutschlands. Eine Nation muß die Arbeit aufteilen, aber auch zu einem gemeinschaftlichen Zweck zusammenführen. Für List gehören Teilung der Arbeit und ihre Vereinigung zusammen.

A   Englische Klassik –
     Produktionsfaktoren:

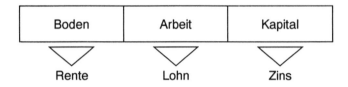

Boden	Arbeit	Kapital
Rente	Lohn	Zins

B   List –
     4 Produktionsfaktoren:

Boden	Arbeit	Kapital
	Schöpferische Kräfte	

C   Staatliche und kulturelle –
     Bindung der Ökonomie:

Mitteleuropäische Ordnung
Ökonomie

Der Reichtum der Nation wird von Friedrich List in Abgrenzung zu Adam Smith zwar auch durch die Kategorie Arbeit und Arbeitsteilung charakterisiert, aber er betont stärker die geistigen Kräfte der Individuen und der Völker. "Die *produktiven* Kräfte der Völker sind nicht allein durch Fleiß, Sparsamkeit, Moralität und Intelligenz der Individuen oder durch den Besitz von Naturfonds und materiellen Kapitalien bedingt, sondern auch durch die gesellschaftlichen, politischen und bürgerlichen Institutionen und Gesetze, vor allem aber durch die Garantie der Fortdauer, Selbständigkeit und Macht ihrer Nationalität. Wie fleißig, sparsam, erfinderisch, unternehmend, moralisch und intelligent die Individuen seien, ohne *Nationaleinheit* und ohne *nationale Teilung der Arbeit* und *nationale Konföderation der produktiven Kräfte* wird die Nation nie einen hohen Grad von Wohlstand und Macht erlangen oder sich den fortdauernden Besitz ihrer geistigen, gesellschaftlichen und materiellen Güter sichern" (List 1930, S. 51).

Die wichtigsten Eigenschaften menschlich-ökonomischen Verhaltens sind für List Intelligenz, Moralität, Arbeitsamkeit und Sparsamkeit der Bürger verbunden mit Erfindungs- und Unternehmungsgeist. Diese gedeihen nur auf der Basis öffentlicher Institutionen und Gesetze, bürgerlicher Freiheit und der Macht und Einheit der Nation.

List setzt auf die Ideen der Aufklärung und des Christentums. Die Idee einer Universalkonföderation auf der ganzen Erde, die Idee des ewigen Friedens (es soll *ein* Hirt und *eine* Herde werden) durch Vernunft und Religion sind die letztlich anzustrebenden Ziele. Nach List setzt Smith diese Ziele voraus, er dagegen sieht sie erst in Zukunft verwirklicht. Als Bindeglied zwischen Individuum und Menschheit bestimmt er deswegen die Nation.

Der Zukunftsaspekt wird auch deutlich in seiner Reichtumsbestimmung. Die Ursache des Reichtums ist etwas anderes als der Reichtum selbst. Nicht unser aktueller Besitz oder unser derzeitiges Vermögen macht unseren Reichtum aus, sondern unsere *Kraft* in Zukunft Reichtum zu schaffen. Der Mensch ist nach List damit kein statisches, beharrendes Wesen, sondern schaut verantwortungsbewußt in die Zukunft und vertraut auf seine Kräfte. "Ein Individuum kann Reichtum, d.h. Tauschwerte besitzen, wenn es aber nicht die Kraft besitzt, mehr wertvolle Gegenstände zu schaffen als es konsumiert, so verarmt es. Ein Individuum kann arm sein, wenn es

aber die Kraft besitzt, eine größere Summe von wertvollen Gegen-
ständen zu schaffen als es konsumiert, so wird es reich. Die Kraft,
Reichtümer zu schaffen, ist demnach unendlich wichtiger als der
Reichtum selbst; sie verbürgt nicht nur den Besitz und die Vermeh-
rung des Erworbenen, sondern auch den Ersatz des Verlorenen"
(List 1930, S. 173).

List entwickelt also keinen mechanischen, statischen Reichtums-
begriff, sondern er verweist auf bewegliche Potenzen. Es geht auch
nicht um Ökonomie als Geschäftemacherei um jeden Preis, sondern
um die schöpferische Entwicklung des Menschen und der Nation.
Lists Ökonomiebegriff ist nicht einfach formal definiert, er öffnet
vielmehr die Perspektive für die Zukunft, für das Ganze. Es geht
List um die Verbesserung der ökonomischen Lage der Nation in
kommenden Epochen. Nicht die Arbeit ist nach List deswegen die
Ursache des Reichtums, sondern der dahinter wirkende Geist. "Was
kann es anders sein als der Geist, der die Individuen belebt, als die
gesellschaftliche Ordnung, welche ihre Tätigkeit befruchtet, als die
Naturkräfte, deren Benützung ihnen zu Gebot stehen? Je mehr der
Mensch einsieht, daß er für die Zukunft sorgen müsse, je mehr seine
Einsichten und Gefühle ihn antreiben, die Zukunft der ihm zunächst
Angehörigen sicherzustellen und ihr Glück zu befördern, je mehr er
von Jugend auf an Nachdenken und Tätigkeit gewöhnt worden ist, je
mehr seine edleren Gefühle gepflegt und Körper und Geist gebildet
worden sind, je schönere Beispiele ihm von Jugend auf vor Augen
stehen, je mehr er Gelegenheit hat, seine geistigen und körperlichen
Kräfte zum Behuf der Verbesserung seiner Lage zu verwenden, je
weniger er in seiner legitimen Tätigkeit beschränkt ist, je erfolg-
reicher seine Anstrengungen und je mehr ihm die Früchte derselben
gesichert sind, je mehr er durch Ordnung und Tätigkeit sich öffentliche Anerkennung und Achtung zu schaffen vermag, je weniger
sein Geist an Vorurteilen, an Aberglauben, an falschen Ansichten
und Unwissenheit leidet: desto mehr wird er Kopf und Gliedmaßen
zum Behuf der Produktion anstrengen, desto mehr wird er zu leisten
vermögen, desto besser wird er mit den Früchten seiner Arbeit selbst
haushalten" (List 1930, S. 175/176).

Lists Menschenbild beruht sowohl auf den körperlichen als auch
auf den geistigen Faktoren des Menschseins. Der Mensch trägt
Sorge für seine Zukunft. Nachdenken und Tätigkeit, Pflege von
Körper und Geist, Herausbildung edler Gefühle, Vermittlung schöner Ideale sind Merkmale auch des ökonomischen Menschen. Die

Gesellschaft soll nach List die Bedingungen schaffen, damit der Mensch und damit auch die Produktion gedeihen kann. Wissenschaft und Künste, Sicherheit der Person und des Eigentums, Freiheit und Recht sind quasi Produktionsvoraussetzungen. Nach List betont Smith nur die materiellen Elemente der Produktion und vernachlässigt die Geistigkeit des Menschen. "Die christliche Religion, die Monogamie, die Abschaffung der Sklaverei und der Leibeigenschaft, die Erdlichkeit des Throns, die Erfindung der Buchstabenschrift, der Presse, der Post, des Geldes, des Gewichts und Maßes, des Kalenders und der Uhren, die Sicherheitspolizei, die Einführung des freien Grundeigentums und die Transportmittel sind reiche Quellen der produktiven Kraft" (List 1930, S. 178).

Die jetzige Nation ist nach List eine Folge der Leistungen der bisherigen Generationen. Sie bilden das geistige Kapital der lebenden Nation bzw. Menschheit. Lists Begriff des *geistigen Kapitals* stellt eine eindeutige Abgrenzung zu Smith dar. Für List ist es unverständlich, daß ein Schweinezüchter produktiver sein soll als ein Geistesarbeiter. "Wer Schweine erzieht, ist nach ihr (die Lehre der Tauschwerte - H.W.) ein produktives, wer Menschen erzieht, ein unproduktives Mitglied der Gesellschaft. Wer Dudelsäcke oder Maultrommeln zum Verkauf fertigt, produziert, die größten Virtuosen, da man das von ihnen Gespielte nicht zum Markte bringen kann, sind nicht produktiv. Der Arzt, welcher seine Patienten rettet, gehört nicht in die produktive Klasse, wohl aber der Apothekerjunge, obgleich die Tauschwerte oder die Pillen, die er produziert, nur wenige Minuten existieren mögen, bevor sie ins Wertlose übergehen. Ein Newton, ein Watt, ein Kepler sind nicht so produktiv als ein Esel, ein Pferd oder ein Pflugstier, welche Arbeiter in neuerer Zeit von Herrn M'Culloch in die Reihe der produktiven Mitglieder der menschlichen Gesellschaft eingeführt worden sind" (List 1930, S. 181).

List polemisiert sehr scharf gegen die Theorie der Werte und zeigt völliges Unverständnis für deren Produktivitätsbegriff. Seine Theorie der produktiven Kräfte betont immer wieder die geistigen Leistungen als Hauptursache des Volkswohlstandes. Eine Gesellschaft ist nach List um so reicher, je mehr die produktiven Kräfte entwickelt sind und nicht, wieviel Tauschwerte addiert werden können. Die Nation muß vielmehr materielle Güter aufopfern und entbehren, um geistige Kräfte zu erwerben.

Der Mensch muß nach List die Vorteile der Teilung der Arbeit einsehen, seine Fähigkeiten ausbilden und arbeitsteilig in die Gemeinschaft einbringen. Die arbeitsteiligen Prozesse müssen aber auch wieder zusammengeführt werden. Das geht nach List nicht von alleine, sondern bedarf einer körperlichen und geistigen Vereinigung. Smiths Nadelfabrik funktioniert nach List nur, wenn ein gemeinschaftlicher Zweck erkennbar ist. "Damit ein solches Resultat zustande komme, müssen die verschiedenen Individuen auch körperlich und geistig vereinigt sein und zusammenwirken" (List 1930, S. 188).

Die Arbeitsteilung nach List vollzieht sich also nach anderen Gesetzmäßigkeiten als die nach Smith. Es zählt nach List nicht einfach der rechnerische Vorteil, sondern die Vermehrung der produktiven Kräfte. Dies gilt auch für die Arbeitsteilung Agrikultur/Manufaktur. Nur wenn beide getrennt agieren, aber räumlich sehr nahe beieinander sind, kann die Produktion am besten gesteigert werden. Die Existenz der Manufaktur erhöht nach List automatisch die Bewertung der Agrikultur. List vergleicht dies mit den Verkehrswegen, die die Attraktivität von Produktionsstätten automatisch erhöhen.

Die Gesellschaft und ihr Wohlstand sind nach List nach der Teilung der Arbeit und der Konföderation der produktiven Kräfte zu beurteilen. Die höchste Teilung und die höchste Konföderation der Arbeit ist die der Agrikultur und Manufaktur. Die Tätigkeiten der Individuen müssen in einem richtigen Verhältnis zueinander stehen. List nennt dies die Harmonie der produktiven Kräfte. Sie kann gestört sein, wenn es zu viele oder zu wenige Philosophen, Philologen und Literaten im Vergleich zu Techniker, Kaufleuten und Seeleuten gibt.

Der Wohlstand ist am größten in den Ländern, in denen der Boden die höchste Qualität hat und das Klima die körperlichen und geistigen Anstrengungen fördert. "Die von der *Natur begünstigsten Länder der Erde*, hinsichtlich der nationalen wie internationalen Arbeitsteilung, sind offenbar diejenigen, deren Boden die gemeinsten Lebensbedürfnisse in bester Qualität und in größter Quantität hervorbringt und deren Klima der körperlichen und geistigen Anstrengung am förderlichsten ist, d.h. *die Länder der gemäßigten Zone*" (List 1930, S. 198). Die internationale Arbeitsteilung nach Smith führt nach List also dazu, daß vor allem die Länder der gemäßigten Zone davon profitieren und nicht wie versprochen die gesamte Menschheit.

Literatur

List, Friedrich, Das nationale System der Politischen Ökonomie, Gesammelte Werke, Hrsg. Artur Sommer, Bd. VI, Berlin 1930

Schmölders, Günter, Geschichte der Volkswirtschaftslehre, Hamburg 1966, S. 38-46

Woll, Helmut, Die Wirtschaftslehre des deutschen Faschismus, München 1988, S. 48-54

IV. DAS ENTFREMDETE PROLETARIAT: KARL MARX

Karl Marx (1818-1883) gilt als der Begründer des wissenschaftlichen Sozialismus. Er entstammt einer alten Rabbinerfamilie. Er studierte in Bonn und Berlin Jura und Philosophie und hat sich in seinem Leben praktisch und theoretisch mit Politik und Ökonomie befaßt. Philosophisch hat er sich vor allem mit der griechischen und Hegel'schen Philosophie auseinandergesetzt und gilt als guter Kenner von Shakespeare und Goethe.

In ökonomischen Fragen hat er sich nicht so sehr mit Friedrich List und den mitteleuropäischen bzw. deutschen Problemen beschäftigt, sondern vor allem mit dem englischen Kapitalismus und den Theorien von Smith, Ricardo, Mill und Malthus. Sein Interesse galt vor allem David Ricardo und dessen Theorie der Verteilung des gesellschaftlichen Reichtums.

Ricardo war Börsenmakler, ein Mann der Praxis. Er verfaßte ein abstraktes System der Politischen Ökonomie. Sein Hauptwerk sind die "Grundsätze der politischen Ökonomie und Besteuerung" aus dem Jahre 1817. Er gilt in der ökonomischen Theorie vor allem als Verteilungstheoretiker und Vertreter der Arbeitswertlehre, da er sich die Frage stellt, wie der erarbeitete Reichtum zwischen Arbeit, Kapitaleignern und Grundherren verteilt wird. Marx hat in seiner Kritik an Ricardo eine andere Frage in seiner Arbeitslehre in den Vordergrund gestellt: welche Klasse produziert überhaupt den Reichtum?

Im Gegensatz zu Smith formuliert Ricardo stärker den ökonomischen Gedanken (vgl. Hartfiel 1968, S. 82-87). Dies kommt auch in seiner Theorie der "komparativen Kosten" zum Ausdruck. Mit diesem Theorem entwickelt Ricardo das Smith'sche Argument der Arbeitsteilung weiter. "Unter einem System von vollständig freiem Handel widmet natürlicherweise jedes Land sein Kapital und seine Arbeit solchen Verwendungen, die für es am vorteilhaftesten sind. Dieses Verfolgen des individuellen Nutzens ist wunderbar mit der allgemeinen Wohlfahrt verbunden. Indem es den Fleiß anregt, die Erfindungsgabe belohnt und am erfolgreichsten die besonderen Kräfte, die von der Natur verliehen sind, ausnutzt, verteilt es die Arbeit am wirksamsten und wirtschaftlichsten; während es durch die

Vermehrung der allgemeinen Masse der Produktionen allgemeinen Nutzen verbreitet und die Universalgesellschaft der Nationen der zivilisierten Welt durch ein gemeinsames Band des Interesses und Verkehrs miteinander verbindet" (Ricardo 1972, S. 111). Sein Theorem der komparativen Kosten kann wie folgt zusammengefaßt werden:

Unter der Annahme, daß Portugal sowohl Wein als auch Tuch billiger als England produziert und der Vorsprung bei Wein größer als bei Tuch ist, steigt der Wohlstand insgesamt, wenn Portugal sich auf die Produktion von Wein und England auf die Tuchherstellung spezialisiert.

Dies soll an einem Beispiel erläutert werden. Portugal benötige zur Herstellung einer Einheit Wein 80 Arbeitseinheiten (AE), England 120 AE, Portugal benötige zur Herstellung einer Einheit Tuch 90 AE, England 100 AE. Portugal besitzt einen komparativen Vorteil beim Wein (80 : 90), England beim Tuch (100 : 120).

	Nation	Wein	Tuch	Summe
A)	Portugal	80	90	170
	England	120	100	220
	Summe	**200**	**190**	**390**
B)	Portugal	160	-	160
	England	-	200	200
	Summe	**160**	**200**	**360**

Durch Umstellung produziere nun Portugal zwei Einheiten Wein mit einem Aufwand von 160 AE, England zwei Einheiten Tuch mit 200 AE, Portugal tauscht eine Einheit Wein gegen eine Einheit englisches Tuch. Der Vorteil liegt darin, daß Portugal wie im Fall A eine Einheit Wein und eine Einheit Tuch besitzt, es spart aber durch den Handel 10 AE, England besitzt ebenfalls eine Einheit Tuch und Wein und spart 20 AE.

Im Gegensatz zu Friedrich List plädiert Ricardo also nicht für einen kontinuierlichen Aufbau einer Region, sondern für Spezialisierung und Monokulturen. "Indessen zeigt die Erfahrung, daß die eingebildete oder tatsächliche Unsicherheit des Kapitals, wenn es nicht unter der unmittelbaren Aufsicht eines Eigentümers steht, zusammen mit der natürlichen Abneigung, die jeder Mensch hat, das Land seiner Geburt und seiner Beziehung zu verlassen, um sich mit all seinen eingewurzelten Gewohnheiten einer fremden Regierung und neuen Gesetzen anzuvertrauen, die Auswanderung des Kapitals kennen. Diese Gefühle, deren Schwinden ich nur bedauern würde, bestimmen die meisten Menschen von Vermögen, sich lieber mit einer niedrigen Profitrate in ihrer Heimat zu begnügen, als nach einer vorteilhafteren Verwendung ihres Vermögens bei fremden Nationen zu suchen" (Ricardo 1972, S. 113). Dieses Argument wurde zwar in England akzeptiert, auf dem Kontinent aber oft abgelehnt. Gustav Schmoller und die historische Schule sind neben Friedrich List Belege dafür. Ricardo argumentierte nicht für eine vollständige Verlagerung der Produktion nach Portugal, dies wäre die billigste Lösung gewesen, sondern für eine Teilung der Produktion nach komparativen Kostengesichtspunkten. Während Ricardo das Wirtschaftlichkeitsmotiv als gegeben hinnahm bzw. durch seine These der komparativen Kosten widersprüchlich verstärkte, radikalisiert Marx in Anlehnung an Ricardo den wirtschaftlichen Menschen in einer gesellschaftskritischen Welterklärung. Ricardo formulierte die Interessen des englischen Handelskapitals, Marx wollte die Perspektive der Arbeiter ausdrücken.

Das Menschenbild von Marx hat sich nicht aus der Ökonomie, sondern aus der Philosophie entwickelt. Der junge Marx formuliert in seinen Pariser Manuskripten ein optimistisches, humanistisches Bild vom Menschen. Durch die Arbeit und die Auseinandersetzung mit der Natur wird sich der Mensch seiner selbst bewußt und nimmt seine Geschichte in eigene Hände (vgl. Fromm 1989, S. 346 ff.). In seiner ersten Phase markiert Marx eher ein idealistisches Menschenbild, der Mensch ist noch ganz Gattungswesen, allerdings bereits entfremdet. "Das Tier formiert nur nach dem Maß und dem Bedürfnis der species, der es angehört, während der Mensch nach dem Maß jeder species zu produzieren weiß und überall das inhärente Maß dem Gegenstand anzulegen weiß; der Mensch formiert daher auch nach den Gesetzen der Schönheit. Eben in der Bearbeitung der gegenständlichen Welt bewährt sich der Mensch daher erst wirklich als ein *Gattungswesen*. Diese Produktion ist sein werktätiges Gattungsleben. Durch sie erscheint die Natur als *sein* Werk und seine Wirklichkeit. Der Gegenstand der Arbeit ist daher die *Vergegen-*

ständlichung des Gattungslebens des Menschen: indem er sich nicht nur wie im Bewußtsein intellektuell, sondern werktätig wirklich verdoppelt und sich daher in einer von ihm geschaffenen Welt anschaut. Indem daher die entfremdete Arbeit dem Menschen den Gegenstand seiner Produktion entreißt, entreißt sie ihm sein *Gattungsleben*, seine wirkliche Gattungsgegenständlichkeit und verwandelt seinen Vorzug vor dem Tier in den Nachteil, daß sein unorganischer Leib, die Natur, ihm entzogen wird" (Marx 1968, S. 57/58).

Für den jungen Autor wird der Mensch durch die Arbeit zum Menschen, allerdings durch das Eigentum zum entfremdeten Menschen. Der Mensch ist potentiell geschichtsmächtig und könnte das Gute und Schöne realisieren. Beim späten Marx - beim Marx "des Kapitals" - überwiegen immer mehr die ökonomischen Gesetze und der Mensch wird weiterhin verdinglicht und versachlicht. Marx selbst ist eigentlich ein Idealist, der behauptet, daß die menschlichen Ideen vom politisch-ökonomischen Kontext abhängen und er sich dieses Kontextes entledigen kann. Sie sind abhängig von den gesellschaftlichen Bedingungen. Vorstellen, Denken, Sprache, Gesetze müssen nach Marx immer im historischen Zusammenhang gesehen werden und sind jeweils unterschieden.

Der Marx'sche Mensch kennzeichnet sich somit durch entfremdete Arbeit und durch ein politisches Wollen. Er will seine eigene Gattung und die gesamte Menschheit befreien durch die Überwindung des Eigentums. Die Reduzierung des Menschen auf einen wirtschaftenden Rationalisten ist nach Marx nicht das Wesen des Menschen. Für Marx ist der Mensch ein entfremdetes Wesen, ein politisches und philosophisches Wesen. Marx betrachtet nicht so sehr das Individuum, sondern eher die Gattung Mensch oder die sozialen Klassen. Durch seinen wissenschaftlichen Sozialismus hält er im Gegensatz zu Kant den Menschen im erkenntnistheoretischen Sinne für wahrheitsfähig. Diese Wahrheitsfähigkeit gilt aber nur für die entfremdete Klasse, die anderen Menschen sind mehr oder minder bewußt Ideologieproduzenten.

Während Smith die Arbeitsteilung in den Mittelpunkt seiner Analyse stellt, geht Marx von der Arbeit als menschliche Wesensbestimmung aus. Der Mensch kann seine Lebensmittel selbst herstellen, er produziert Arbeitsmittel zur Verbesserung seiner Lebenssituation. "Der Gebrauch und die Schöpfung von Arbeitsmitteln, obgleich im Keim schon gewissen Tierarten eigen, charakterisieren den spezifisch menschlichen Arbeitsprozeß" (Marx 1969, S. 194).

Der Mensch benutzt also Maschinen und Handwerkzeuge, kann aber auch völlig neue Arbeitsmittel selbständig sich ausdenken und neu bilden. Er benutzt dabei die mechanischen, physikalischen, chemischen Eigenschaften der Dinge zu seinen eigenen Zwecken. Tiere sind zu einer solchen Neukonstruktion von Dingen nicht in der Lage. Diese Differenz ist nach Marx der wesentliche Unterschied von Mensch und Tier. "Eine Spinne verrichtet Operationen, die denen des Webers ähneln, und eine Biene beschämt durch den Bau ihrer Wachszellen manchen menschlichen Baumeister. Was aber von vornherein den schlechtesten Baumeister vor der besten Biene auszeichnet, ist, daß er die Zelle in seinem Kopf gebaut hat, bevor er sie in Wachs baut. Am Ende des Arbeitsprozesses kommt ein Resultat heraus, das beim Beginn desselben schon in der Vorstellung des Arbeiters, also schon ideell vorhanden war" (Marx 1969, S. 193). Das menschliche Denken ist also dem tierischen Instinkt weit voraus. Das Tier verrichtet quasi automatisch seine Tätigkeit, der Mensch kann seine Tätigkeit planen, vorausdenken und vorausberechnen.

Marx äußert sich sehr wenig zum Menschen an sich, da dieser seiner Meinung nach nicht oder nur eingeschränkt existiert. Er existiert nur als gesellschaftliches und historisches Wesen. Da Marx die kapitalistische Produktionsweise analysiert, bestimmt er den Menschen als Ware, als Sammelkategorie Arbeiter, Bourgeois, Grundbesitzer, nicht als konkretes Subjekt. Der Mensch ist verdinglicht, versachlicht durch die gesellschaftlichen Verhältnisse. Er ist nicht Mensch, sondern Ware. In dieser Bestimmung steckt bei Marx eine Idealvorstellung vom Menschen und der Menschheit. Eigentlich ist der Mensch ein freies Wesen, eine Persönlichkeit. Ziel der Geschichte ist die Befreiung des Menschen. Diese ist jedoch noch nicht vollzogen. Marx' Menschenbild weist also eine große Spannweite aus, einerseits sind wir nur Werkzeuge, fabrizierende Tiere und andererseits der Sinn und Endpunkt der Geschichte.

Im Arbeitsprozeß setzt sich der Mensch mit der Natur auseinander. "Die Arbeit ist zunächst ein Prozeß zwischen Mensch und Natur, ein Prozeß, worin der Mensch seinen Stoffwechsel mit der Natur durch seine eigne Tat vermittelt, regelt und kontrolliert. Er tritt dem Naturstoff selbst als eine Naturmacht gegenüber. Die seiner

Leiblichkeit angehörigen Naturkräfte, Arme und Beine, Kopf und Hand, setzt er in Bewegung, um sich den Naturstoff in einer für sein eignes Leben brauchbaren Form anzueignen. Indem er durch diese Bewegung auf die Natur außer ihm wirkt und sie verändert, verändert er zugleich seine eigne Natur. Er entwickelt die in ihr schlummernden Potenzen und unterwirft das Spiel ihrer Kräfte seiner eignen Botmäßigkeit" (Marx 1969, S. 192).

Marx betont, daß es sich hier nicht um eine instinktmäßige Tätigkeit handelt, sondern um eine bewußte produktive Arbeit. Der Mensch kann Mittel produzieren, vor allem Maschinen, die seine Arbeitsleistung wesentlich steigert. Nicht was gemacht wird, sondern mit welchen Arbeitsmitteln es gemacht wird, unterscheidet nach Marx die ökonomischen Epochen. Die Entwicklung und Perfektion der Arbeitsmittel sind ein Gradmesser für die gesellschaftliche Entwicklung. Der Arbeitsprozeß ist die zweckmäßige Auseinandersetzung des Menschen mit der Natur. Der Mensch überträgt seine Kraft auf das Produkt. Es entstehen Waren, nützliche Dinge. "Der Arbeitsprozeß, wie wir ihn in seinen einfachen und abstrakten Momenten dargestellt haben, ist zweckmäßige Tätigkeit zur Herstellung von Gebrauchswerten, Aneignung des Natürlichen für menschliche Bedürfnisse, allgemeine Bedingung des Stoffwechsels zwischen Mensch und Natur, ewige Naturbedingung des menschlichen Lebens und daher unabhängig von jeder Form dieses Lebens, vielmehr allen seinen Gesellschaftsformen gleich gemeinsam" (Marx 1969, S. 198).

Nach Marx gibt es diesen natürlichen Arbeitsprozeß nur in der verdünnten Theorie. In der kapitalistischen Produktionsweise wird der Arbeitsprozeß vom Verwertungsinteresse gesellschaftlich formbestimmt. Dabei produziert der Arbeiter nicht lediglich Gebrauchswerte, sondern primär Tauschwerte. Die Waren müssen am Markt einen Wert realisieren. Basis des Wertes ist die Ware Arbeitskraft, die als einzige den Waren Werte zusetzen kann. Die Arbeitskraft ist selbst eine Ware mit einem Gebrauchswert und einem Tauschwert. Der Kapitalist kauft die Arbeitskraft, die Arbeitskraft für den ganzen Arbeitstag. Die Entlohnung der Arbeit geschieht nach den Reproduktionskosten der Arbeit. Aus dieser Differenz von Tauschwert und Arbeit und ihrem Gebrauchswert entspringt der Mehrwert. Werden alle Waren zu ihren Werten getauscht, tritt trotzdem der Mehrwert auf. D. h. die Arbeitskraft wird unter kapitalistischen Bedingungen ausgebeutet. Es entsteht eine permanente Entfremdung. Der Arbeiter verfügt nicht über sein ganzes Produkt, der Arbeitsprozeß wird ihm vorgeschrieben, er ist lediglich Ware. Er wird von der Natur entfremdet und innerhalb der Produktion. Der Mensch ist zwar im Kapitalismus ein freier Mensch, aber nur in Abgrenzung zum Sklaven. "Man muß gestehn, daß unser Arbeiter anders aus dem Produktionsprozeß herauskommt als er in ihn eintrat. Auf dem Markt trat er als Besitzer der Ware 'Arbeitskraft' andren Warenbesitzern gegenüber, Warenbesitzer dem Warenbesitzer. Der Kontrakt, wodurch er den Kapitalisten seine Arbeitskraft verkaufte, bewies sozusagen schwarz auf weiß, daß er frei über sich selbst verfügt. Nach geschlossenem Handel wird entdeckt, daß er 'kein freier Agent' war, daß die Zeit, wofür es ihm freisteht, seine Arbeitskraft zu verkaufen, die Zeit ist, wofür er gezwungen ist, sie zu verkaufen, daß in der Tat sein Sauger nicht losläßt, 'solange noch ein Muskel, eine Sehne, ein Tropfen Blut auszubeuten'" (Marx 1969, S. 319/320) ist.

Marx geht davon aus, daß der Arbeiter nun nicht mehr die Arbeitsmittel anwendet, sondern daß er zum Objekt der Produktionsmittel und des Kapitals wird. Weiterhin hat das Kapital ein Interesse aufgrund der Konkurrenz, die Kosten zu senken. Da die Lohnarbeit zwar Werte schafft, aber auf der anderen Seite über den Lohn auch Werte verzehrt, braucht das Kapital unendlich viele Lohnarbeiter, aber am besten zum Wert gleich Null. In diesem immanenten Widerspruch bleibt die Lohnarbeit gefangen. Das Kapital ist auf sie total angewiesen, will aber andererseits aus Kostengründen keine Arbeiter haben. Hier ist das Arbeitslosenproblem nach Marx systematisch angelegt. Durch die Widersprüche des Kapitals entstehen Konjunkturschwankungen und Krisen und damit für die Lohnarbeit Lohneinbußen und Arbeitslosigkeit. "Je größer der gesellschaftliche Reichtum, das funktionierende Kapital, Umfang und Energie seines Wachstums, aber auch die absolute Größe des Proletariats und die Produktivkraft seiner Arbeit, desto größer die industrielle Reservearmee. Die disponible Arbeitskraft wird durch dieselben Ursachen entwickelt wie die Expansivkraft des Kapitals. Die verhältnismäßige Größe der industriellen Reservearmee wächst also mit den Potenzen des Reichtums. Je größer aber diese Reservearmee im Verhältnis zur aktiven Arbeiterarmee, desto massenhafter die konsolidierte Überbevölkerung, deren Elend im umgekehrten Verhältnis zu ihrer Arbeitsqual steht. Je größer endlich die Lazarusgeschichte der Arbeiterklasse und die industrielle Reservearmee, desto größer der offizielle Pauperismus. *Dies ist das absolute, allgemeine Gesetz der kapitalistischen Akkumulation"* (Marx 1969, S. 673/674).

Die meisten Menschen sind nach Marx im Kapitalismus Lohnarbeiter. Sie sind als einzige produktiv, sie sind permanent von Arbeitslosigkeit bedroht, und sind zwar freie, aber verdinglichte Menschen. Im Produktionsprozeß müssen sie im Interesse des Kapitals kooperieren. D. H. die Arbeitsteilung, die Smith anpries, ist eine gezwungene und enthauptete Arbeitsteilung. Der Arbeiter verrichtet Handarbeit, die geistigen Potenzen werden vom Kapital bestimmt. "Wie der Kapitalist zunächst entbunden wird von der Handarbeit, sobald sein Kapital jene Minimalgröße erreicht hat, somit die eigentlich kapitalistische Produktion erst beginnt, so tritt er jetzt die Funktion unmittelbarer und fortwährender Beaufsichtigung der einzelnen Arbeiter und Arbeitergruppen selbst wieder ab an eine besondre Sorte von Lohnarbeitern. Wie eine Armee militärischer, bedarf eine unter dem Kommando desselben Kapitals zusammenwirkende Arbeitermasse industrieller Oberoffiziere (Dirigenten, managers) und Unteroffiziere (Arbeitsaufseher, foremen, overlookers, contremaîtres), die während des Arbeitsprozesses im Namen des Kapitals kommandieren. Die Arbeit der Oberaufsicht befestigt sich zu ihrer ausschließlichen Funktion" (Marx 1969, S. 351).

Dieses offene Gewaltverhältnis bildet jedoch nur eine Seite der kapitalistischen Widersprüche ab. Die Verdinglichung der sozialen Verhältnisse verschleiert auf der anderen Seite die Macht und Ausbeutungszustände. Wie schon erwähnt, findet nach Marx in der kapitalistischen Gesellschaft ein Warentausch in äquivalenten Werten statt. Das hat zur Folge, daß auch andere "Faktoren" des Arbeits- und Wertbildungsprozesses als produktiv erscheinen. Es scheint, also wäre Geld und Kapital an sich produktiv und hätte ein Anrecht auf eine gerechte Entlohnung. Im Bewußtsein der Gesellschaft bildet sich ein Geld- und Kapitalfetisch. Dem Gelde und Kapital werden dabei Eigenschaften zugeschrieben, die sie gar nicht besitzen. Das Denken der Menschen im Kapitalismus wird damit sehr stark geprägt durch ökonomische Bedingungen und ist keine eigenständige, freigeistige Macht.

Menschsein ist deswegen unter kapitalistischen Bedingungen nach Marx nicht möglich. Die Menschen sind nur ökonomische Rollenträger und müssen nach außermenschlichen Faktoren funktionieren. Sie sind quasi Charaktermasken des Systems und nur bedingt für ihre Taten verantwortlich. Die Menschen werden zu Dingen und die Gegenstände verlebendigen sich. Die Waren erhalten magischen Charakter. "Aber sobald er (der Tisch H.W.) als Ware auftritt, verwandelt er sich in ein sinnlich übersinnliches Ding. Er steht nicht nur mit seinen Füßen auf dem Boden, sondern er stellt sich den andren Waren gegenüber auf den Kopf und entwickelt aus seinem Holzkopf Grillen, viel wunderlicher, als wenn er aus freien Stücken zu tanzen begänne" (Marx 1969, S. 85).

Marx spricht sogar vom mystischen Charakter der Ware. Er resultiert nicht aus dem Gebrauchswert, sondern aus den kapitalistischen Verhältnissen. "Es ist nur das bestimmte gesellschaftliche Verhältnis der Menschen selbst, welches hier für sie die phantasmagorische Form eines Verhältnisses von Dingen annimmt. Um daher eine Analogie zu finden, müssen wir in die Nebelregion der religiösen Welt flüchten. Hier scheinen die Produkte des menschlichen Kopfes mit eignem Leben begabte, untereinander und mit den Menschen in Verhältnis stehende selbständige Gestalten. So in der Warenwelt die Produkte der menschlichen Hand. Dies nenne ich den Fetischismus, der den Arbeitsprodukten anklebt, sobald sie als Waren produziert werden, und der daher von der Warenproduktion unzertrennlich ist" (Marx 1969, S. 86/87).

Der Fetischismus entspringt nach Marx aus dem eigentümlichen Charakter der menschlichen Arbeit und tritt als reale Anbetung des Konsums, des Geldes auf. Die Leistungen und Fähigkeiten des Arbeiters verschwinden und werden zu Leistungen des Kapitals verhext.

Dies hat Konsequenzen für das Bewußtsein der Menschen und für die Verteilung des Reichtums. Der Kapitalist, glaubt er, sei der eigentliche Schöpfer der Produktion und seine Macht und Herrschaft sei berechtigt. Der Arbeiter akzeptiert den Lohnfetisch und seine abhängige Rolle. Die Wissenschaft bildet unter kapitalistischen Bedingungen keine eigene Denkkraft aus, sondern verdolmetscht die sozialen Verhältnisse.

Nach Marx ist die trinitarische Formel (vgl. Marx 1970, S. 822 ff.) der prägnanteste Ausdruck dieses Verdinglichungsprozesses. Gemäß der Lehre der "Vulgärökonomie" sind Boden, Arbeit und Kapital produktiv und haben Anspruch auf die Verteilung der produzierten Güter. Rente, Lohn und Zins sind daher sinnvolle und

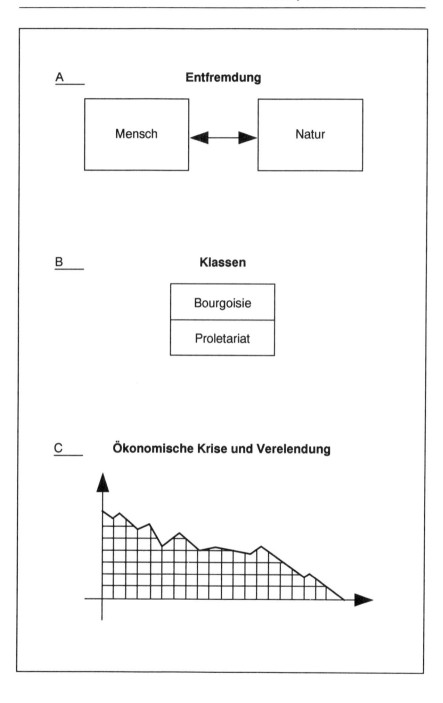

gerechte Einkommensbegriffe. Nach Marx haben diese Kategorien jedoch keinen theoretischen Sinn. Sie wurden nicht auf wissenschaftlichem Boden gebildet, sondern sind Resultat der Macht, der kapitalistischen Produktion. "Die Vulgärökonomie tut in der Tat nichts, als die Vorstellungen der in den bürgerlichen Produktionsverhältnissen befangenen Agenten dieser Produktion doktrinär zu verdolmetschen, zu systematisieren und zu apologisieren. Es darf uns also nicht wundernehmen, daß sie gerade in der entfremdeten Erscheinungsform der ökonomischen Verhältnisse, worin diese prima facie abgeschmackt und vollkommene Widersprüche sind - und alle Wissenschaft wäre überflüssig, wenn die Erscheinungsform und das Wesen der Dinge unmittelbar zusammenfielen -, wenn gerade hier die Vulgärökonomie sich vollkommen bei sich selbst fühlt und ihr diese Verhältnisse um so selbstverständlicher erscheinen, je mehr der innere Zusammenhang an ihnen verborgen ist, sie aber der ordinären Vorstellung geläufig sind" (Marx 1970, S. 825).

Die trinitarische Formel ist nach Marx eine unmögliche Konstruktion. Es werden Dinge miteinander in Verbindung gebracht, die nichts miteinander zu tun haben. Eine Verknüpfung hat ausschließlich wesensfremde, d.h. gesellschaftliche Gründe. Ein "Preis der Arbeit" ist nach Marx eine irrationale Vorstellung wie ein gelber Logarithmus." Im Kapital-Profit, oder noch besser Kapital-Zins, Boden-Grundrente, Arbeit-Arbeitslohn, in dieser ökonomischen Trinität als dem Zusammenhang der Bestandteile des Werts und des Reichtums überhaupt mit seinen Quellen ist die Mastifikation der kapitalistischen Produktionsweise, die Verdinglichung der gesellschaftlichen Verhältnisse, das unmittelbare Zusammenwachsen der stofflichen Produktionsverhältnisse mit ihrer geschichtlich-sozialen Bestimmtheit vollendet: die verzauberte, verkehrte und auf den Kopf gestellte Welt, wo Monsieur le Capital und Madame la Terre als soziale Charaktere und zugleich unmittelbar als bloße Dinge ihren Spuk treiben" (Marx 1970, S. 21).

Die Menschen und ihr Bewußtsein unterliegen im Kapitalismus den ökonomischen Sachgesetzmäßigkeiten. Diese basieren auf der Macht des Privateigentums und sind in sich widersprüchlich. Das Kapital beherrscht zwar den einzelnen Betrieb, unterliegt aber auch den gesellschaftlichen Konkurrenzzwängen. Das allgemeine Gesetz vom tendenziellen Fall der Durchschnittsprofitrate gilt für alle Mitglieder, Gruppen und Institutionen der Gesellschaft. Dieses Wertgesetz diktiert nach Marx wie ein Naturgesetz die ökonomischen Bedingungen, diese wiederum bilden die Basis für alles andere.

Das kapitalistische Konkurrenzsystem zwingt den einzelnen Kapitalisten, seine Produkte auszudehnen, Arbeit durch Kapital zu ersetzen. D.h. der Arbeiter wird relativ ärmer im Gegensatz zum Kapital. Die Zunahme der toten über die lebendige Arbeit führt zur Herausbildung von allgemeinen Produktionsbedingungen und zur Angleichung der Kultur und Lebensbedingungen. Individuelle Bedingungen und Situationen werden davon bedroht. Der tendenzielle Fall der allgemeinen Durchschnittsprofitrate diktiert für alle die Bedingungen. "Die progressive Tendenz der allgemeinen Profitrate zum Sinken ist also nur *ein der kapitalistischen Produktionsweise eigentümlicher Ausdruck* für die fortschreitende Entwicklung der gesellschaftlichen Produktivkraft der Arbeit. Es ist damit nicht gesagt, daß die Profitrate nicht auch aus andren Gründen vorübergehend fallen kann, aber es ist damit aus dem Wesen der kapitalistischen Produktionsweise als eine selbstverständliche Notwendigkeit bewiesen, daß in ihrem Fortschritt die allgemeine Durchschnittsprofitrate des Mehrwerts sich in einer fallenden allgemeinen Profitrate ausdrücken muß" (Marx 1970, S. 223).

Nach Marx liegt in diesem Gesetz das Mysterium der politischen Ökonomie seit Smith und die Frage des Menschseins. Es gibt für ihn nur soviel Menschlichkeit wie das allgemeine Gesetz zuläßt. Es umgrenzt das Reich der Notwendigkeit, dem alle unterliegen. Freiheit ist nach Marx damit nur innerhalb der Notwendigkeit des Wertgesetzes möglich. Der Arbeiter ist nur frei im Verkauf seiner Arbeitskraft, der Unternehmer ist nur formal frei in seiner Entscheidung. Alle sind eingebunden in ökonomische Gesetze. Dies gilt im ökonomischen Sinne aber auch für das Bewußtsein. Denken gibt es nur im Rahmen der allgemeinen Durchschnittsprofitrate. "*Es erscheint also in der Konkurrenz alles verkehrt.* Die fertige Gestalt der ökonomischen Verhältnisse, wie sie sich auf der Oberfläche zeigt, in ihrer realen Existenz, und daher auch in den Vorstellungen, worin die Träger und Agenten dieser Verhältnisse sich über dieselben klarzuwerden suchen, sind sehr verschieden von, und in der Tat verkehrt, gegensätzlich zu ihrer innern, wesentlichen, aber verhüllten Kerngestalt und dem ihr entsprechenden Begriff" (Marx 1970, S. 219).

Nur eine Beseitigung des kapitalistischen Systems, eine Abschaffung des allgemeinen Gesetzes der Durchschnittsprofitrate, die Überwindung des Wertgesetzes hebt nach Marx Entfremdung und entfremdetes Denken auf. Gleichgültigkeit, Äußerlichkeit und Entfremdung sind keine Wesensmerkmale der Arbeitsteilung, sondern dem Wertgesetz geschuldet. Es bildet den äußeren Rahmen auch für die inneren und auch innerlichen Verhältnisse. Das Wertgesetz reguliert die Preise, die Profite und auch die Denkstrukturen. Warenform und Denkform bedingen einander.

Wie kann das Wertgesetz überwunden werden? Zunächst geht Marx davon aus, daß im Wertgesetz die Krise immanent angelegt ist, daß der Zusammenbruch des Systems unausweichlich ist. Das System produziert selbst seine Überwindung. Wie sie sich real vollziehen kann bleibt unklar. Jenseits des Wertgesetzes deutet sich die Freiheit an. "Die Freiheit in diesem Gebiet kann nur darin bestehn, daß der vergesellschaftete Mensch, die assoziierten Produzenten, diesen ihren Stoffwechsel mit der Natur rationell regeln, unter ihre gemeinschaftliche Kontrolle bringen statt von ihm als von einer blinden Macht beherrscht zu werden; ihn mit dem geringsten Kraftaufwand und unter den ihrer menschlichen Natur würdigsten und adäquatesten Bedingungen vollziehn. Aber es bleibt dies immer ein Reich der Notwendigkeit. Jenseits dessen beginnt die menschliche Kraftentwicklung, die sich als Selbstzweck gilt, das wahre Reich der Freiheit, das aber nur auf jenem Reich der Notwendigkeit als seiner Basis aufblühen kann. Die Verkürzung des Arbeitstags ist die Grundbedingung" (Marx 1970, S. 828).

Eine bewußte Produktion hat nach Marx eine Überwindung des Wertgesetzes und eine Verkürzung des Arbeitstages zur Voraussetzung. Marx trennt auch im Sozialismus das Leben in Notwendigkeit und Freiheit. Im Wesen des Menschen liegt die Überwindung seiner unmittelbaren Not, erst danach ist Freiheit möglich. Freiheit bedeutet allseitige Tätigkeit, assoziierte Produktion, Überwindung der Arbeitsteilung und der Berufe: Morgens zu fischen und am Abend zu jagen.

Zusammengefaßt kann das Menschenbild von Marx wie folgt charakterisiert werden.

1)   Im Gegensatz zum Tier ist der Mensch ein arbeitendes Wesen, allerdings in entfremdeten Strukturen. Das Proletariat kann sich aber selbst befreien.

2)   Der junge Marx formuliert eher ein humanistisches Men-
      schenbild, der späte Marx ein ökonomistisches Bild.

3)   Seine Ökonomieinterpretation bezieht sich auf die englische
      Klassik, nicht so sehr auf Friedrich List und seinen schöpferi-
      schen Menschen.

4)   Der Mensch wird zur Charaktermaske, Warenfetisch und
      Geldfetisch sind seine neuen Götzen.

5)   Die Ökonomie produziert einen ungeneueren Reichtum, der
      dem Menschen eine Basis für seine eigene Befreiung sein
      könnte.

Das Gesellschaftsbild von Marx beruht einerseits auf einem
emphatischen, humanistischen Menschenbild. Dies wird jedoch
kaum von Marx exemplifiziert. Es bildet aber den Hintergrund für
seine Wertungen. Daraus erklärt sich, warum er der Gesellschaft
Inhumanität und Entfremdung vorwirft. Andererseits hat Marx ein
sehr eingeengtes Menschenbild. Er thematisiert und verabsolutiert
die Ökonomie. Alle Lebensäußerungen werden auf ökonomische
Machtprozesse reduziert. Der Mensch lebt nach Marx in einer Art
ökonomischer Falle, aus der es kein Entrinnen zu geben scheint.
Denken, Philosophie, Religion, Kunst und Wissenschaften haben
kein Eigenleben, keine Existenzberechtigung aus sich selbst heraus,
sondern sind nach Marx kapitalistisch ideologisiert. Eine These, die
in überspitzter Form zur trivialen Aussage wird, da jeder Mensch
Essen und Trinken muß, bzw. daß alle Lebensäußerungen ökonomisch mißbraucht werden können.

Literatur

Friedenthal, Richard, Karl Marx. Sein Leben und seine Zeit. München 1981

Fromm, Erich, Das Menschenbild bei Marx, in: Gesamtausgabe, Band V, 1. Aufl., München 1989, S. 335-395

Hartfiel, Günter, Wirtschaftliche und soziale Rationalität, Berlin 1968

Marx, Karl, Pariser Manuskripte 1844, Hamburg 1968

Marx, Karl, Engels, Friedrich, Das Kapital I, MEW 23, Berlin 1969

Marx, Karl, Engels, Friedrich, Das Kapital III, MEW 25, Berlin 1970

Ricardo, David, Grundsätze der politischen Ökonomie und Besteuerung, Ffm 1972

V. UTILITARISMUS UND EGOISMUS:
WILLIAM S. JEVONS

William Stanley Jevons löst im Jahre 1871 mit seiner 'Theory of Political Economy' die Ricardo-Mill-Orthodoxie ab. Die Arbeitswertlehre wird ersetzt durch die Nutzenbetrachtung. Jevons' Anschauungen sind religiös eingebettet. Ein göttliches Prinzip ordnet die Welt. "Führen seine religiösen Vorstellungen Jevons zur Idee einer göttlichen Ordnung in der Natur, so bringen sie ihn auch zu einer Ablehnung derjenigen Philosophien, die die Naturwissenschaft religiösen Einsichten gegenüberstellen. Derartige Philosophien überziehen nach Jevons den Erkenntnisanspruch, der der Naturwissenschaft zukommen kann. Sie übersehen, daß es selbst in der Physik kein sicheres Wissen gibt. Jevons gerät hiermit in Opposition zur induktiven Logik und Wissenschaftstheorie von J. St. Mill. Jevons bleibt Empirist, doch betont er den deduktiven und hypothetischen Charakter von Wissenschaft" (Niemeier 1988, S. 5). Jevons geht davon aus, daß Gott und der Mensch gut seien. Das alte Theodizee-Problem, wie das Schlechte in die Welt gekommen ist, kann er nicht erklären. Die Frage, wie der Mensch glücklich werden kann, beantwortet er mit den utilitaristischen Vorstellungen von Jeremy Bentham. Bentham formuliert seinen Utilitarismus mittels einer an Newton orientierten mechanischen Methode.

Alle Handlungen werden aus den Prinzipien Lust oder Unlust erklärt. Die Differentialrechnung dient zur Betrachtung unendlich kleiner Mengen. Die nützlichen Dinge vermehren die Lust- und verringern die Unlustgefühle. Die Größe des Nutzens entspricht der Größe des erzeugten Lustgefühls. Bei steigender Güterzufuhr tritt ein Sättigungsgefühl ein, der Nutzen des letzten Güterzuwachses hängt ab von der bereits empfangenen Gesamtmenge und kann mathematisch mit Hilfe der Differentialbetrachtung berechnet werden.

Jevons definiert den Nutzen wie folgt: "Freude und Leid sind zweifellos die wichtigsten Gegenstände der Wirtschaftsrechnung. Unsere Bedürfnisse mit der geringsten Anstrengung auf das Höchste zu befriedigenden größten Betrag des Wünschenswerten mit den geringsten, unerwünschenswerten Kosten verschaffen - oder in anderen

Worten, *die Freude auf ein Maximum zu bringen,* ist die Aufgabe der Wirtschaft" (Jevons 1923, S. 36). Der unmittelbare Gegenstand der Anschauung bildet die Betrachtung der notwendigen Bedürfnisse wie Nahrung, Kleidung, Wohnung, Werkzeuge usw.

Die Ökonomie soll nach Jevons die Wirtschaft betrachten wie sie ist und nicht, wie sie sein soll. Dabei stehen die niederen Bedürfnisse im Vordergrund. Diese hat der Mensch mit den Tieren gemeinsam. Der Nutzen ist keine inhärente Eigenschaft der Dinge. In diesem Zusammenhang verknüpft Jevons arbeitswerttheoretische Argumente mit seiner Nutzentheorie. Güter haben nur dann einen Nutzen, wenn sie bearbeitet wurden. "Wir können deshalb niemals unbedingt behaupten, daß einige Gegenstände nützlich sind und andere nicht. Das im Bergwerke schlummernde Metall, der dem Auge des Suchers entgehende Diamant, der ungeerntet liegende Weizen, die für die Bedürfnisse der Verbraucher ungepflückte Frucht haben überhaupt keinen Nutzen. Die gesündesten und notwendigsten Nahrungsmittel sind nutzlos, wenn keine Hände vorhanden sind, sie zu pflücken, oder kein Mund, sie früher oder später zu essen" (Jevons 1923, S. 42).

Ob Dinge einen Wert haben, hängt von der individuellen Bewertung ab. Ein Gut hat für den einen einen Wert, für den anderen nicht. "Der Wert ist demnach nicht nur seinem Wesen, sondern auch seinem *Maße* nach subjektiver Natur. Die Güter haben 'Wert' stets *für* bestimmte wirtschaftliche Subjekte, aber auch nur für solche einen *bestimmten* Wert. - Die Bedeutung, welche eine Bedürfnisbefriedigung für uns hat, findet ihr Maß nicht in unserer Willkür, sondern vielmehr in der von unserer Willkür unabhängigen Bedeutung, welche jene Bedürfnisbefriedigung für unser Leben, oder für unsere Wohlfahrt hat. Die Bedeutung der verschiedenen Bedürfnisbefriedigungen, beziehungsweise der einzelnen Akte derselben, ist indes ein Gegenstand der Beurteilung seitens der wirtschaftenden Menschen und die bezügliche Erkenntnis somit unter Umständen auch dem Irrtume unterworfen" (Menger 1923, S. 140f). Hier wird die Verbindung hergestellt zwischen der individuellen Entscheidung und objektiven Größen. Der einzelne hat sich zu entscheiden, er kann Fehler machen, aber er handelt nicht total egoistisch und willkürlich. Er ist eingebettet in eine höhere Ordnung.

Der Nutzen eines Gutes ist verschieden, je nachdem wir mehr oder weniger von dem gleichen Gegenstand besitzen. Ein ganzer Anzug jährlich ist notwendig, ein zweiter vielleicht standesgemäß, bei mehreren Anzügen geht der Nutzen eines weiteren Anzuges immer mehr zurück. "Wir müssen jetzt sorgfältig zwischen dem *Gesamtnutzen* eines Gutes und dem Nutzen eines seiner besonderen Teile unterscheiden. So besteht der Gesamtnutzen der Nahrung, welche wir essen, darin, daß sie uns am Leben erhält, und kann als unendlich groß angesehen werden; aber wenn wir den zehnten Teil dessen, was wir täglich essen, abzögen, so wäre unser Verlust nur gering" (Jevons 1923, S. 44). Auf der Nutzen- und Grenznutzenbetrachtung beruht die ganze Theorie der Wirtschaft. Jevons sieht, daß die Arbeit notwendig ist für die Wirtschaft, jedoch ist sie für ihn nicht wertbestimmend und kein gesellschaftliches Regulativ in Form eines Wertgesetzes. Er bezweifelt die Arbeitswertlehre deswegen, weil es viele Güter gibt, auf die viel Arbeit aufgewendet wurde und die trotzdem einen niederen Preis haben, oder, daß es Güter gibt, auf die wenig Arbeit aufgewendet wurde und einen hohen Preis am Markt erzielen. Nicht der Nutzen ist für Jevons wertbestimmend, sondern der Grenznutzen. So sind viele Güter nützlich, haben aber einen geringen Wert. So ist Wasser von hohem Nutzen, aber wir schätzen es gar nicht. "Die Veränderung der den Grenznutzensgrad ausdrückenden Funktion ist der entscheidende Punkt in den wirtschaftlichen Problemen. Als allgemeines Gesetz können wir aufstellen, daß *sich der Grad des Nutzens mit der Menge des Gutes ändert und zuletzt abnimmt, wie diese Menge zunimmt.* Es gibt kein Gut, welches wir mit derselben Kraft herbeizusehnen fortfahren, wie groß immer die Menge sein Mag, die wir bereits benutzen oder besitzen (Jevons 1923, S. 51). Alle Bedürfnisse erreichen nach Meinung des Autors also eine *Sättigung.*

Der Autor zieht hieraus eine Konsequenz, die in der Rezeption des Utilitarismus meist vernachlässigt wird. Seine Betrachtung bezieht sich vor allem auf *niedere* Bedürfnisse. Diese sollen nach dem Lust-Unlustprinzip möglichst optimal reguliert werden, wobei sie relativ rasch einer Sättigung unterliegen. Diese Bedürfnisse scheinen nach Jevons nicht unbegrenzt, wie dies häufig behauptet wird. Der Sinn des Wirtschaftens scheint darin zu bestehen, die niederen Bedürfnisse möglichst reibungslos zu befriedigen, damit sich der Mensch seinen höheren Bedürfnissen zuwenden kann.

So schreibt Jevons, daß bei unseren animalischen Bedürfnissen, wie Nahrung, Wasser, Lust schnell die Sättigung eintritt. "Aber je verfeinerter und geistiger unsere Bedürfnisse werden, desto weniger sind sie der Sättigung fähig. Dem Verlangen nach Gegenständen des Geschmackes, der Wissenschaft oder der Seltenheit ist kaum, wenn es einmal wach wurde, eine Grenze gesetzt" (Jevons 1923, S. 51). Die ökonomische Theorie scheint hier vor lösbaren Problemen zu stehen. Sie soll sich vor allem um die niederen Bedürfnisse kümmern. Da diese endlich sind steht die Ökonomie vor allem vor quantitativen, mathematischen Verteilungsproblemen. Die Befriedigung der niederen Bedürfnisse scheint eine Voraussetzung zu sein für die Realisierung von geistigen Werten. Dort gilt wohl eher das Unendlichkeitsprinzip, jenseits der Ökonomie. Für Jevons besteht der Mensch damit aus zwei Bereichen, aus niederen und höheren Bedürfnissen. Die niederen Bedürfnisse werden durch unsere Sinneswahrnehmung aufgespürt und unterliegen einer Lust-Unlustabwägung. Die höheren Bedürfnisse veredeln den Menschen und gehören eher zur Kultur als zur Ökonomie.

Der Utilitarismus löst sich von der griechischen Lehre vom 'summum bonum' und wendet sich dem niederen Menschen zu. "Die Lehre vom höchsten Gut, so Bentham, ist eine Erfindung der griechischen Philosophen Platon und Aristoteles, entstanden aus dem Wunsch, sich von der Masse der Menschen abzuheben. Pleasure genügt ihm nicht und ist für das einfache Volk reserviert, während das Summum Bonum ausschließlich den Philosophen vorbehalten bleibt. Glück, so Bentham, besteht in der Maximierung von Freude" (Niemeier 1988, S. 12).

Das utilitaristische Prinzip wird von Bentham naturalistisch begründet: "Nature has placed mankind under the governance of two sovereign masters, pain and pleasure. It is for them alone to point out what we ought to do, as well as to determine what we shall do" (Bentham, zitiert nach Niemeier 1988, S. 12).

Der Mensch ist also von Natur aus egoistisch und zieht natürlicherweise die bessere Situation der schlechteren vor. Der Utilitarismus kümmert sich nicht um Teleologie, nicht darum, was er sein soll, sondern der Mensch ist, was er ist. Damit ist vor allem der niedere Mensch gemeint. Er handelt aufgrund von Sinneseindrücken und Nützlichkeitserwägungen. Der Nutzen ergibt sich nicht aus dem Objekt, sondern aufgrund subjektiver Empfindungen. Die empirisch vorfindlichen Bedürfnisse sind 'wertneutral' betrachtet auch die wahren

Bedürfnisse. Es geht nicht um die Interpretation einer Handlung bezogen auf das Glück des ganzen Lebens, sondern auf den jeweiligen konkreten Nutzen einer Handlung.

Jevons beschäftigt sich in seiner Nutzentheorie ausführlich mit dem Problem der Willensfreiheit und der Moral. Handlungen sind dann ethisch gerechtfertigt, wenn sie dem Nutzenkalkül unterliegen, wobei Jevons einen 'moral sense' als angeborene ethische Instanz annimmt.

Nach der utilitaristischen Theorie ist eine Gesellschaft dann geordnet, wenn der Einzelne seinen Nutzen realisieren kann, wobei man davon ausgeht, daß dies im Gesamtinteresse liegt. "Das utilitaristische Thema, wie der Markt und der Staat den Egoismus in das Wohl aller transformiert, bleibt Thema der Jevonsschen Ökonomie. Die prinzipielle Lösung ist von Bentham vorgezeichnet, und Jevons übernimmt sie. So stellt Jevons als Anhänger des Laissez-faire dennoch an den Markt die Forderung, das utilitaristische Prinzip zu erfüllen. DerStaat hat die Aufgabe, hierüber zu wachen; denn durch das Prinzip der 'artificial identification of interests' sorgt er für die Interessenharmonie in *allen* Lebensbereichen" (Niemeier 1988, S. 20).

Objekt und Methode der klassischen Ökonomie ändern sich durch Jevons grundlegend. Die klassische Makrotheorie, die Arbeitswertlehre werden ersetzt durch mikrotheoretische, subjektive Nutzenüberlegungen. Jevons definiert Ökonomie als Maximierungsproblem unter Nebenbedingungen mit der Absicht, den Nutzen des Einzelnen zu maximieren. Die 'Jevonssche Revolution' beinhaltet eine Subjektivierung und Psychologisierung der ökonomischen Theorie. Ökonomie wird zur Lehre individueller Freude. Der Tauschwert ist keine objektive Größe mehr, sondern nur die von der materiellen Welt ausgelösten Nutzenvorstellungen werden relevant. "Die Subjektivierung der Ökonomie bedarf vor allem einer 'Handlungstheorie' des Subjektes. Die Jevonssche Handlungstheorie darf jedoch nicht mit der Weberschen Theorie des rationalen Handelns oder Praxiologie von Ludwig von Mises verwechselt werden. Jevons' Handlungstheorie nimmt zwar auch an, daß das Individuum sein Ziel mit dem geringsten Mittelaufwand verfolgt, jedoch erschöpft sich in dieser technischen Rationalität die Gemeinsamkeit. Für den Jevonsschen Utilitarismus ist dieses Verfahren Teil einer Ursache-Wirkungs-Kette, deren Gesetze von der Assoziationspsychologie aufgedeckt werden. Sie sind keine Vernunft, sondern Naturgesetze. Ausdruck dieser psychologischen

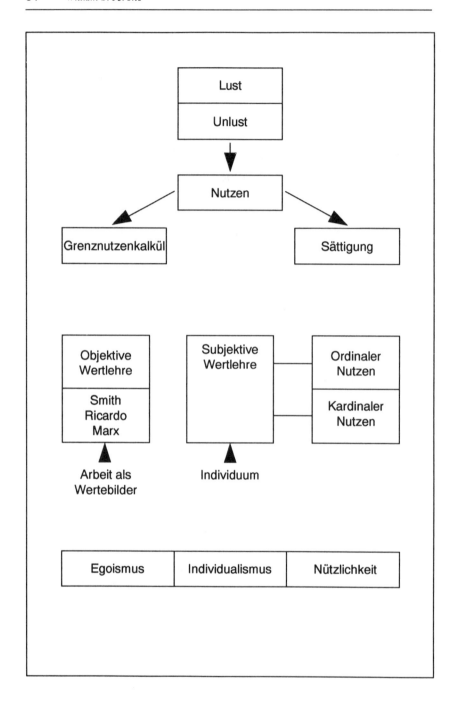

Naturgesetze ist, daß sich der Mensch egoistisch verhält, Schmerz meidet und Freude sucht" (Niemeier 1988, S. 49).

Jevons lehnt eine kardinale Nutzensschätzung ab und formuliert bereits das Gesetz vom abnehmenden Grenznutzen. Der Nutzen eines Gutes entspricht der Menge an Freude, die es subjektiv auslöst. Mit zunehmendem Konsum nehmen die Nutzenzuwächse ab. Dies ist für Jevons ein Naturgesetz. Die Gesetze der Nutzenmaximierung sind universal gültige Gesetze. Sie werden von Jevons mathematisch bestimmt und ausgedrückt. Er argumentiert also nicht induktiv, sondern deduktiv. Die Ökonomie wird aus dem Nutzenaxiom bestimmt. Ziel der individuellen Wirtschaftssubjekte ist die Erzielung des maximalen Nutzens. Der damit ausgelöste ökonomische Mechanismus führt zu einem Gleichgewicht.

In der Formulierung des homo oeconomicus stützt sich Jevons sehr stark auf den 'Wirtschaftsmenschen' von John Stuart Mill. In Anlehnung an die Analyse von Niemeier (1988, S. 212f) lassen sich folgende sieben Merkmale dieser Modellvorstellung benennen:

a) Jevons' homo oeconomicus ist eine 'pleasure-machine' (Edgeworth), die den Gesetzen der hedonistischen Assoziationspsychologie folgt. Nutzenmaximierung heißt hier also Maximierung von Freude.

b) Bedürfnisse sind exogene Größen und werden als gegeben angenommen.

c) Das Individuum entscheidet allein über die Befriedigung seiner Bedürfnisse. Man kann 'wahre' und 'unwahre' Bedürfnisse nicht unterscheiden, weil es dafür keine objektiven Kriterien gibt.

d) Die 'pleasure-machine' maximiert vor allem die niederen Bedürfnisse. Dabei handelt sie egoistisch, Nebenwirkungen werden nicht berücksichtigt.

e) Die Maximierung erfolgt unter vollkommener Information.

f) Der homo oeconomicus beschreibt für Jevons das tatsächliche Verhalten der Wirtschaftssubjekte innerhalb des ökonomischen Handlungsbereiches. Er ist keine Abstraktion wie bei J.St. Mill.

Jevons 'Theory of Political Economy' erschien 1871 und formulierte die Nutzen- und Grenznutzenideen. Diese wurden im selben Jahr auch in Carl Mengers Werk 'Grundsätze der Volkswirtschaftslehre' und wenige Jahre später von Léon Walras in 'Economie politique pure' ausgedrückt. Die Grenznutzenschule formuliert ein neues Menschenbild in der ökonomischen Theorie. Es grenzt sich ab sowohl von der englischen Klassik, vom Marxismus und von der historischen Schule. Somit ist dieses Menschenbild einer ständigen Kritik ausgesetzt. Es hat sich aber in der ökonomischen Diskussion hartnäckig etabliert, modifiziert und weiterentwickelt.

Die klassische Schule und der Marxismus vermissen in diesem Menschenbild objektive Maßstäbe und vor allem die Arbeit als Quelle des Reichtums und als objektiver Maßstab des Wertes. Außerdem kritisiert der Marxismus diese Schule als individualistisch, unhistorisch und ideologisch. Die historische Schule hat vor allem den unhistorischen und antiinstitutionellen Charakter der Grenznutzenschule kritisiert. In diesen Zusammenhängen sei auch auf die Arbeit von Hartfiel (1968) verwiesen, der aus der Sicht des homo sociologicus die wirtschaftliche Rationalität thematisiert und sich sehr intensiv mit den Menschenbildern von Ricardo, Mill, der Grenznutzenschule, Pareto, der historischen Schule, Weber und Dahrendorf beschäftigt.

Literatur

Boos, Margarete, Die Wissenschaftstheorie Carl Mengers, Graz/Wien 1986

Bentham, Jeremy, Economic Writings, Hrsg. W. Stark, 3 Bde., London 1952ff

Hartfiel, Günter, Wirtschaftliche und soziale Rationalität, Berlin 1968

Jevons,Stanley W., Die Theorie der politischen Ökonomie, dt. Ausgabe, Hrsg. Heinrich Wäntig, Leipzig 1923

Menger,Carl, Grundsätze der Volkswirtschaftslehre, 2. Aufl., Wien-Leipzig 1923

Niemeier, Hans-Martin, Jevons, William Stanley und Marschall, Alfred, Untersuchungen zum Verhältnis von Ökonomie und Weltanschauung in der frühen englischen Neoklassik, Hamburg 1988

Walras, Léon, Éléments d'économie politique pure ou Théorie de la richesse sociale, Faksimile der Erstausgabe von 1874/77, Düsseldorf 1988

VI. GESCHICHTE UND INSTITUTIONEN:
GUSTAV v. SCHMOLLER

Mit der 'historischen Schule' der Nationalökonomie rückte die geschichtliche Forschung ins Blickfeld dieser Wissenschaft. Beeinflußt
durch Herder und die deutsche Romantik sowie durch die Ge-
schichtsphilosophie Hegels entstand ein neues Zeitbewußtsein. Es
wurde die Vorstellung vom ewigen Fluß der Dinge und von der Ein-
zigartigkeit der Ereignisse entwickelt. Hegel verstand die Geschichte
als Manifestation des 'Volksgeistes', der sich in Kunst, Wissenschaft,
Recht entfaltet.

Vorläufer der 'historischen Schule' waren Justus Möser (1720-
1794) sowie der Romantiker Adam Müller (1779-1829). Als
Begründer kann Wilhelm Roscher (1817-1894) angesehen werden.
Weiterhin gelten Bruno Hildebrand und Karl Knies als herausragende
Köpfe dieser Schule (vgl. Schmölders 1966, S. 64ff). Als Kopf der
historischen Schule wird allgemein Gustav Schmoller (1838-1917)
angesehen. Er prägte ganz entscheidend die Diskussion in der
Ökonomie um die Jahrhundertwende.

In seinem Hauptwerk "Grundriß der allgemeinen Volkswirtschaftslehre" hat er seine ökonomischen Ideen und seine Hypothesen über
das menschliche Verhalten niedergelegt. Er wendet sich sowohl gegen
den revolutionären Marxismus als auch gegen den Utilitarismus.
Schmoller vertritt eine historische Methode, die die wirtschaftliche
Theorie aus der geschichtlichen Wirklichkeit entwickelt. Diese
Wirklichkeit ist wiederum geprägt durch die Manifestation des deutschen 'Volksgeistes'. Somit vertritt Schmoller generell gesprochen ein
historisches Menschenbild, das auf Sitte, Kultur und Recht des
deutschen Sprach- und Kulturraumes gründet. Nicht der egoistische
Nutzenmaximierer steht im Vordergrund, sondern die sittliche, deutsche Persönlichkeit, die sich als Teil des Staatswesens begreift. Der
Erwerbtrieb und der Rationalismus werden nicht total verdammt, sondern eingebunden in die Kultur des deutschen Volkes (vgl. Hartfiel
1968, S. 120ff).

Wirtschaften heißt für Schmoller nicht einfach das Tauschen von
Waren, sondern die Arbeit selbst und die darauf aufbauenden Tausch-

vorgänge. Adam Smith stellt nicht die Arbeit in den Vordergrund, sondern ihre Teilung und die damit verbundenen Transaktionen. Smith betrachtet die Ökonomie demnach von einem Händlerstandpunkt aus. Eine Perspektive, die sich bis zum heutigen Tag beibehalten hat. Schmoller dagegen betont in Anlehnung an Hegels Arbeitsbegriff die Arbeit selbst. Arbeit wird bekanntlich von Hegel als Menschwerdungskomponente interpretiert.

Wirtschaften heißt für Schmoller die Tätigkeit für die äußeren körperlichen Bedürfnisse, die Aktivitäten von Unternehmen für den Markt im Rahmen der sittlichen Ordnung. "Es umfaßt nicht alles 'Arbeiten', denn es gibt ein Arbeiten für höhere, nicht wirtschaftliche Zwecke, nicht alle Tätigkeit für äußere Bedürfnisbefriedigung, denn dazu gehört auch das Turnen, das Spazierengehen, die Gesundheitspflege" (Schmoller 1920, S. 3). Der Autor zählt zum Wirtschaften sowohl die Marktprozesse als auch die unbezahlten Tätigkeiten für Familie, Gemeinde und Staat. Nur die höheren Tätigkeiten gelten nicht als ökonomisch.

Die Wirtschaft hat die Aufgabe, eine reichliche Versorgung eines Staates zu sichern. Die Gesamtheit der Staaten bildet die Weltwirtschaft, sie ist also kein autonomer Raum im internationalen Geschehen. "Der Begriff der Volkswirtschaft will eben das Ganze der nebeneinander und übereinander sich aufbauenden Wirtschaften eines Landes, eines Volkes, eines Staates umfassen. Die Gesamtheit alles wirtschaftlichen Lebens der ganzen Erde stellen wir uns, nachdem wir diesen Begriff gebildet, als eine Summe geographisch nebeneinander stehender und historisch einander folgende Volkswirtschaften vor. Die Summe der heute einander berührenden, in gegenseitige Abhängigkeit voneinander gekommenen Volkswirtschaften nennen wir die *Weltwirtschaft* " (Schmoller 1920, S. 4). Die Nationalstaaten bilden also in diesem Konzept die internationale Arbeitsteilung.

Die Volkswirtschaft ist so Teil des Staatslebens, der Kultur und der Tradition. " *Denn die Volkswirtschaft ist das als ein Ganzes gedachte und wirkende, von dem einheitlichen Volksgeist und von einheitlichen materiellen Ursachen beherrschte System der wirtschaftlich-gesellschaftlichen Vorgänge und Veranstaltungen des Volkes* " (Schmoller 1920, S.5). Ökonomie wird hier gedacht mit fest organisierter Staatsgewalt mit großen wirtschaftlichen Funktionen, Ökonomie ist *Staatswirtschaft*. Der Staat steht im Zentrum der Wirtschaft, er verkörpert

Sitte und Recht. Schmoller wendet sich hier gegen die Smith'sche Ökonomievorstellung, die den Staat vernachlässigt und eher einer autonomen Ökonomie den Boden bereitet.

Nach Schmoller zeichnet den Menschen gegenüber dem Tier vor allem seine Sprache und seine Schrift aus. "Die historische Ausbildung der großen Kultursprachen, ihre Festlegung durch die Schrift, die siegreiche Herrschaft eines Dialektes über die anderen, die räumliche Ausbreitung der höher stehenden Sprachen stellt den Prozeß des geistigen Werdens der Volksseele, des Volkscharakters dar. Wie man das germanische Akzentgesetz, nach welchem im einfachen Wort die Wurzelsilbe den Hauptton trägt, in Zusammenhang brachte mit den Charakterzügen unseres Volkes, aus welchen auch sein Heldengesang, seine Heldenideale, sein geistiges Wesen bis auf unsere Tage entsprang, wie man aus den gesamten Sprachdenkmälern unseres Volkes ein System der nationalen Ethik hat aufbauen wollen (W. Scherer), so gibt es auch für die anderen Kulturvölker und ihr innerstes Wesen keine anderen, besseren Schlüssel der Erkenntnis als ihre Sprache und ihre Sprachdenkmäler" (Schmoller 1920, S. 11).

Sprache und Schrift sind die eigentlichen Indizien eines humanen Lebens. Die Verfielfältigung der Schrift bedeutet eines der tiefgreifendsten Mittel, die kulturelle Qualität des Gemeinwesens zu fördern. Sprache und Schrift werden von Schmoller als die Bindemittel einer Gesellschaft bezeichnet. Das Individuum wird dadurch zu einer Gemeinschaft. Sie stellen ein kollektives Bewußtsein her. "Man könnte die Sprache und die Schrift als die Bindemittel der Gesellschaft bezeichnen, weil durch sie die Gefühle und Vorstellungen, die Triebe und Willenskräfte der einzelnen Menschen in Verbindung und Übereinstimmung gebracht werden, und so die kollektiven geistigen Vorgänge und die psychischen Massenerscheinungen entstehen. Nur mit einer Theorie dieser Art gelangen wir zu einer verständigen Vorstellung von dem, was man die geistigen Kollektivkräfte nennen kann, und damit zu einer richtigen Auffassung der Wechselwirkung von Individuum und Gesellschaft" (Schmoller 1920, S. 15). Der Autor erklärt das kollektive Bewußtsein nicht aus der Arbeitsteilung, sondern aus geistigen Zusammenhängen. Das Individuum selbst schafft sich gemeinsame geistige Räume durch Sitte, Sprache, Recht. Es ist nur in diesen geistigen Strukturen überlebensfähig.

Schmoller geht zwar vom Individuum aus, aber es ist integriert in Familie, Gemeinde und Staat. Dort müssen zwar auch ökonomische Interessen vertreten und erarbeitet werden, jedoch gründen sich die Menschen und Menschengruppen in einer gemeinsamen Kultur. Dies hat sich historisch in einem langen Prozeß herausgebildet und muß stets neu geschaffen werden. Entwickelte Ökonomien sind nur lebensfähig in hochkulturellen, sittlichen Gesellschaften. Den größten Beitrag zur kulturellen Identität hat das religiöse Bewußtsein geschaffen. Ein wirtschaftliches Bewußtsein entsteht durch gemeinsame Arbeit, Kenntnisse und Fertigkeiten.

Schmoller erklärt das menschliche Verhalten aus seinen Trieben. Er vertritt keinen Utilitarismus, aber für ihn geht es auch darum, Lust- und Unlustgefühle in ein Gleichgewicht zu bringen, bzw. dem Menschen ein glückliches Leben zu bescheren. Der Autor lehnt die Versuche von Bentham, Jevons und anderen Utilitaristen ab, Lust und Schmerzgefühle mathematisch zu erfassen. Schmoller erklärt die Bedürfnisse aus der Natur des Menschen, er braucht Kleidung, Nahrung, Wärme. Wobei sich die Bedürfnisse mit der Kultur nach oben entwickeln. "Soweit die Bedürfnisse aber normale sind, ist das ein Glück; es entsteht dadurch die Kraft, auf dem erreichten Kulturniveau sich zu behaupten, wie die Zunahme der Bedürfnisse den Fleiß, die Tatkraft, die Aufmerksamkeit immer wieder anspornt und gefördert hat, die höhere Kultur bedeutet" (Schmoller 1920, S. 25). Die Frage der Berechtigung und Ausbildung von Bedürfnissen ist eine Frage der sittlichen Entwicklung eines Volkes. Für Schmoller sind die neuen Bedürfnisse nicht einfach abzulehnen, sie können durchaus berechtigt sein. Dies hängt für ihn von den "gesunden sittlichen" Kräften eines Volkes ab. Sparsamkeit und Verantwortungsbewußtsein sollen daür sorgen, daß das Genußleben eingegrenzt wird und die Verschwendung ausbleibt.

Lust und Schmerzgefühle geben den Anlaß zur Bedürfnisbefriedigung. Antriebe des Handelns sind die menschlichen Triebe. Sie sind nicht unveränderbar, sondern historisch mitgeprägt. "Der Trieb ist der organische, von unserem Gefühlsleben und bestimmten Darstellungen ausgehende Reiz zum Handeln. Es ist der natürliche Untergrund dessen, was durch Zucht und Gewöhnung, durch Übung und Zähmung zur zivilisierten Gewohnheit wird. Alle menschliche Erziehung will die Triebe ethisieren und in gewissem Sinne zu Tugenden erheben;

aber die Triebe der heutigen Generation sind immer schon das Ergebnis einer sittlichen Erziehungsarbeit von Jahrtausenden" (Schmoller 1920, S. 27).

Der Autor erklärt die Triebe also sowohl aus natürlichen Gründen als auch aus der Kultur, wobei das kulturelle Argument das wichtigere für ihn ist. Schmoller differenziert die Triebe in Selbsterhaltungs- und Geschlechtstrieb, Tätigkeitstrieb, Anerkennungs- und Rivalitätstrieb. Der Erwerbstrieb ist eine Unterart des Rivalitätstriebes. Dieser beruht auf der Tatsache, daß die Menschen sich voneinander abgrenzen, daß sich Individualitäten bilden.

Die ökonomische Theorie hat häufig die Konkurrenz als wichtigste Triebfeder der Wirtschaft bestimmt. Schmoller greift dieses Argument auf, doch hat es für ihn eine andere Bedeutung. Rivalität ist notwendig, da es entwickelte und weniger entwickelte Menschen gibt. Sie muß jedoch in eine sittliche Ordnung eingebettet werden und darf nicht Selbstzweck sein.

In der Frage des Egoismus und der Selbstliebe grenzt sich Schmoller explizit von Smith, dem englischen Sensualismus, von Hobbes und Mandeville ab. Er leitet den Erwerbstrieb zwar aus der menschlichen Natur, aus dem Hunger, ab, doch zeigt er seine historische Entwicklung. Erst entwickelte Ökonomien verfügen über einen ausgebildeten Erwerbstrieb. Dieser ist durchaus sinnvoll, da Waren nicht nur konsumiert werden müssen, sondern auch eine Vorrats- und Kreditbildung notwendig wird. "Die Ausbildung des Erwerbstriebes ist eines der wichtigsten Mittel, welche die Menschen nach und nach der Barbarei, der Faulheit, dem Leben in den Tag hinein entziehen. Indem der Sinn sich mehr darauf richtet, statt augenblicklichen Suchens von Genüssen, statt Essens und Spielens, überhaupt wirtschaftliche Mittel zu sammeln, wird das Leben zerlegt in die zwei großen, einander stetig ablösenden Teile: Arbeit und Genuß" (Schmoller 1920, S. 34).

Im Gegensatz zum englischen Sensualismus verknüpft der Autor den Erwerbstrieb nicht einfach mit dem egoistischen Lustgefühl, sondern mit der Notwendigkeit des Triebverzichtes, um eine Investition zu ermöglichen, mit der geschichtlichen Entwicklung und mit der Verbesserung der Kultur. "Die erste Erziehung zum Fleiß mag durch den Stock erfolgen, die dauernde, intensive, innerlich umwandelnde erfolgt durch den Gewinn, welchen erst der Raub und die Gewalt, später aber der Fleiß und die Anstrengung bringt. Mit der Richtung des Willens auf erlaubten, rechtlichen Gewinn ist die Unterdrückung der augenblicklichen Lust, die Überwindung des Unbehagens der Arbeit gegeben; es ist der Anfang des sittlichen Lebens, den Moment unter die Herrschaft künftigen Gewinns, künftige Lust zu stellen" (Schmoller 1920, S. 34). Der Autor erklärt das Erwerbsstreben nicht aus der Eitelkeit oder der Raffgier, sondern aus der Arbeit. Er verwendet jedoch eher ein negatives Argument. Von Natur aus scheint der Mensch nicht gerade arbeitswillig zu sein. Er unterdrückt seinen Genuß- und Spieltrieb und arbeitet und investiert. Antriebsfeder ist nicht mehr die Peitsche, sondern das internalisierte und erlaubte Gewinnstreben. Schmoller differenziert den Erwerbstrieb räumlich und berufsspezifisch. Nordfrankreich und England hat am stärksten diesen Trieb entwickelt. Bei Offizieren, Geistlichen und Beamten fehlt meist dieser Trieb, im Gegensatz zu Händlern und Bankiers. Schmoller stellt nun auch dar, daß der Erwerbstrieb zum Selbstzweck wird und Moral und Sitte untergraben kann. Er glaubt nicht an eine Ausrottung des Erwerbstriebes, sondern an eine sittliche Einbettung von Egoismus und Habsucht. "Es ist daher die große Frage unserer Zeit, durch welche sittliche Mittel und durch welche soziale Einrichtungen einerseits das Maß gesunden Erwerbstriebes zu erhalten sei, ohne welches das wirtschaftliche Streben großer Gemeinschaften (die berechtigte Selbstbehauptung), die Freiheit der Person und die Entwicklung der Individualität nicht zu denken ist, und andererseits doch jene Habsucht und soziale Ungerechtigkeit zu bannen wäre, die unsere sittliche wie unsere wirtschaftliche Existenz bedrohen. Die Sozialdemokratie glaubt, es sei nur zu helfen durch Ausrottung aller Profitmacherei; sie hofft auf ein goldenes Zeitalter mit Menschen ohne Egoismus" (Schmoller 1920, S. 36).

Der Autor lehnt den sozialdemokratischen Weg und den utilitaristischen Weg ab. Er plädiert für eine moralische Erziehung und sieht das Wirtschaften nicht nur als Profitmacherei und Nutzenmaximierung. Feilschen, Kaufen und Verkaufen sind nur einige wirtschaftliche Tätigkeiten, Arbeiten, Sparen, Familienwirtschaft und Staatswirtschaft sind ebenso ökonomische Lebensäußerungen der Menschen, die sich aber nicht auf Egoismus und Habsucht gründen. Schmoller warnt sehr ausdrücklich vor einer eindimensionalen, negativen Betrachtung des wirtschaftlichen Handelns. So muß der Mensch in der Arbeit auch wirtschaften, aber sie hat auch einen erzieherischen Aspekt. Er lernt die Materialien kennen, er lernt den sozialen Austausch, er muß sich kontinuierlich verhalten usw. Arbeit wird zur geistigen Schulung. "Arbeit ist planvolle Tätigkeit, sie besteht in der Beherrschung der wechselnden Einfälle und Triebreize; sie ist stets ein Dienst für Zwecke, die nicht im selben Augenblick, sondern erst künftig Gewinn, Lohn und Genuß verheißen" (Schmoller 1920, S. 39).

Zum Wirtschaftsleben gehören noch weitere Tugenden: Fleiß, Sparsamkeit, Beherrschung der Technik, Präzision. Diese Tugenden sind zwar Individualtugenden, aber mit dem historischen Prozeß verbunden. Die Sparsamkeit wächst mit der Wirtschaftlichkeit, mit dem guten Familienleben, mit dem kulturellen Bewußtsein.

Dreh- und Angelpunkt des Schmoller'schen Menschenbildes bildet das "Wesen des Sittlichen", dies gilt auch für den Erwerbsmenschen. Durch unsere reflektierenden Werturteile auf unsere Gefühle und Handlungen entwickelt der Mensch sein sittliches Wesen. Bekanntermaßen hat Max Weber im ersten Werturteilsstreit gerade diese These verworfen und gegen diese Gesinnungsethik seine Verantwortungsethik entwickelt. Für Schmoller geht es im Gegensatz zu Weber auch in der Wissenschaft um gut oder böse.

Schmoller begründet seine sittlichen Werturteile auf die Wahrnehmung und das Denken des Menschen. Durch eine geschulte Wahrnehmung kultivieren wir unsere Triebe, durch Arbeit lernen wir Selbstbeherrschung, durch Unterredung der niederen Zwecke erlangen wir höhere Ziele, durch Reflexion der Kausalzusammenhänge erlangen wir Weisheit. Es geht um die Erarbeitung sittlicher Ziele. Max Weber ging es vor allem um die Reflexion der Wirkungen unserer Handlungen. Außerdem hat der Mensch nach Schmoller die Möglichkeit durch die Beobachtung der Fehler seiner Mitmenschen sein eigenes Tun zu verbessern. "Die Erkenntnis, die Weisheit, sagt Sokrates, muß ihm den Weg weisen. Und gewiß gibt es keinen sittlichen Fortschritt, keine Möglichkeit, das Gute zu wählen, ohne zunehmende Erkenntnis der Zusammenhänge, der Kausalverbindungen, der Zwecke und der ihnen dienenden Mittel, ohne Vorstellung von den Folgen des guten Handelns in der Zukunft. Das höhere Gefühl, das den Wert des Guten und des Besseren findet, sich mit impulsiver Kraft dafür entscheidet, gibt Ausschlag" (Schmoller 1920, S. 42). Es geht also hier genau wie bei Max Weber auch um eine rationale Ziel-Mittel-Bestimmung. Allerdings sind die Ziele nicht vorgegeben, sondern das Zentrum. Die

Richtigkeit unseres Handelns erlangen wir nach Schmoller durch Erkenntnisbildung und das Gefühl für den höheren sittlichen Wert.

Der Autor will den Menschen bewußt zur Sittlichkeit erziehen. Sie bildet das Wesen des Menschen. Werturteile gehören demnach unbedingt in die Wissenschaft, sie ist geradezu der Ort für das Aussprechen und die Erarbeitung dieser Urteile. "Je energischer und je regelmäßiger wir die Handlungen anderer der sittlichen Beurteilung unterwerfen, desto mehr wird sich uns durch die notwendige Einheit alles Denkens die Frage aufdrängen: sollen wir nicht denselben Maßstab, wie auf andere, auf uns anwenden? Wir werden uns daran erinnern, daß andere uns so messen werden wie wir sie. Wir werden selbst bei geheimen Handlungen uns fragen, was die Welt, die Freunde, die Nachbarn dazu sagen würden. Der Mensch lernt so im Spiegel der Mitmenschen sich selbst erst richtig beurteilen" (Schmoller 1920, S. 42). Das sittliche Urteil ist also eine Kombination aus geschulter Wahrnehmung, Reflexion und Nachahmung des Mitmenschen, eine Verbindung von Theorie und Praxis.

Historisch entwickelte sich eine Sitten- und Tugendordnung. Sie beruht auch auf gesellschaftlichen Tadel, auf staatlichen Strafen und religiösen Vorstellungen. So wurden für Schmoller bei verschiedenen Völkern doch relativ einheitliche Werte und Normen geschaffen. Entwickelte Menschen haben mehr oder minder freiwillig immer an den guten Sitten gearbeitet. Vor allem die Religion hat das Sittliche geprägt. "Die Wahrheit, daß der einzelne nicht für sich selbst lebt, daß er mit seinem Tun und Lassen großen geistigen Gemeinschaften angehört, daß er mit den endlichen Zwecken, die er verfolgt, unendlichen Zwecken dient, diese Wahrheit predigt die Religion jedem, selbst dem einfachsten Gemüt; sie verknüpft für die große Menge aller Menschen auf diese Weise das alltägliche Treiben des beschränktesten Gesichtskreises mit den höchsten geistigen Interessen" (Schmoller 1920, S. 47). Der Autor begründet damit seine sittliche Wertordnung nicht mehr aus der Wissenschaft heraus, sondern mit einer theologischen Setzung.

Schmoller verknüpft sein sittliches Menschenbild mit einer volkswirtschaftlichen Ordnung. Er weist dabei die Darwin'sche Konkurrenzidee zurück und plädiert für eine ethische Ordnung. "Je höher unsere sittliche und staatliche Entwicklung geht, desto mehr müssen auch die Leute mit starker Faust und großem Geldbeutel, mit verschlagener Pfiffigkeit sich den sittlichen Lebensordnungen fügen, desto weniger werden brutale Vergewaltigung, Ausbeutung, harte Herrschaftsverhältnisse mehr zugelassen" (Schmoller 1920, S. 67).

Der Kampf der Geister wird hier nicht ausgeschlossen, allerdings soll die staatliche Ordnung die Kämpfe mildern und harmonisieren. Das schließt nicht aus, daß sich die staatlichen Ordnungen untereinander mit Gewalt behaupten müssen.

Schmoller wendet sich mit seinem Menschenbild gegen den Egoismus und die "individuelle Glückseligkeitslehre". Er will eine staatliche, harmonische Ordnung mit Freiheit der Rede, der Wissenschaft, der Religion und der Politik. Der Erwerbstrieb hat durchaus seine Berechtigung, wenn er in die allgemeine Sittlichkeit eingebettet ist.

Basis dieser Ordnung ist die *Familienwirtschaft* "Nicht in der Vernichtung, sondern in dem richtigen Wiederaufbau der Familienwohnung und der Familienwirtschaft liegt die Zukunft der Völker und die wahre Emanzipation des Weibes. Man beachte, was heute eine tüchtige Hausfrau des Mittelstandes durch vollendete hauswirtschaftliche und hygienische Tätigkeit, durch Kindererziehung, durch Kenntnis und Benutzung der hauswirtschaftlichen Maschinen leisten kann, man übersehe nicht, wie einseitig die großen naturwissenschaftlichen und technischen Fortschritte sich bisher in den Dienst der Großindustrie gestellt haben, welche segensspendende Vervollkommnung noch möglich ist, wenn sie nun auch in den Dienst des Hauses treten" (Schmoller 1920, S. 259). Die Möglichkeiten der gehobenen Schichten sind nach Meinung des Autors zugleich höher als die der unteren Schichten. Aus diesem Grunde wurde er ja auch zum Fürsprecher der sozialen Frage.

Schmoller kritisiert zwar die Klassengesellschaft, aber er hat durchaus Verständnis für gesellschaftliche Hierarchien. Sie ergeben sich aus der natürlichen und gesellschaftlichen Ungleichheit der Menschen. Jede höhere Kultur ist durch Klassen und Schichten geprägt. "Jede Klasse ist auch für sich durch die Zusammenfassung und Unterordnung der einzelnen unter ihre Tendenzen ein Instrument sittlicher Ordnung wie jede andere Gemeinschaft. Die Klassensitte und Klassenehre erzieht, sittet, zwingt zu Opfern, zu Zucht, zu Gehorsam. Jede Klasse bringt in sich eine neue Art der Aristokratie in ihren Führern hervor" (Schmoller 1920, S. 454).

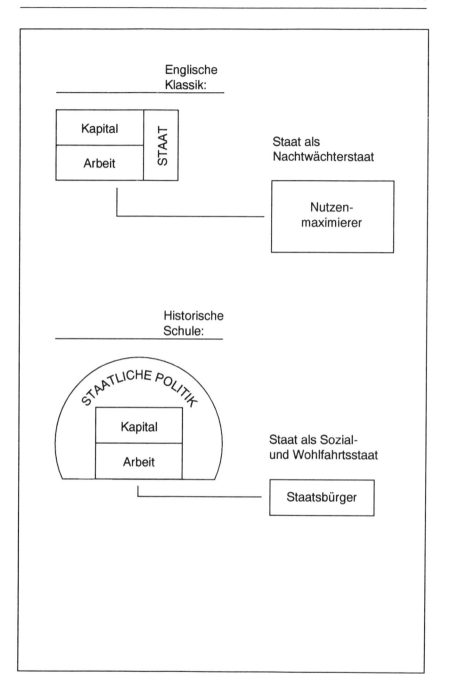

Nach Ansicht des Autors muß der Klassenbildung dann eine Grenze gesetzt werden, wenn die gesellschaftliche Einheit bedroht ist. Die Staatsgesinnung soll die Klassen in ihre Schranken verweisen. Die Klassen beruhen auf unterschiedlichen Besitzverhältnissen, aber vor allem auf unterschiedlichen Wertsystemen und Begabungen. Die unterschiedlichen Wertordnungen müssen in einer allgemeinen Staatsgesinnung einfließen und von ihr gelenkt werden. "Jede zur Herrschaft gelangende Klasse steht, bis sie ihren Höhepunkt erreicht hat, im Dienste der Gesamtentwicklung; ob und wie lange sie sich auf dieser Höhe erhält, hängt von der Frage ab, ob und wie lange ihre Fähigkeiten und Tugenden dieselben bleiben, ob sie rasch entartet, eine zu große Zahl unfähiger Elemente in sich birgt, ob sie ihre Pflichten vernachlässigt, einem trägen Genußleben sich ergibt, in schmutziger Weise sich bereichert, ob ihr Vermögen und Einkommen zu wucherischen Ursprung hat, in zu großem Gegensatz zu ihren Leistungen tritt" (Schmoller 1920, S. 455).

Mit dem Verweis auf ein gesellschaftliches Normensystem lenkt Schmoller den Blick nicht auf das nutzenmaximierende Individuum oder das entfremdete Proletariat, sondern auf die gesellschaftlichen Institutionen, die die Normen objektiv repräsentieren sollen. Damit wird der Staat zur "Kristallisation" des sittlichen Lebens. Das Individuum ist ein Teil davon, oder es muß seine Ideen und Interessen in den Staat einordnen, oder es wird eingeordnet. Schmoller will nicht die Interessen von Gruppen oder Klassen aussprechen, sondern das soziale Ganze ausdrücken. Das Verhältnis von individueller Freiheit und staatlichem Gesamtinteresse wird damit zu einem Spannungsproblem. Er stellt sich auch die Frage, ob das staatliche Gesamtinteresse wissenschaftlich bestimmbar ist oder nur ein Machtinteresse des Staates ausdrückt.

Zusammengefaßt kann das Menschenbild von Schmoller wie folgt charakterisiert werden:

1. Der Mensch ist ein historisch gebundenes Wesen mit einem natürlichen Erwerbstrieb. Dieser ist bei den einzelnen Schichten des Volkes unterschiedlich ausgeprägt.

2. Die Wirtschaftsmenschen müssen sich an Kultur und Sitte orientieren und sich in einem historischen Staatsverband integrieren lassen.

3. Schmoller setzt eher auf Sitte und Kultur in einem harmonischen Staatswesen, als auf konkurrierende Wertsysteme. Er plädiert im Gegensatz zu Max Weber für eine Gesinnungsethik statt einer Verantwortungsethik.

Literatur

Hartfiel, Günter, Wirtschaftliche und soziale Rationalität, Berlin 1968

Schmoller, Gustav, Grundriß der Allgemeinen Volkswirtschaftslehre, Erster Teil, Leipzig 1920

Schmölders, Günter, Geschichte der Volkswirtschaftslehre, Hamburg 1966

VII. DER GEIST IM WIRTSCHFTSLEBEN:
WERNER SOMBART

1.Die vorkapitalistische Wirtschaftsgesinnung

Der deutsche Nationalökonom Werner Sombart (1863-1941) hat in seinem berühmten Buch "Der Bourgeois" eingehend die Geistesgeschichte des modernen Wirtschaftsmenschen dargestellt. Sombart versucht in seinen Werken an die historische Methode, polit-ökonomische Argumente mit theoretischer Exemplifikationen zu verbinden. Deswegen fällt eine eindeutige Einordnung seiner Schriften nicht leicht. Er verknüpft Historie, Marxismus und Geisteswissenschaften.

Oft wird vermutet, das Wirtschaftsleben hätte keinen Geist, sei also geistlos. Sombart bezweifelt diese These. Für ihn kommt auch eine wirtschaftliche Tätigkeit nur zustande, wenn es auch eine Wirtschaftsgesinnung gibt. Geist bedeutet in diesem Zusammenhang soviel wie Wirtschaftsethik, das sittlich Normative im Wirtschaftlichen.

Für Sombart gibt es keine Wirtschaftsgesinnung für alle historischen Zeiten und Völker, sondern sie hat immer eine historische Ausprägung. "Mit diesen Feststellungen sind wir nun aber einer Frage ganz nahe gerückt, die recht eigentlich im Mittelpunkt unseres Interesses steht und um deren Beantwortung sich ein großer Teil des Streites dreht, den meine Problemstellung hervorgerufen hat, der Frage: ob es denn immer *derselbe* Geist sei, der im Wirtschaftsleben oder genauer in dem wirtschaftenden Menschen herrscht, oder ob sich ein verschiedener Geist etwa nach Individuen, nach Berufen, nach Ländern, nach Zeiten oder sonstwie unterscheiden lasse" (Sombart 1923, S. 2/3).

In Anlehnung an Karl Marx unterscheidet er eine vorkapitalistische und eine kapitalistische Produktionsweise. Sowohl die ökonomischen Bedingungen als auch die Wirtschaftsgesinnung der beiden Produktionsweisen sind grundverschieden.

Der vorkapitalistische Mensch ist noch gar kein Wirtschaftsmensch, das ist der natürliche Mensch. "Der Mensch, wie ihn Gott geschaffen hat. Der Mensch, der noch nicht auf dem Kopfe balanciert und mit den Händen läuft (wie es der Wirtschaftsmensch unserer Tage tut), sondern der mit beiden Beinen fest auf dem Boden steht und auf ihnen durch die Welt schreitet. Seine Wirtschaftsgesinnung aufzufinden, ist deshalb auch nicht schwer, sie ergibt sich wie von selbst aus der menschlichen Natur" (Sombart 1923, S. 11).

Im Mittelpunkt steht der Mensch, als "Maßstab aller Dinge": mensura omnium rerum homo. Daraus leitet Werner Sombart die Stellung des Menschen in der Wirtschaft ab. Sie soll dem Menschen dienen. Im Vordergrund steht der Bedarf; es müssen soviel Güter produziert werden, wie konsumiert werden. Sombart nennt diese Wirtschaftsweise Ausgabewirtschaft. Alle vorkapitalistische und vorbürgerliche Wirtschaft wäre damit Ausgabewirtschaft.

Ohne Zweifel klassifiziert Werner Sombart die vorkapitalistische Wirtschaftsweise sehr idealtypisch, jedoch ist gegen diesen Gedankengang nichts einzuwenden. Man könnte ihn sogar noch um ein Argument erweitern. In der vorkapitalistischen Wirtschaft steht der Mensch im Mittelpunkt, er ist noch kein ökonomischer Mensch, allenfalls ein stark religiös geprägtes Wesen. Eine Ökonomie im heutigen Sinne gibt es ebenfalls noch nicht, so daß die ökonomischen Fähigkeiten des Menschen erst sehr rudimentär notwendig sind.

Wenn Sombart davon ausgeht, daß der Bedarf in der Ausgabenwirtschaft im Vordergrund steht, so heißt dies nicht, daß er von der Willkür des Individuums bestimmt wird. Der Bedarf hat in der Ausgabenwirtschaft innerhalb einzelner sozialer Gruppen eine relativ feste Größe: "die Idee des standesgemäßen Unterhalts". Dieser Begriff geht auf Thomas von Aquin zurück. "In dem thomistischen Lehrgebäude bildet die Idee des standesgemäßen Unterhalts ein wichtiges Fundamentum: es ist nötig, daß die Beziehung des Menschen zur äußeren Güterwelt irgendwie einer Beschränkung, einem Maßstab unterworfen werden: necesse est quod bonum nominis circa ea consistat in quadam mensura. Dieses Maß bildet den standesgemäßen Unterhalt: prout sunt necessaria ad vitam eius secundum suam conditionem" (Sombart 1923, S. 12).

Die äußere Güterwelt ist begrenzt, nichtökonomische Normen und Ziele gestalten das menschliche Leben. Der Unterhalt soll standesgemäß sein. Damit gibt es Arme und Reiche, Herren und Knechte. Die ökonomische Ungleichheit ist zunächst akzeptiert, da auf natürlichen bzw. göttlichen Annahmen beruhend.

Die weltlichen und geistlichen Herren führten ein seigneuriales Dasein. Das Geld verachtet der Herr. Es ist schmutzig, genauso wie die Erwerbsarbeit. "Ein *seigneuraliales Dasein* führen heißt, aus dem Vollen leben und viele leben lassen; heißt im Kriege und auf der Jagd seine Tage verbringen und im lustigen Kreise froher Zecher, beim Würfelspiel oder in den Armen schöner Frauen die Nächte vertun" (Sombart 1923, S. 12).

Hier erläutert Sombart seinen Begriff der Ausgabenwirtschaft. Man kannte nicht das Prinzip der Sparsamkeit, es wurde immer tüchtig Geld ausgegeben . Es fehlten ständig Einnahmen. Aus diesem Grunde war die vorkapitalistische Gesellschaft dem Untergang geweiht.

Für die Herren galt das seigneuriale Prinzip, für die große Masse des Volkes mußten Einnahmen und Ausgaben eher im Gleichgewicht sein. Die Herren konnten die Abgaben des Volkes erhöhen, das Volk mußte sich bescheiden. Sombart nennt dies die *Idee der Nahrung* (vgl. Sombart 1923, S. 13f). Jeder Handwerksbetrieb und jeder Bauernhof mußte soviel produzieren wie er auch selber brauchte. "Es ist der Gedanke, daß jede Bauernfamilie so viel Hofland, so viel Ackerland, so viel Anteil an der Gemeindeweide und dem Gemeindewalde erhalten soll, wie sie zu ihrem Unterhalt benötigt" (Sombart 1923, S. 14).

Die Idee der Nahrung bestimmte sehr lange Zeit das Bewußtsein der Bauern und Handwerker. Aller Zweck des Wirtschaftens bildet der Bedarf. Bedarf und Nahrung sind die Grundkategorien. Das Handwerk soll seinen Mann ernähren, es soll soviel gearbeitet werden, wie es für den Lebensunterhalt notwendig ist. "Der Bauer will als eigener Herr auf seiner Scholle sitzen und aus dieser im Rahmen der Eigenwirtschaft seinen Unterhalt ziehen. Der Handwerker ist auf den Absatz seiner Erzeugnisse, auf die Verwertung seiner Dienste angewiesen: er ist immer in eine verkehrswirtschaftliche Organisation einbezogen. Was für den Bauern also die hinreichende Größe seines Besitztums ist, ist für den Handwerker der genügende Umfang seines Absatzes. Aber die Grundidee bleibt in beiden Fällen dieselbe" (Sombart 1923, S. 15).

Sombart tritt hier der viel zitierten These entgegen, daß im Wesen des Menschen nicht das Bedarfsprinzip, sondern der Bereicherungstrieb verankert sei. Sombart postuliert eine historische Ausprägung der Wirtschaftsgesinnung. Einen allgemeinen, immer wirkenden Bereicherungstrieb als Erklärungsmotiv lehnt er zu Recht ab. Der unbeschränkte Bereicherungstrieb kann nur in einer ökonomischen Gesellschaft wirken und das war die vorkapitalistische Gesellschaft nicht. Der Mensch in der vorbürgerlichen Zeit hatte keine ihn dominierenden ökonomischen Eigenschaften. Werner Sombart charakterisiert den Mensch so: "Es sind einfache Durchschnittsmenschen mit starkem Triebleben, stark entwickelten Gefühls- und Gemütseigenschaften und ebenso gering entfalteten intellektuellen Kräften. Unvollkommenheiten im Denken, mangelnde geistige Energie, mangelnde geistige Disziplin begegnen uns bei den Menschen jener Zeit nicht nur auf dem Lande, sondern auch in den Städten, die lange Jahrhunderte hindurch noch große, organisch gewachsene Dörfer sind" (Sombart 1923, S. 17).

Sombart zeichnet den Durchschnittsmenschen zu Recht als einen nichtökonomischen Menschen mit starken Gefühls- und Gemütseigenschaften. Der Autor zeichnet diesen "Durchschnittsmenschen" vielleicht eine Spur zu einseitig und vergißt zu betonen, daß er in einer eher religiösen Welt lebte und noch nicht, wie heute, in einem so starken Maße mit der irdischen Welt verbunden war. Außerdem fehlte diesen "Durchschnittsmenschen", wie schon erwähnt, eine spezifische individuelle Prägung, so daß wir in Erweiterung von Sombarts Thesen von einem religiösen Gruppenmenschen sprechen könnten. Vernachläßigt man, wie Sombart, diese Komponente, so hat man den Eindruck, der vorkapitalistische Mensch sei ein Primitivling gewesen.

Der vorkapitalistische Mensch ist noch mit seinem Werk verbunden und nicht so sehr rein äußerlich den Dingen zugeneigt. Seine kalkulatorischen Fähigkeiten sind relativ gering und bestehen in einfachen Grundüberlegungen. Aus diesem Grunde kann die meiste Energie in die schöpferische Arbeit fließen. Sombart vergleicht sogar den Bauer und Handwerker mit einem Künstler. "Die Arbeit des echten Bauern ebenso wie des echten Handwerkers ist einsame Werkschöpfung: in stiller Versunkenheit gibt er sich seiner Beschäftigung hin. Er lebt in seinem Werk, wie der Künstler darin lebt, er gäbe es am liebsten gar nicht dem Markte preis... Kommt es aber zum Verkauf, so soll das erzeugte Gut seines Schöpfers würdig sein. Der Bauer wie der Handwerker stehen hinter ihrem Erzeugnis; sie vertreten es mit Künstlerehre. Aus dieser Tatsache erklärt sich z.B. die tiefe Abneigung alles Handwerkertums gegen Fabrikate oder selbst Surrogate, ja auch nur gegen Schlenderarbeit" (Sombart 1923, S. 19).

Ideal:
Mensch als
Maß aller
Dinge

Vorkapitalismus

Ausgabenwirtschaft

Seigneurales Dasein

Bedarfsprinzip

Nichtökonomischer Durchschnittsmensch

Im Vordergrund der Tätigkeit steht also nicht der Verkauf, sondern das Werk. Es ist ohne Hast verwirklicht. Diese Wirtschaftsgesinnung nennt Sombart Traditionalismus. Die Arbeit verläuft nach überlieferten Normen. Der Mensch orientiert sich am Vorbild, an der Macht der Gewohnheit. "Das höchste Ideal jener Zeit, wie es das wundervolle System des heiligen Thomas in seiner letzten Vollkommenheit durchleuchtet, ist die in sich ruhende und aus ihrem Wesenskern zur Vollendung aufsteigende Einzelseele" (Sombart 1923, S. 23).

Die Unruhe ist ein Merkmal des kapitalistischen Geistes. Ruhe prägt die vorkapitalistische Produktionsmethode. Nach Sombart hat es in dieser Zeit zwar auch Geldsucht gegeben, doch diese konnte die Grundlage der vorkapitalistischen Gesellschaft nicht erschüttern. Die Gegenkräfte waren viel zu stark.

Die Äußerungen von Werner Sombart lassen die Vermutung aufkommen, daß vor dem Kapitalismus eine relativ idyllische Welt existierte mit Menschen, die mit ihrer Arbeit verbunden waren, allerdings intellektuell nicht voll entwickelt waren. Dieses Bild kann dadurch aufkommen, weil Sombart einige wesentliche Dinge vernachlässigt. Dazu zählen die Einbindung der Menschen in die Religion, die für sie eine reale Kraft war, die noch nicht vollzogene Herausbildung des bürgerlichen Individuums und die erst entstehende wissenschaftliche Denkweise. Diese Faktoren charakterisieren erst den Menschen in der vorkapitalistischen Welt, die Frage, ob das Leben harmonisch und idyllisch war, ist müßig zu stellen, da jede Zeit ihre Glanzlichter und Tücken hat. Es geht deswegen weder um Verherrlichung noch um Abwertung von Zeitepochen, sondern allenfalls um eine umfassende, objektive wissenschaftliche Charakterisierung. Sombart versucht dies zu leisten, er muß in einigen Punkten allerdings erweitert werden.

2. Die kapitalistische Wirtschaftsgesinnung: Unternehmergeist und Bürgergeist

Werner Sombart sieht in der Symbiose von Unternehmergeist und Bürgergeist das Wesen der kapitalistischen Wirtschaftsgesinnung. Diese hat zwar völlig unterschiedliche Ausprägungen bei den einzelnen Personen, sozialer Gruppen und Wirtschaftstätigkeit, doch gibt es nach Sombart einheitliche Merkmale einer gemeinsamen Wirtschaftsgesinnung. Historisch hat sich diese Entwicklung in den einzelnen europäischen Ländern unterschiedlich ausgeprägt; die religiösen Einstellungen der Menschen haben die Wirtschaftsgesinnung mitgefärbt. Mitentscheidend für die Herausbildung des Kapitalismus ist auch der menschliche Trieb nach Geld, den Sombart in frühmenschlichen Zeiten entstehen läßt. Geld hat für ihn auch eine magische bzw. mythische Dimension. Die Faszination des Geldes und des Goldes hat auch dazu geführt, daß der Erwerb durch Gewaltmittel realisiert wurde.

Betrachten wir nun zuerst den Sombart'schen Unternehmer- bzw. Unternehmungsgeist. "Unternehmung (im weitesten Sinne) nennen wir: jede Verwirklichung eines weitsichtigen Planes, zu dessen Durchführung es des andauernden Zusammenwirkens mehrerer Personen unter einem einheitlichen Willen bedarf" (Sombart 1923, S. 69). Diese Definition gilt für Sombart für jede Unternehmung, aber auch für wirtschaftliche Tätigkeiten.

Der "weitsichtige Plan" schließt plötzliche Eingebungen aus. Der Unternehmer hat eine längerfristige Zielsetzung, die von mehreren Menschen ausgeführt wird. Deswegen scheidet Sombart das rein künstlerische und rein handwerkliche Schaffen aus. Ein einheitlicher Wille ist notwendig, um den Erfolg der Unternehmung zu gewährleisten. Der Unternehmer braucht drei grundsätzliche Fähigkeiten: erobern - organisieren - handeln.

Der Eroberer braucht nach Sombart geistige Freiheit, einen festen Willen, seine Ideen zu verwirklichen sowie Zähigkeit und Beharrlichkeit im Verfolgen des Zieles. Der Unternehmer muß außerdem gut organisieren können und die Untergebenen gemäß ihren Fähigkeiten einsetzen können. "Dann muß er das Talent haben, sie statt seiner arbeiten zu lassen und zwar so, daß jeder an der richtigen Stelle steht, wo er das Maximum von Leistung vollbringt, und alle immer so anzutreiben, daß sie die ihrer Leistungsfähigkeit entsprechende Höchstsumme von Tätigkeit auch wirklich entfalten" (Sombart 1923, S. 71). Zum Organisieren gehört auch die Fähigkeit, die einzelnen Tätigkeiten zu einem gemeinsamen Ganzen zu vereinen.

Ein Mensch, der eine Unternehmung erfolgreich planen, durchführen und beenden will, muß nach Sombart auch gut verhandeln können. Er muß Verträge aushandeln, Tauschprozesse durchführen, Grund und Boden erwerben etc. Als wichtigste Tugend des Händlers nennt Sombart die Entschlossenheit. Der klassische Unternehmer ist für ihn der

alte Faust. "Da jedes Unternehmen in seinem Verlaufe von Zufällig-
keiten abhängt, die nicht im Vorhinein bedacht sein können, so ist
eine wesentliche Eigenschaft notwendig, die jeder Unternehmer besitzen muß, die Geistesgegenwart und die Fähigkeit, das Richtige zu
treffen, das dem erstrebten Erfolg am besten dient" (Sombart 1923, S.
75).

Sombart unterscheidet sechs Grundtypen des Unternehmungsgei-
stes: Die Freibeuter, die Feudalherren, die Staatsbeamten, die
Spekulanten, die Kaufleute und die Handwerker.

Der kapitalistische Geist enthält nach Werner Sombart den Unternehmungsgeist, den Erwerbstrieb und die bürgerlichen Tugenden. Die
bürgerlichen Tugenden bezeichnet er auch als Bürgergeist. "Darunter
verstehe ich alle diejenigen Ansichten und Grundsätze (und das nach
ihnen gestaltete Betragen und Sichverhalten), die einen guten Bürger
und Hausvater, einen soliden und 'besonnenen' Geschäftsmann aus-
machen. Anders ausgedrückt: in jedem vollendeten kapitalistischen
Unternehmer, in jedem Bourgeois steckt ein 'Bürger'" (Sombart 1923,
S. 135).

Sombart nennt das 14. Jahrhundert und vor allem Florenz als Ge-
burtsort des "wohlanständigen" Bürgers und Benjamin Franklin und
L.B. Alberti als Autoren der bürgerlichen Weltanschauung. Sombart
sieht in der "heiligen Wirtschaftlichkeit" und in der "Geschäftsmoral"
die beiden wichtigsten ökonomischen Prinzipien des bürgerlichen
Menschen.

Der Mensch soll sich der Wirtschaftsführung zuwenden. Das Wirtschaften ist nichts untugendhaftes, kein schmutziges Geschäft, sondern wird zur Notwendigkeit. Das war etwas unerhört Neues. Bis dato
wurde entweder ohne Augenmaß gearbeitet oder als Tabu erklärt. Die
seigneuriale Lebensgestaltung kannte das Prinzip der Ausgabenwirtschaft, die bürgerliche Wirtschaftlichkeit geht zur Einnahmewirtschaft
über. Die Ausgaben sollen nicht größer sein als die Einahmen. Das
Ausgeben stand nun nicht mehr im Mittelpunkt, sonder das Sparen. "
Die Idee des Sparens trat in die Welt ! Abermals nicht des erzwunge-
nen, sondern des selbst gewollten Sparens, des Sparens nicht als einer
Not, sondern des Sparens als einer Tugend. Der *sparsame* Wirt wird
nun das Ideal selbst der Reichen, soweit sie Bürger geworden sind"
(Sombart 1923, S. 139).

Nun wird man nicht dadurch reich, daß man viel erwirbt, sondern vor allem durch das Wirtschaftlichkeitsprinzip, durch Sparsamkeit. Gespart werden soll nicht so sehr bei Nahrung und Kleidung, da diese notwendig sind, sondern bei Ausgaben zum Unterhalt von Menschen, zur Ernährung eines Klientels. Man soll sich nicht wie ein großzügiger Herr benehmen, sondern seine Ausgaben nach Notwendigkeit ordnen.

Sparen, Haushalten und auf keinen Fall der Müßiggang sind die neuen Tugenden. Müßiggang gilt als Unehre, Schande, als Vorstufe zum Gesetzesbruch. "Müßiggang verdirbt den Körper und den Geist. Aus dem Müßiggang erwachsen Unehre und Schande. Die Seele der Müßiggänger ist noch immer die Brutstätte aller Laster gewesen. Nichts ist so schädlich, so verderblich für das öffentliche und das Privatleben wie müßige Bürger. Aus dem Müßiggang entsteht die Üppigkeit; aus dieser die Verachtung der Gesetze usw." (Sombart 1923, S. 142).

Die "heilige" Wirtschaftlichkeit wird aber nicht allein durch das Sparen bestimmt, sondern mit einem neuen Zeitempfinden. Die Tageszeit wird nun aufgeteilt, Zeitpläne sollen aufgestellt und eingehalten werden. Das Wirtschaften war Angelegenheit der Männer, Frauen sollten sich um Küche und Kinder kümmern. Nur ein Tor würde auf die Weiberklugheit bauen.

Die bürgerlichen Tugenden sind Sparsamkeit, die Ökonomie der Zeit und auch des Stoffes, Ordnungsliebe und Fleiß. Ein kostspieliges Leben, zur Jagd gehen, Pferde halten galten als Schrecken. "Zeit ist Geld" ist die aktuelle Lösung. Benjamin Franklin (vgl. Sombart 1923, S. 153ff) empfiehlt Fleiß und Mäßigkeit als Lebenstugenden. Er hat insgesamt 13 Tugenden propagiert: Mäßigkeit, Schweigen, Ordnung, Entschlossenheit, Genügsamkeit, Fleiß, Aufrichtigkeit, Gerechtigkeit, Mäßigung, Reinlichkeit, Gemütsruhe, Keuschheit und Demut. Die Tugenden sind hier in ihrer Rangfolge aufgezählt, so daß Mäßigkeit, Schweigen und Ordnung die wichtigsten sind.

Die zweite neue Eigenschaft des Bürgergeistes neben der "heiligen" Wirtschaftlichkeit ist die Geschäftsmoral. Sombart nennt auch den Begriff der " *kaufmännischen Solidität* : also Zuverlässigkeit im Halten von Versprechungen, 'reelle' Bedienung, Pünktlichkeit in der Erfüllung von Verpflichtungen usw. Sie ist auch erst mit der Herausbildung der kapitalistischen Wirtschaft möglich und nötig geworden" (Sombart 1923, S. 161).

Solidität läßt sich auch mit der Moral der Vertragstreue umschreiben. Mit der Entwicklung des Kapitalismus wird für Sombart diese Eigenschaft immer wichtiger. Er geht sogar soweit zu behaupten, daß ein solider Lebenswandel nicht nur zu sein hatte, man müßte auch dafür gelten. Unscheinbare Kleidung, kein Aufsuchen von Orten des Vergnügens, keine Jagd etc. galten als Bestimmungen des soliden Bürgers.

Nun haben wir nach Werner Sombart die beiden Hauptströmungen des modernen Wirtschaftsmenschen herausgearbeitet: Unternehmungsgeist und Bürgergeist. Diese beiden Strömungen lassen sich nach vier Gesichtspunkten klassifizieren.

Zum Ersten hat der moderne Wirtschaftsmensch ein neues *Ideal*. Während in der vorkapitalistischen Epoche der Mensch das Maß aller Dinge war, tritt nun nach Sombart der Erwerbstrieb und die Blüte des eigenen Geschäfts in den Vordergrund. "Das Streben der Wirtschaftssubjekte ist vielmehr auf möglichst hohen Erwerb und möglichste Blüte des Geschäfts gerichtet" (Sombart 1923, S. 217).

Sombart ist in der Bestimmung des neuen Ideals nicht eindeutig. Die Politiker und Geschäftsleute, die er zum Beleg heranzieht, betonen nicht den Erwerbstrieb, sondern eher ihre Sache, ihr Geschäft, Handwerk etc. gut zu machen. Sombart mißtraut diesen Äußerungen und erwähnt dagegen den Profit als neues Ideal, unabhängig vom Bewußtsein der Beteiligten. Die Seele des modernen Wirtschaftsmenschen vergleicht er mit der kindlichen Seele. Wie das Kind verfolge der Wirtschaftsmensch das sinnliche Große, die rasche Bewegung, das Neue und das Machtgefühl (vgl. Sombart 1923, S. 222).

Über die Ideale des Kindes läßt sich unbegrenzt streiten. Es scheint allerdings zweifelhaft, dem Kinde ein ausgeprägtes Machtgefühl zu unterstellen. Eine kindliche Tugend ist eher die Naivität.

Ohne Zweifel ist allerdings die Macht ein Grundzug des modernen Wirtschaftsmenschen. Sombart definiert die Macht nur als Schwäche. Dies erscheint einseitig. Macht kann auch bedeuten, eine Sache bewältigen, mächtig sein durch sinnvolle Ideen und Tätigkeiten.

Zum Zweiten ist der moderne Wirtschaftsmensch nach Sombart gekennzeichnet durch seine Tätigkeit: Eroberung, Organisation, Handel. Doch das Händlerdasein und die Spekulation werden nach Sombart immer wichtiger. Da der Mensch nicht mehr im Vordergrund steht, tritt Maßlosigkeit im Wirtschaftsleben auf. "Das bedeutet positiv, daß die Energieausgabe des modernen Wirtschaftsmenschen extensiv wie intensiv bis an die Grenze des Menschenmöglichen gesteigert wird. Alle Zeit des Tages, des Jahres, des Lebens wird der Arbeit gewidmet. Und während dieser Zeit werden alle Kräfte bis zum äußersten angespannt. Vor den Augen jedermanns steht ja das Bild dieser bis zum Wahnsinn arbeitenden Menschen" (Sombart 1923, S. 228).

Hier verortet Sombart die seelische Verödung im Kapitalismus. Der moderne Wirtschaftsmensch ist seelisch verarmt, zur Liebe unfähig; dies gilt vor allem für Männer. "Besonders deutlich tritt diese Zerrüttung des Seelenlebens im modernen Wirtschaftsmenschen zutage, wo es sich um den Kern des natürlichen Lebens: um die Beziehung zu den Frauen handelt. Zu einem intensiven Erfülltsein mit zarten Liebesgefühlen fehlt diesen Männern ebenso die Zeit, wie zu einem galanten Liebesspiel, und die Fähigkeit der großen Liebesleidenschaft besitzen sie nicht. Die beiden Formen, die ihr Liebesleben annimmt, sind entweder die völlige Apathie oder der kurze äußere Sinnenrausch. Entweder sie kümmern sich um die Frauen überhaupt nicht, oder sie begnügen sich mit den äußeren Liebesgenüssen, die die käufliche Liebe zu bieten mag" (Sombart 1923, S. 229).

Zum Dritten gelten neue Geschäftsgrundsätze im Kapitalismus gegenüber der vorkapitalistischen Zeit. Das Wirtschaftlichkeitsdenken wird in allen Bereichen eingeführt und praktiziert, in der Organisation, in der Produktionstechnik, beim Verkauf. Den modernen Wirtschaftsmenschen (wie er immer im amerikanischen Unternehmen am reinsten in Erscheinung tritt) erfüllt der Wille zur schlechthin rationellen Wirtschaftsgestaltung, und er besitzt auch die Entschlossenheit, diesen Willen durchzuführen; also jede vollkommenste Methode, sei es der kaufmännischen Organisation, sei es des Rechnungswesens, sei es der Produktionstechnik, *weil sie die rationellste ist*, anzuwenden, was natürlich auf der anderen Seite bedeutet, daß er unbekümmert um irgendwelche Schwierigkeiten die alte Methode aufgibt in dem Augenblick, in dem er eine bessere in Erfahrung gebracht hat (Sombart 1923, S. 230).

Eine weitere neue Geschäftsgrundlage stellt nach Werner Sombart die Ausrichtung der Wirtschaft auf reine *Tauschgüterproduktion* dar. Es steht *nicht mehr* wie in der vorkapitalistischen Produktionsweise die Qualität der Produkte im Vordergrund, sondern ihre Absatzfähigkeit. Da ein besserer Absatz in den meisten Fällen auch mehr Profit bedeutet, sind die Unternehmer an einer ständigen Absatzerweiterung interessiert. Die Tauschgüterproduktion basiert also nicht auf statischer Qualitätserzeugung, sondern auf quantitativer Produktion und dem Drang, diese zu erweitern.

Weitere neue Geschäftsmethoden sind nach Sombart eine aggressive Kundenpolitik, die größtmögliche Verbilligung der Produktion und die Ellbogenfreiheit. Sombart beschreibt in Ansätzen die Methoden des modernen Marketing und der Werbung. Die Aufmerksamkeit der Kunden gegenüber den Waren und die Erregung der Kauflust sollen verstärkt werden. Es sollen viele Geschäfte betrieben werden, an denen viel verdient wird.

Das Prinzip der Ellbogenfreiheit wird von Sombart besonders herausgestrichen. Die kapitalistische Wirtschaftsgesinnung wirkt sich also nicht nur ökonomisch aus, sondern auch auf Recht und Sitte. Die Idee des rücksichtslosen Erwerbes wird gefordert. Soziale und private Interessen der Beschäftigten sollen vernachlässigt werden. Rücksichtslosigkeit gilt als neue Tugend für den erfolgreichen Geschäftsmann.

Zum Vierten wird der moderne Wirtschaftsmensch nach Sombart geprägt von den bürgerlichen Tugenden. Sparsamkeit und Solidität sowie ein wohlanständiges Leben sollen praktiziert werden. Die bürgerlichen Tugenden treten allerdings aus der Sphäre persönlicher Beziehungen heraus und werden durch den kapitalistischen Mechanismus verobjektiviert. "Jene Begriffe haben freilich aufgehört, wesentliche und notwendige Tugenden des kapitalistischen Unternehmens zu sein; aber darum haben sie keineswegs ihre Bedeutung für die Wirtschaftsführung verloren. Sie sind nur aus der Sphäre persönlicher Willensbetätigung herausgetreten und sind zu Sachbestandteilen des Geschäftsmechanismus geworden. Sie haben aufgehört, Eigenschaften lebendiger Menschen zu sein und sind statt dessen zu objektiven Prinzipien der Wirtschaftsführung geworden" (Sombart 1923, S. 236).

Sombart verdeutlicht dies an der Tugend Sparsamkeit. Der Geschäftsmann braucht im Privatleben nicht unbedingt sparsam zu sein, im Geschäftsleben allerdings wird dieses Prinzip auf allen Ebenen als objektive Norm durchgesetzt. Das Gleiche gilt für die Solidität. Sie war früher eine persönliche Tugend. In kapitalistischem Wirt-

Kapitalistische Wirtschaftsgesinnung

Unternehmer-Geist	Bürger-Geist
– Eroberer	– Sparsamkeit
– Organisator	– Fleiß
– Händler	– Mäßigkeit
– Freibeuter	– Ordnungsliebe
– Spekulant	– Schweigsamkeit
– Staatsbeamter	– Kaufmännische Solidität
– Handwerker	

Symbiose von Unternehmer-Geist und Bürger-Geist

Ideal:
– Erwerbstrieb
– Maßlosigkeit
– Tauschwertprinzip

⟹ Sittenverfall als Konsequenz

schaftsleben bemißt sich die Solidität an objektiven ökonomischen Größen wie Umsatz, Gewinn oder der Höhe der Investitionen.

In seinem Buch "Liebe, Luxus und Kapitalismus" versucht Sombart den Kapitalismus nicht wie Max Weber aus einer puritanischen Sparsamkeit, sondern aus der Verschwendung heraus zu begründen. "Der Luxus hat bei der Entstehung des modernen Kapitalismus auf sehr verschiedene Weisen mitgeholfen; er hat z.b. bei der Überführung des feudalen in den bürgerlichen Reichtum (Verschuldung!) eine wesentliche Rolle gespielt" (Sombart 1992, S. 141).

In seinem Spätwerk "Vom Menschen" hat sich Sombart von seiner ursprünglichen eher marxistischen Methode noch weiter entfernt und entwickelt eine geisteswissenschaftliche Anthropologie. Er bestimmt den Menschen jenseits einer animalistischen oder hoministischen Gesamtbetrachtung. "Die Erfahrung lehrt uns vielmehr, daß Geist und Natur gleichmäßig am Aufbau der Persönlichkeit beteiligt sind; daß aber der Geist die Grenzen findet, die in der menschlichen Natur gegeben sind... Die Erfahrung lehrt uns aber ebenso, daß der menschliche Wille die Natur in weitem Umfange beeinflussen, daß er Anlagen zerstören oder entwickeln kann, und daß somit der Geist ein weites und freies Feld hat, Wissen und Streben der menschlichen Persönlichkeit einzuflößen und sie dadurch nach seinem Belieben zulenken und zu leiten" (Sombart 1938, S. 430).

Sombart bestimmt also den Menschen als ein Wesen zweier Welten. Er hat diese Polaritäten in sich zu tragen und mit ihnen zu ringen. Der Mensch soll sich bewähren zwischen Freiheit und Gebundenheit. "Sein ganzes Dasein ist eine Auseinandersetzung seines geistigen Wesens mit naturhaften Bindungen. Was Tiere nicht kennen: Die polare Spannung zwischen dem Einzel-ich und der Gattung, zwischen Erbe und Aufgabe, bildet recht eigentlich den Inhalt und den Sinn des menschlichen Wesens" (Sombart 1938, S. 432).

Literatur

Sombart, Werner, Der Bourgeois, Zur Geistesgeschichte des modernen Wirtschaftsmenschen, München/Leipzig 1923

Sombart, Werner, Vom Menschen. Versuch einer geisteswissenschaftlichen Anthropologie, Berlin 1938

Sombart, Werner, Allgemeine Nationalökonomie, Berlin 1960

Sombart, Werner, Liebe, Luxus und Kapitalismus. Über die Entstehung der modernen Welt aus dem Geist der Verschwendung, 2. Aufl. Berlin 1992

VIII. DER DYNAMISCHE UNTERNEHMER: JOSEPH SCHUMPETER

Joseph Schumpeter (1883-1950) hat in seiner "Theorie der wirtschaftlichen Entwicklung" das Menschenbild eines dynamischen Unternehmens formuliert. Er beklagt, daß die bisherige Theorie - vor allem auch die Grenznutzenschule - die historische Entwicklung der Wirtschaft vernachlässigen. Für Schumpeter sind alle Tatsachen und Individuen einer historischen Veränderung unterworfen. Die Gegenwart baut systematisch auf der Vergangenheit auf und ist darüber meist erklärbar.

Aus Gründen der historischen Entwicklung ergänzt Schumpeter die ökonomische Theorie. Die Entwicklung wird geschaffen durch den "Typus" des Unternehmers. Nicht der Konsument mit seinen Bedürfnissen, sondern die Produktionsseite verändern ständig das Geschehen.

Der "Typus" Unternehmer ist für Schumpeter nicht an den Betrieb gebunden, sondern ein Mensch, der generell und in allen Bereichen an der *Umsetzung* von Neuerungen arbeitet. Am meisten zu finden ist dieser "Typus" allerdings in den wirtschaftlichen Produktionsstätten. Der dynamische Unternehmer erschafft keine neuen Dinge, sondern entscheidet und organisiert Neuerungsprozesse in fünf Bereichen: Herstellung von neuen Gütern, Einführung neuer Produktionsmethoden, Erschließung zusätzlicher Absatzmärkte, Eroberung neuer Rohstoffquellen, Schaffung oder Durchbrechen von Monopolstellungen (vgl. Schumpeter 1952, S. 100/101).

Die neuen Kombinationen treten neben die alten Verfahren und Strukturen und lösen bald diese ab. Oft vollzieht sich die Neuerung von außen. So gründeten im allgemeinen nicht die Postmeister die Eisenbahnen. Die neue Kombination bedeutet eine Andersverwendung volkswirtschaftlicher Ressourcen. "In der Regel muß die neue Kombination die Produktionsmittel, die sie braucht, irgendwelchen alten Kombinaten entziehen - und aus erwähnten Gründen können wir sagen, daß sie das grundsätzlich *immer* tut. Auch das löst, wie wir sehen werden, insbesondere für den Konjunkturverlauf wichtige Folgen aus, und das ist eine zweite Form des Niederkonkurrierens alter Betriebe. Die Durchsetzung neuer Kombinationen bedeutet also - was eine zweite Definition von Form und Inhalt der Entwicklung in unserem Sinne abgeben könnte. Andersverwendung des Produktionsmittelvorrates der Volkswirtschaft" (Schumpeter 1952, S. 102/1033).

Die Andersverwendung von Produktionsmitteln wirkt sich doppelt auf die Konjunktur aus, alte Betriebe sterben ab und der Kredit dynamisiert die neue Kombination: "immer handelt es sich um Transformation von Kaufkraft, die bei irgendwem schon vorher existiert hätte, sondern um die Schaffung von *neuern* aus *Nichts* - auch dann aus Nichts, wenn der Kreditvertrag, zu dessen Erfüllung die neue Kaufkraft geschaffen wird, sich auf irgendwelche reale Sicherheiten, die nicht selbst Zirkulationsmittel sind, stützt-, die zur Zirkulation, die es vorher gab, hinzutritt. Und das ist die Quelle, aus der die Durchsetzung neuer Kombinationen *typisch* finanziert wird und, wenn Resultate vorausgegangener Entwicklung nicht tatsächlich in jedem Augenblick immer vorlägen, so gut wie *ausschließlich* finanziert werden müßte" (Schumpeter 1952, S. 109).

Für unsere Analyse des Menschenbildes ist hierbei wichtig, daß der dynamische Unternehmer aus dem Nichts heraus Dinge zusammenführen muß. Das bedeutet, daß er kein enges ökonomisches Kalkül präferieren darf, sondern, daß er vor allem die soziale Fähigkeit braucht, die Neuerungen plausibel zu machen. Er braucht Risikobereitschaft und Charisma. Initiative, Autorität und Voraussicht beschreiben außerdem den neuen "Typus".

Der dynamische Unternehmer ist nicht gebunden an die kapitalistische Gesellschaft, sondern er kann überall auftreten. Als Angestellter oder Arbeiter in einer Privatfirma, in der sozialistischen Gesellschaft oder als Häuptling eines primitiven Stammes.

Schumpeters Menschenbild geht davon aus, daß die Menschen Angst vor dem Nichts haben und deswegen lieber in gewohnten Bahnen und Kreisläufen arbeiten. Um so größer ist deswegen der dynamische Unternehmer. Er setzt sich über alle ökonomischen und sozialen Schranken hinweg. Seine Funktion erlischt, wenn sich die neue Kombination durchgesetzt hat. Unternehmersein ist somit kein Beruf und kein Dauerzustand und damit fehlt auch eine Klassenbildung im sozialen Sinne.

Schumpeter schreibt nur wenigen Menschen die Eigenschaft zu, Erneuerer zu sein, nur wenigen Geschäftsleuten ist diese Eigenschaft zuzutrauen. Die meisten Geschäftsleute können organisieren, doch nur wenige erfüllen eine absolute Führungsposition, gehen ganz neue Wege gegen große Widerstände, schwimmen gegen den Strom. "Während in gewohnten Bahnen dem normalen Wirtschaftssubjekt sein eigenes Licht und seine Erfahrung genügt, so bedarf er Neuem gegenüber einer Führung. Während er *mit* dem Strom schwimmt im allseits wohlbekannten Kreislauf, schwimmt er *gegen* den Strom, wenn er dessen Bahn verändern will. Was dort Stütze war, wird hier Hindernis. Was vertrautes Datum war, wird zu einer Unbekannten. Wo die Grenze der Routine aufhört, können deshalb viele Leute nicht weiter und der Rest kann es nur in sehr verschiedenem Maß. Annahme eines Verhaltens, das der Beobachter als prompt und rationell begreifen kann, ist eine Fiktion auf alle Fälle. Aber sie bewährt sich dann, wenn und weil die Dinge Zeit haben, Logik in die Menschen zu hämmern" (Schumpeter 1952, S. 118).

Aus diesem Grunde sind die dynamischen Unternehmer nicht sehr zahlreich und nicht identisch mit den Leuten, die die äußere Möglichkeit dazu hätten. Der normale Mensch braucht die Routine. Es wäre für ihn eine Überforderung, wenn er seine Taten stets neu begründen müßte und eine noch größere Anstrengung, aus den gewohnten Bahnen auszubrechen. Durch Handlungsgewohnheiten kann der einzelne Mensch die Berufsanforderungen relativ leicht erfüllen. Diese werden ihm normalerweise durch Vererbung, Lehre, Erziehung und Umweltdruck vermittelt und verinnerlicht.

Der dynamische Unternehmer setzt sich von den Handlungsgewohnheiten ab, er durchbricht die Routine und konstituiert "Führerschaft". Diese ist aus mehreren Gründen eine Besonderheit. Zunächst erwähnt Schumpeter die Entscheidung unter Unsicherheit, bei geringen und unzulänglichen Informationen. "Der gewohnte (Plan H.W.) hat die ganze scharfrandige Realität der Vorstellungen von Dingen, die wir gesehen und durchgelebt haben; der neue ist eine Vorstellung von Vorgestelltem. Nach ihm handeln und nach dem Gewohnten handeln sind so verschiedene Dinge wie einen Weg *bauen* und einen Weg *gehen* : Und das Bauen eines Weges ist so wenig ein bloßes gesteigertes Gehen, als das Durchsetzen neuer Kombinationen ein bloß graduell vom Wiederholen der gewohnten verschiedener Prozeß ist" (Schumpeter 1952, S. 124/125).

Schumpeter ist nicht der Meinung, die heute vielfach vertreten wird, daß eine verbesserte Datenlage das Problem löst. Vielmehr muß der dynamische Unternehmer intuitiv entscheiden. Gründliche Vorarbeit, Sachkenntnisse, Intellektualität können dabei sogar hinderlich sein.

Der zweite wichtige Punkt, um das Wesen des dynamischen Unternehmers zu beschreiben, liegt nach Schumpeter im Verhalten des Wirtschaftssubjektes selber. Auch wenn das Neue leichter wäre, würden die meisten Menschen lieber in den gewohnten Bahnen verbleiben. Schumpeter erklärt dies aus den Erfahrungen mit menschlichem Verhalten. Dies sieht er auch im Wissenschaftsprozeß bestätigt. Neue wissenschaftliche Denkweisen haben kaum eine Chance aufgenommen zu werden. Der Mensch verabschiedet sich sehr ungern von gewohnten Denksystemen.

Drittens hat der dynamische Unternehmer den sozialen Gegendruck auszuhalten und zu durchbrechen. Die Umwelt wehrt sich zunächst gegen die Neuerung. Dies geschieht oft durch rechtliche oder politische Hindernisse. "Weiter kann es zu gesellschaftlicher Ablehnung des Betreffenden und schließlich zu physischer Verhinderung seiner Absicht kommen und zum direkten Angriff auf ihn" (Schumpeter 1952, S. 126/127).

"Führer"schaft resultiert also aus der Tatsache, daß die meisten Menschen Ordnungen und Gewohnheiten brauchen, aus denen sie nicht ausscheren wollen. Die "Führung" muß sich gegen Unsicherheit, gewohnte Denktraditionen und gegen sozialen Druck durchsetzen und behaupten. "Der Führer" schafft keine neuen Möglichkeiten, sondern setzt nur bekannte Ideen in die Realität um. Er ist in der Lage, seiner Umgebung seine neuen Ideen und Werte zu vermitteln. Er ist deshalb meist ein Willensmensch, der Kraft hat, Dinge anzupacken und real zu sehen. Dadurch wird er zu einer Autorität für andere.

Die Funktion des Unternehmers und Erfinders fallen meist nicht zusammen. Nur zufälligerweise ist der Unternehmer auch Erfinder. Er ist weder Schöpfer der neuen Kombination noch ein Arbeiter.

Dem dynamischen Unternehmer fehlt aller äußerer Glanz, wie es oft Arbeiterführer haben. Auch persönlich muß er sich nicht von der Masse abheben. "Ihm fehlt aller persönlicher Glanz, wie er bei vielen andern Arten von Führerschaft gegeben sein muß, bei jenen, wo durch

'Persönlichkeit' oder Geltung in einem kritischen sozialen Kreis geführt wird. Seine Aufgabe ist sehr speziell: wer sie lösen kann, braucht in jeder andern Beziehung weder intelligent noch sonst interessant, kultiviert oder in irgendeinem Sinn 'hochstehend' zu sein, kann selbst lächerlich wirken in den sozialen Positionen, in die ihn sein Erfolg ex post stellt" (Schumpeter 1952, S. 130).

Schumpeter charakterisiert den dynamischen Unternehmer als Emporkömmling, traditionslos, außerhalb des Bureaus wirkt er unsicher, anpassend und ängstlich. Er wird im Kreis etablierter Industrieller meist nicht wahrgenommen. Seine Motive sind nicht die hohen Einkommen, sondern "objektivierte Pflicht". Schumpeter grenzt sich vom individuellen, rationalen, hedonistischen Egoismus ab. "Diese Pflicht kann außerweltlich orientiert sein, oder an der sozialen Gruppe weiterer Spanne (Land, Volk, Stadt, Klasse), oder an einem engeren, durch das Blutsband gegebenen Kreis, oder an der Verkörperung des Betätigungsfeldes (Hof, Fabrik, Firma, Arbeiterschaft), oder nur relativ selten und seit verhältnismäßig kurzer Zeit auch an der eigenen Person" (Schumpeter 1952, S. 133).

Der dynamische Unternehmer bringt "Beefsteak und Ideal" auf einen gemeinsamen Nenner. Es geht nicht um sein Lustgefühl, oder seine Konsumtion. Wohl aber muß er sich in der kapitalistischen Wirtschaft mit einem "gesteigerten Egoismus" durchsetzen. "Hat er doch auszuarbeiten, was die anderen fertig vorfinden; ist er doch Vehikel einer Umorganisierung des Wirtschaftslebens in der Richtung privatwirtschaftlicher Zweckmäßigkeit" (Schumpeter 1952, S. 134).

Der dynamische Unternehmer ist somit in einem Dilemma. Er wird motiviert von einer objektiven Pflichterfüllung innerhalb privater Zweckmäßigkeiten. Er strebt die Macht und das Geld nicht an, sie sind aber Begleiterscheinungen seiner Biographie. Im Vergleich mit seinen nutzenmaximierenden Mitbürgern ist er irrational bzw. von einem andersgearteten Rationalismus. "Der typische Unternehmer frägt sich nicht, ob jede Anstrengung, der er sich unterzieht, auch einen ausreichenden 'Genußüberschuß' verspricht. Wenig kümmert er sich um hedonische Früchte seiner Taten. Er schafft rastlos, weil er nicht anders kann, er lebt nicht dazu, um sich des Erworbenen genießend zu erfreuen. Tritt dieser Wunsch auf, so ist das Erlahmen und nicht eine Station auf bisheriger Linie, Vorbote des physischen Todes und nicht Erfüllung" (Schumpeter 1952, S. 137).

Der dynamische Unternehmer träumt davon, ein privates Reich zu gründen, eine Dynastie. Die Motive dafür sind unterschiedlich: Freiheitsgefühle, Machtinstinkte, Snobismus, Siegerwille, Kämpfenwollen, Erfolgsstreben. Ein wichtiges Motiv ist auch der Wille zur Gestaltung, Freude am Werk, Freude an der Neuschöpfung. Um diese Motive zu realisieren, braucht der Unternehmer nicht immer privates Eigentum, er kann sie auch in sozialen Gruppen zur Geltung bringen.

Schumpeters dynamischer Unternehmer beruht nicht auf dem Menschenbild des utilitaristischen Rationalisten. Er entspricht der Kant'schen Pflichtethik. Der einzelne Unternehmer handelt aus einem inneren Antrieb, aus teilweisen zweckfreien Motiven, aus objektiven Zusammenhängen heraus. Ein wenig scheint sich aber auch das moderne Phänomen des workaholic hier anzudeuten. Der dynamische Unternehmer arbeitet unentwegt, außerhalb des Sozialen und meist entwurzelt und vereinsamt an seinen Projekten. Materieller Reichtum sind ihm nicht unbedingt wichtig, aber meist eine notwendige Folge des Arbeitseinsatzes.

Das klassische Konzept des utilitaristischen Rationalismus hat Schumpeter in seinem berühmten Werk "Kapitalismus, Sozialismus und Demokratie" noch einmal von einer ganz anderen Seite geführt (vgl. Schumpeter 1950, S. 407-420).Er stellt sich die Frage nach der menschlichen Natur in der Politik. Hier finden wir noch mehr Beispiele als in der Ökonomie für die Tatsache, daß sich der Mensch nicht individuell rational verhält.

So lehrt uns noch Schumpeter die Psychologie der Menge, daß der Mensch sich in Gruppen ganz eigenartig verhalten kann. Schumpeter stützt sich auf Aussagen des Massenpsychologen Gustave le Bon. "Indem er (le Bon H.W.), allerdings übertreibend, die Tatsachen des menschlichen Verhaltens unter dem Einfluß der Agglomeration zeigt - namentlich das plötzliche Verschwinden sittlicher Hemmungen und zivilisierter Denk- und Empfindungsweisen, den plötzlichen Ausbruch von primitiven Trieben, von Infantilismen und verbrecherischen Neigungen im Zustand der Aufregung -, hat er uns grauenhaften Fakten gegenübergestellt, von denen jedermann wußte, die aber niemand sehen wollte, und er hat hierdurch dem Bild der menschlichen Natur, das der klassischen Lehre der Demokratie und der demokratischen Sage von den Revolutionen zugrunde liegt, einen gefährlichen Schlag versetzt" (Schumpeter 1950, S. 408). Der Zeitungsleser, Radiohörer und das Parteimitglied können leicht beeinflußt und fanatisiert werden. Dies gilt in der Ökonomie vor allem auch durch die Werbung. Die Reklame beeinflußt das Unterbewußtsein und wirkt manipulativ. Doch hier sieht Schumpeter den Menschen als lernfähig an. Er kann die Manipulation durchschauen und seine Rationalität einbringen. Diese Möglichkeiten sind in der Politik geringer. Wobei die unmittelbare Politik in Verbänden und Gewerkschaften dem Einzelnen noch die meisten Möglichkeiten bieten, seine Verantwortung einzubringen. "Im Gebiet der öffentlichen Angelegenheiten gibt es Sektoren, die mehr innerhalb der Vorstellungskraft des Bürgers liegen als andere. Das gilt erstens für die lokalen Angelegenheiten. Aber selbst dort stoßen wir auf eine beschränkte Fähigkeit, die Tatsachen zu erkennen, eine beschränkte Bereitschaft, danach zu handeln, ein beschränktes Verantwortungsgefühl" (Schumpeter 1950, S. 413).

Die Wähler reagieren nach Schumpeter relativ rasch und rational auf ökonomische Maßnahmen der Politik. Aufgrund von langen, historischen Erfahrungen hat der Wähler gelernt, seine Interessen in Steuerfragen oder Fragen der Schutzzölle rational zu bilden. Dies gelingt ihm allerdings nur kurzfristig.

Der reduzierte Wirklichkeitssinn im politischen Bereich muß kultiviert werden durch die Mitarbeit in politischen Parteien. Diese sollen den Einzelnen schulen und prägen. Allerdings können die Parteien die Leute für ihre Privatinteressen einspannen. Schumpeter sieht erhebliche Defizite in der politischen Reife der Gesellschaft. Innerhalb der Ökonomie sieht dabei das Verantwortungsbewußtsein sogar etwas besser aus. "So fällt der typische Bürger auf eine tiefere Stufe der gedanklichen Leistung, sobald er das politische Gebiet betritt. Er argumentiert und analysiert auf eine Art und Weise, die er innerhalb der Sphäre seiner wirklichen Interessen bereitwillig als infantil anerkennen würde. Er wird wieder zum Primitiven. Sein Denken wird assoziativ und affektmäßig" (Schumpeter 1950, S. 416/417).

Diese Ohnmacht und Unfähigkeit liegt nach Schumpeter nicht nur am Subjekt selber, sondern auch an den mangelnden Beteiligungsmöglichkeiten. Die Schicksalsfragen des Volkes werden vom Einzelnen weder bestimmt noch entschieden. "Wenn das ganze Volk kurzfristig 'zum Narren gehalten' und schrittweise zu etwas verführt werden kann, was es eigentlich nicht will, und wenn es kein Ausnahmefall ist, den wir übersehen dürfen, so wird noch so viel gesunder

Menschenverstand rückschauend nichts an der Tatsache ändern können, daß in Wirklichkeit das Volk die Streitfragen weder stellt noch entscheidet, sondern daß diese Fragen, die sein Schicksal bestimmen, normalerweise für das Volk gestellt und entschieden werden" (Schumpeter 1950, S. 420).

Schumpeters Menschenbild ist unterschiedlich in Ökonomie und Politik. Der dynamische Unternehmer ist aktiv und sehr willensstark, unkonventionell und durchsetzungsfähig. Er ist kein Erfinder, sondern eher ein Organisator und als Autorität geachtet. Er lebt abseits der Konventionen und ist privat eher ein unscheinbarer, ängstlicher Mensch. Der dynamische Unternehmer ist eine Rarität und vom Aussterben bedroht. Er verfügt über Risikobereitschaft, Rationalität und objektives Pflichtbewußtsein.

Die Schöpferkraft des dynamischen Unternehmers ist eingeschränkt. Er hat selbst keine Intuitionen für Neuschöpfungen, er ist nur intuitiv in der Umsetzung von bereits vorhandenen Dingen. Diese Umsetzung vollzieht der Unternehmer nicht aus persönlichem Egoismus oder Eitelkeit, sondern um der Sache willen. Sein Handeln beruht nicht auf wissenschaftlichen Erkenntnissen, sondern gestaltet sich aus der Situation, dem Alltag, der Praxis. Es handelt sich beim dynamischen Unternehmer nicht um ein Team oder eine Gruppe, sondern um ein individuelles Tun und eine individuelle Verantwortung. Diese Funktion ist kein Beruf, sondern eine Haltung, die neu erarbeitet werden muß bzw. erlöschen kann.

Der Mensch in der Politik wird von Schumpeter negativer gesehen. Er reagiert in der Masse leicht fanatisch und ist verführbar. Nur in ökonomischen Politikfragen verfügt er über eine kurzfristige Rationalität. Auf großen Politikfeldern fehlt ihm der Wirklichkeitssinn. Niemand bezieht den politischen Menschen in die Schicksalsfragen ein. Irrationales Verhalten, Angst, Dummheit, Verführbarkeit, Passivität sind menschliche Verhaltensweisen, die den politischen Sektor beschreiben.

Das Bild des dynamischen Unternehmers muß heute neu überdacht werden. Schumpeter war noch nicht mit dem Problem konfrontiert, daß technologische Neuerungen einer Technikrisikoabschätzung bedürfen. Die Diskussion z.B. um die Kernkraftwerke, um die Technisierung der Landwirtschaft hat aufgezeigt, daß die Gefahren von Technologie meist nicht mehr abzuschätzen sind. Die von Max Weber

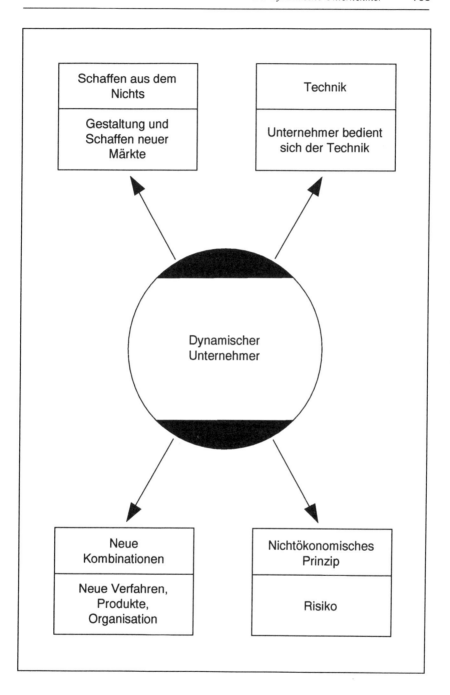

geforderte Wirkungsanalyse unseres Handelns ist dann nicht mehr möglich, wenn das Handeln in mehreren Hunderten von Jahren noch Folgewirkungen hat. Es geht also nicht mehr einfach um neue Erfindungen und deren geniale Durchsetzung à la Schumpeter, sondern heute eher um die Entwicklung und Akzeptanz von humaner Technologie. Dies setzt eine erhebliche Veränderung unseres Wissenschaftsbegriffes voraus. Es geht nicht mehr um Naturbeherrschung, sondern um sozial verträgliche Techniken. Auch muß sich der dynamische Unternehmer die Frage stellen, ob nicht eine Begrenzung der Ökonomie notwendig wäre angesichts der Ressourcenverschwendung und eine Dynamisierung der Ökonomie im Hinblick auf Hunger und Elend in der Dritten Welt. Der dynamische Unternehmer lebt heute in einer 'Risikogesellschaft' in ökologischer Verantwortung.

Literatur

Schmölders, Günter, Geschichte der Volkswirtschaftslehre, Hamburg 1966

Schumpeter, Joseph A., Kapitalismus, Sozialismus und Demokratie, 3. Aufl., München 1950

Schumpeter, Joseph A., Theorie der wirtschaftlichen Entwicklung, 5. Aufl., Berlin 1952

IX.   SPEKULATION UND KUNST: JOHN M. KEYNES

1.   Die theoretische Ausgangslage:

Keynes (1883-1946) äußert sich in seinem Hauptwerk "Allgemeine Theorie der Beschäftigung, des Zinses und des Geldes" sehr wenig zum Wesen des Menschen. Seine Schrift basiert auf den englischen Verhältnissen und auf dem Verhalten der Wirtschaftssubjekte innerhalb dieses Kulturraumes. Trotzdem beansprucht er, eine allgemeine Theorie geschrieben zu haben. Er sieht die bisherige Lehre von Pigon und Marshall nur als einen Sonderfall seiner Lehre an (vgl. Schmölders 1966, S. 105 ff.).

Obwohl Keynes vor allem die englischen Verhältnisse und Menschen im Auge hat, erwartet er sich eine starke Resonanz gerade in Deutschland. Die Deutschen müßten mit seiner Theorie sympathisieren, da sie keine geschlossene Theorie hätten und seine Betonung des Staates gerade in Deutschland auf offene Ohren stoßen müßte.

Gerade ein starker Staat könnte am ehesten die allgemeine Theorie umsetzen. "Trotzdem kann die Theorie der Produktion als Ganzes, die den Zweck des folgenden Buches bildet, viel leichter den Verhältnissen eines totalen Staates angepaßt werden als die Theorie der Erzeugung und Verteilung einer gegebenen, unter Bedingungen des freien Wettbewerbes und eines großen Maßes von *laissez-faire* erstellten Produktion. Das ist einer der Gründe, die es rechtfertigen, daß ich meine Theorie eine *allgemeine* Theorie nenne. Da sie sich auf weniger enge Voraussetzungen stützt als die orthodoxe Theorie, läßt sie sich um so leichter einem weiten Feld verschiedener Verhältnisse anpassen. Obschon ich sie als mit dem Blick auf die in den angelsächsischen Ländern geltenden Verhältnissen ausgearbeitet habe, wo immer noch ein großes Maß von *laissez-faire* vorherrscht, bleibt sie dennoch auf Zustände anwendbar, in denen die staatliche Führung ausgeprägter ist" (Keynes 1936, S. IX).

Hier soll vom Faschismusargument einmal abgesehen werden. Dann impliziert dieses Zitat für die Frage des Menschenbildes, daß

Keynes nicht vom historisch geprägten Menschen ausgeht, sondern von einem universellen. Wobei die Handlungen der Menschen keine ökonomische, stabile Ordnung herstellen, sondern durch ökonomische Aktivitäten des Staates unterstützt werden müssen. Während die historische Schule in Deutschland den Staat vor allem aus normativen Motiven bestimmte, erhält der Staat von Keynes eine sehr starke ökonomische Begründung.

Keynes kritisiert die klassische Theorie von Pigon und Marshall. Sie behaupten, daß ein Sinken der Löhne zu einer Steigerung der Nachfrage nach Arbeit führt. Keynes geht davon aus, daß dies nicht der Fall ist. Die fehlende Beschäftigung kann nur vom Staat erbracht werden. Er setzt die Menge des produzierten Sozialproduktes fest. Dies kann er erreichen, wenn er selber als Nachfrager auftritt (Arbeitgeber) oder Löhne zahlt für unproduktive Beschäftigung (Pyramidenbau).

Keynes geht in seiner Analyse davon aus, daß die Qualität der produzierten Waren problemlos geleistet wird. Dies muß heute unter ökologischen Gesichtspunkten bezweifelt werden. Außerdem stellt sich das Problem, daß die Gesamtmenge der produzierten Waren erst ex-post feststellbar ist, da die Produktion nicht prognostizierbar ist und vor allem durch Rationalisierungseffekte die Warenmenge bei abnehmender Zahl der Arbeitskräfte hergestellt werden kann, was eine ständig wachsende Zahl von Arbeitslosen impliziert.

Der Staat müßte aus Funktionsgründen folgende Planungen vornehmen:

a)   Menge der produzierten Waren

b)   Qualität der Waren

c)   Wachstum der produzierten Menge
        durch Schätzung oder Rationalisierungseffekte,
        oder Festlegung der Rationalisierung.

Dieser Planungsrahmen ist von Keynes nicht explizit vorgesehen. Er beinhaltet auch erhebliche ordnungspolitische Schwierigkeiten. Keynes sieht das Problem und will diese Lücke durch den Staat auf marktwirtschaftlicher Basis lösen. Ein Unterfangen, das in der praktischen Politik nicht befriedigend gelöst wurde. Das ökonomische

System hat zwar nach dem zweiten Weltkriege einen enormen Aufschwung und eine relative Stabilität gebracht, doch gibt es weiterhin Arbeitslosigkeit und ökologische Schwierigkeiten. Die ökologischen Probleme haben Keynes nicht interessiert, obwohl sie bei Abfassung seiner Theorie bereits bekannt waren.

Bekanntermaßen liegt immanent die Hauptschwäche des ökonomischen Theoriegebäudes von Keynes in der Unterschätzung der technologischen Arbeitslosigkeit. Keynes hat zwar den kommenden Wohlstand vorausgesagt, doch dessen Preis unterschätzt. Auch das Verhalten des Arbeiters auf dem Arbeitsmarkt basiert auf unzulänglichen Überlegungen. Unseres Erachtens wäre es theoretisch sinnvoller, von Aktivitäten der Haushalte auf dem Arbeitsmarkt zu sprechen, da diese ökonomisch versorgt werden müssen. Nicht Individuen und Arbeiter stehen im Vordergrund, sondern das Versorgen von Haushalten. Haushalte wollen also Einkommen erzielen und Individuen der Haushalte ihre berufliche oder häusliche Biographie realisieren.

Geht man im Gegensatz zu Keynes von einem Haushalt aus, so steigt die Nachfrage nach Arbeit bei Lohnrückgang. Dieser Fall tritt ein, wenn das Einkommen eines Erwerbstätigen die Lebenshaltungskosten nicht deckt. Eine zweite Person des Haushaltes muß Arbeit nachfragen. Generell fragt jeder Haushalt Arbeit nach, unabhängig von der Lohnhöhe, um seinen Lebensunterhalt und seine berufliche Biographie zu realisieren. Bei gleichen Geldlöhnen und sinkenden Reallöhnen steigt die Nachfrage nach Arbeit. In diesem Sinne hat die klassische Theorie recht und Keynes Unrecht.

Die klassische Theorie macht aber die Nachfrage nach Arbeit vom Lohn abhängig, dies ist jedoch unsinnig, da sie u. E. generell erfolgt zur Sicherung des Lebensunterhaltes und der beruflichen Biographie. Vollbeschäftigungen kann es in marktwirtschaftlichen Systemen nur geben, wenn man diese voraussetzt, was ordnungspolitisch zunächst unlösbar ist.

Der Staat muß nicht, wie Keynes annimmt, von einer festgelegten Produktionsmenge ausgehen, sondern ein Vollbeschäftigungsrecht kodifizieren. Die ökonomische Theorie müßte den Beweis antreten, daß ein marktwirtschaftliches System ein Recht auf Arbeit verträgt.

Der Staat hat die Aufgabe, ein Recht auf Arbeit zu überwachen und vor allem die Qualität der Waren zu beobachten; Vorstellungen, die der Keynes'schen Theorie fremd sind. Sie wird aber erst umfassend deutlich, wenn wir die Hypothesen von Keynes zum menschlichen Verhalten genauer herausarbeiten. Mit diesen Annahmen steht und fällt seine Theorie insgesamt (vgl. auch: Schmölders 1956, S. 8 ff.).

Keynes Beitrag zum Menschenbild in der Ökonomie kann in zweifacher Hinsicht beschrieben werden. Er sieht einerseits das menschliche Verhalten sehr stark geprägt von rationalistisch-spekulativen Motiven. Die Unternehmen entscheiden sich zwischen der Anlage ihres Geldes auf dem Kapitalmarkt und der Investition, die Verbraucher spekulieren zwischen Konsum und Sparen. Die Nachfrage nach einem Gut hängt also nicht, wie die Klassik behauptet, vom Preis und dem Nutzen des jeweiligen Gutes ab, sondern ist verknüpft mit den Relationen auf einem anderen Markt bei unsicheren Erwartungen. Andererseits führt Keynes das nichtrationale, zweckfreie Denken in die Ökonomie ein. Es sollen zur Stärkung der Nachfrage z.B. Pyramiden gebaut werden, die zweckfrei sind. Ihre Rationalität besteht in dieser Zweckfreiheit und in der Tatsache, daß der Pyramidenbau Nachfrage verursacht und Multiplikatorenprozesse auslöst.

Ökonomisch betrachtet könnte man das Geld auch verschenken. Dies wäre allerdings eine Überforderung der Wirtschaftssubjekte. Keynes denkt somit auch in Polaritäten. Einerseits verhalten sich seine Wirtschaftssubjekte spekulierend und andererseits braucht die Ökonomie nichtökonomische, zweckfreie Impulse.

Keynes unterstellt also rationales Verhalten, aber er kennt auch Zweckfreiheit, Zufälle, Launen und Gefühle im ökonomischen Prozeß. Unsicherheit und Erwartung sind weitere Substantive, die das menschliche Verhalten bestimmen.

2.   Die Erwartung

Keynes benutzt den Begriff der Erwartung, um wirtschaftliches Verhalten zu beschreiben. Seiner Meinung nach entscheiden Unternehmen vor allem nach kurzfristigen Geschäftserwartungen. "Das Verhalten jeder einzelnen Firma bei der Entscheidung über die tägliche Produktion wird somit durch ihre *kurzfristigen Erwartungen* bestimmt: Erwartungen über die Kosten der Produktion bei verschiedenen Skalen der Produktion und Erwartungen über den Verkaufserlös dieser Produktion, wobei diese kurzfristigen Erwartungen sich im Falle von Hinzufügungen zur Kapitalausrüstung und selbst im Falle von Verkäufen an Zwischenhändler allerdings großenteils auf die langfristigen (oder mittelfristigen) Erwartungen anderer Parteien stützen. Es sind diese verschiedenen Erwartungen, auf die sich die von den Firmen angebotene Beschäftigungsmenge stützt. Die *wirklich erzielten* Ergebnisse der Erzeugung und des Verkaufs der Produktion sind nur insofern für die Beschäftigung maßgebend, als sie eine Änderung in den späteren Erwartungen verursachen" (Keynes 1936, S. 41/42).

Nach Keynes verhält sich der Unternehmer spekulativ. Er verhält sich nicht nach vergangenen Leistungen, nach aktuellen Geschäftsergebnissen, sondern nach kurzfristigen Einkünften. Der Keynes'sche Unternehmer hat also eher ein Vertrauen in die Zukunft und muß seine Spekulationen immer den realisierten Ergebnissen anpassen. "Eine *Änderung* in den Erwartungen (ob kurzfristig oder langfristig) wird nun im allgemeinen ihre vollen Wirkungen auf die Beschäftigung nur über einen beträchtlichen Zeitraum ausüben. Die Änderung in der Beschäftigung infolge einer Änderung in den Erwartungen wird am zweiten Tag nach der Änderung nicht die gleiche sein wie am ersten Tag, oder am dritten Tag die gleiche wie am zweiten Tag, und so fort, obschon es keine weitere Änderung in den Erwartungen gegeben haben mag" (Keynes 1936, S. 42).

Produktion und Beschäftigung hängen nach Keynes entscheidend von den Erwartungen ab, das heißt aber nicht, daß die vergangenen Erwartungen überhaupt nicht berücksichtigt werden. Sie gehen in einem komplizierten Prozeß in die zukünftige Erwartung ein. "Es wäre zu kompliziert, diese Erwartungen beim Anfang eines jeden Erzeugnisvorganges von *neuem* auszuarbeiten, und es wäre dies überdies eine Zeitverschwendung, da ein großer Teil der Verhältnisse gewöhnlich von einem Tag zum andern im wesentlichen unverändert bleibt." (Keynes 1936, S. 45) Keynes betrachtet also vornehmlich nicht die Qualität der Produktion und die Qualifizierung der Mitarbeiter als Faustpfand für den wirtschaftlichen Wettbewerb, sondern er abstrahiert im Sinne eines Börsenspekulanten von diesen ökonomischen Faktoren und vertraut auf die Eingabe und Seriosität im Spekulationsgeschäft. Wobei Keynes unausgesprochen vom Ökonomisch-rationalen Spekulanten ausgeht. Die Qualität des önomisch-rationalen wird dabei nicht bestimmt oder problematisiert. Die Gesamtwirtschaft braucht den Spekulanten und muß ihm vertrauen.

3.   Die Psychologie des Verbrauches: Der Hang zum Verbrauch

Keynes diskutiert die Motive der Verbraucher, ihr Einkommen zu verbrauchen oder nicht zu verbrauchen, d.h. zu sparen. "Diese acht Beweggründe könnten die Beweggründe der Vorsicht, Voraussicht, Berechnung, Verbesserung, Unabhängigkeit, Unternehmungslust, des Stolzes und Geizes genannt werden, und wir könnten auch eine entsprechende Liste von Beweggründen für den Verbrauch aufstellen, wie Genuß, Kurzsichtigkeit, Freigiebigkeit, Fehlrechnung, Prahlerei und Verschwendung" (Keynes 1936, S. 93). Keynes bestimmt also den Verbrauch oder Nichtverbrauch nicht rational, sondern durch soziale und ethische Normen, durch menschliche Fehler und Schwächen.

Der Hang zum Verbrauch ist erheblichen sozialen und historischen Schwankungen ausgesetzt, aus theoretischen Gründen abstrahiert Keynes von diesen Schwankungen. "Die Stärke all dieser Beweggründe wird nun gewaltig schwanken, je nach den Einrichtungen und dem Aufbau der vorausgesetzten wirtschaftlichen Gesellschaft, gemäß den durch Rasse, Erziehung, Übereinkunft, Religion und jeweils geltende Moral gebildeten Gebräuchen, gemäß den Hoffnungen der Gegenwart und den Erfahrungen der Vergan genheit, gemäß dem Grad und der Technik der Kapitalausrüstung, der bestehenden Verteilung von Reichtum und den gegebenen Stufen der Lebenshaltung" (Keynes 1936, S. 94).

Keynes betrachtet diese Faktoren als gegeben, obwohl er einsieht, daß beträchtliche Schwankungen je nach Land vorliegen können. Er geht davon aus, daß sich die Konsumgewohnheiten in einem Land subjektiv und gesellschaftlich nur sehr langsam ändern.

Im Gegensatz zur klassischen Theorie geht Keynes davon aus, daß ein Steigen des Zinsfußes nicht zu einem Ansteigen der Ersparnis führt, sondern zu einer Verringerung der Investitionen und zu einem fallenden Einkommen und damit einer fallenden Ersparnis. Sparsamkeit führt also nicht zu einer Verbesserung der wirtschaftlichen Lage, sondern bezweckt das Gegenteil. Die Sparsamkeit ist keine individuelle Tugend wie die klassische Theorie behauptet, sondern Resultat des ökonomischen Prozesses. "Die tatsächlichen Raten der Gesamtersparnisse und Gesamtausgaben stützen sich somit letzten Endes nicht auf Vorsicht, Voraussicht, Berechnung, Verbesserung, Unabhängigkeit, Unternehmungslust, Stolz oder Geiz. Tugend und Laster spielen keine Rolle. Es hängt alles davon ab, inwieweit der Zinsfuß, unter Berücksichtigung der Grenzleistungsfähigkeit des Kapitals, der Investition günstig ist. Nein, das ist eine Übertreibung. Wenn der Zinsfuß so geregelt würde, daß er ständige Vollbeschäftigung aufrecht erhielte, so würde die Tugend ihre Herrschaft zurückgewinnen; - die Rate der Kapitalanhäufung würde abhängen von der Schwäche des Hanges zum Verbrauch. Den Tribut, den die klassischen Ökonomen der Tugend zollen, ist somit noch einmal die Folge ihrer versteckten Annahme, daß der Zinsfuß immer so geregelt wird (Keynes 1936, S. 96). Für Keynes ist also der tugendhafte Verbraucher ein Sonderfall. Bei hohen Zinsen führt zunehmende Ersparnis letztlich zu einem Verlust an Einkommen. Rationalität des Verbrauches und Rationalität des Gesamtsystems stimmen nicht überein.

Der Verbrauch und der Hang zum Verbrauch hängt nach Keynes in Abstraktion von konkreten Bedürfnissen und Lebenszusammenhängen entscheidend vom Einkommen ab. Nimmt das Einkommen zu, so steigt auch der Verbrauch, aber nicht im vollen Maße. Hohe Einkommen geben prozentual weniger für den Verbrauch aus als niedrige Einkommen. Für Keynes ist dies eine Grundtatsache menschlichen Verhaltens. "Das grundlegende technische Gesetz, auf das wir uns von vornherein sowohl aufgrund unserer Kenntnis der menschlichen Natur als auch der einzelnen Erfahrungstatsachen mit großer Zuversicht stützen dürfen, ist, daß die Menschen in der Regel und im Durchschnitt geneigt sind, ihren Verbrauch mit der Zunahme in ihrem Einkommen zu vermehren, aber nicht in vollem Maße dieser Zunahme" (Keynes 1936, S. 83).

Der Mensch hat nach Keynes also Primärbedürfnisse, die zunächst gestillt werden müssen. Er behauptet keinen Snobeffekt, daß mit Zunahme des Einkommens der Luxuskonsum überproportional steigt. Die Beständigkeit der wirtschaftlichen Ordnung hängt von Keynes daher wesentlich von der sinkenden Grenzrate des Verbrauchs ab. Sinkt das Einkommen, so sinkt der Verbrauch nicht in gleichem Maße. Keynes nennt Ersparnisse und Arbeitslosenunterstützung als Gründe. Der Konjunkturabschwung wird dadurch gebremst.

Für Keynes hat das psychologische Verbrauchsgesetz aber auch verteilungspolitische Aspekte. Die Einkommens- und Vermögensverhältnisse sollten nicht beliebig groß sein, da vor allem die unteren Einkommen die Nachfrage bilden. Diese zu stärken, hat auch konjunkturelle Vorteile.

Zur Beseitigung der Arbeitslosigkeit schlägt Keynes vor, die klassische Rationalitätshypothese aufzugeben. Er plädiert nicht nur für einzelwirtschaftliches Denken, sondern auch für gesamtwirtschaftliche Rationalität, die in Konflikt geraten kann mit einzelwirtschaftlichen Überlegungen. So sind öffentliche Ausgaben von zweifelhaftem Nutzen wegen ihrer Multiplikatorwirkung durchaus ökonomisch sinnvoll. "Öffentliche Arbeiten von selbst zweifelhaftem Nutzen mögen sich daher in Zeiten großer Arbeitslosigkeit um ein Vielfaches bezahlt machen, sei es auch nur durch die Verminderung der Kosten für Arbeitslosenunterstützung, vorausgesetzt, daß wir annehmen können, daß ein kleinerer Teil des Einkommens gespart wird, wenn die Arbeitslosigkeit größer ist; in einem Zustand nahe der Vollbeschäftigung mag ihr Wert aber zweifelhaft werden" (Keynes 1936, S. 108).

Öffentliche Ausgaben mit zweifelhaftem Nutzen sind für Keynes das Bauen von Pyramiden, Kunstwerken, Kirchen. In Krisenzeiten, nicht in der Hochkonjunktur, haben diese Arbeiten einen volkswirtschaftlichen Nutzen. Sie vermindern die Zahlung von Arbeitslosigkeit und ermöglichen Einkommen und Nachfrage. Für Keynes ist der Begriff des zweifelhaften Nutzens ein Kampfbegriff gegen die klassische Theorie, für ihn persönlich haben z.b. Kunstwerke einen sehr positiven Wert, wie er lebensgeschichtlich gezeigt hat. Für Keynes sind die Vorschläge ökonomisch second best Lösungen, er präferiert Arbeiten, die sinnvoll die Investition stimulieren, etwa der Bau von Häusern, Verbesserungen des Bodens. "Das alte Ägypten war doppelt glücklich und verdankte seinen sagenhaften Reichtum zweifellos dem Umstand, daß es *zwei* Tätigkeiten besaß, nämlich sowohl das Bauen von Pyramiden als auch das Suchen nach kostbaren Metallen, deren Früchte, da sie den Bedürfnissen der Menschheit durch Verbrauch nicht dienen konnten, mit dem Überfluß nicht schal wurden. Das Mittelalter baute Kathedralen und sang Totenklagen. Zwei Pyramiden, zwei Steinhaufen für die Toten, sind doppelt so gut wie einer, aber nicht so zwei Eisenbahnen von London nach York." (Keynes 1936, S. 111) Zwei Eisenbahnen von London nach York sind in der Tat überflüssig. Allerdings sind die ökonomischen Aktivitäten Ägyptens und des Mittelalters mit unseren heutigen Problemen nicht zu vergleichen. Eine Pyramide in Ägypten war kein ökonomisches Gut, sondern eine kulturphilosophische Tatsache. Ihr Bau entschied sich nicht nach heutigen Nutzenkriterien. Das Bauen von Pyramiden bereichert nur dann die Kultur, wenn dies aus einer theologischen oder philosophischen Überzeugung geschieht. Die kulturelle Hochkultur ermöglichte den kulturellen und ökonomischen Reichtum. Keynes argumentiert in der Frage der Ankurbelung der Wirtschaft durch Pyramidenbau und Kunstwerke als Spekulant und Künstler. Als Künstler sind ihm zweckfreie Arbeiten sehr sympathisch, hier spekuliert er aber nicht für die Kunst, sondern im ökonomischen Interesse. Man könnte aber auch sagen, daß er das Nützliche mit dem Zweckfreien verbinden will.

4.   Die Psychologie der Unternehmung:
Die Veranlassung zur Investition

Keynes erklärt den Konjunkturzyklus aus den Erwartungen der Unternehmer und der damit verbundenen Grenzleistungsfähigkeit des Kapitals. Keynes nennt das *Vertrauen* als wichtigste Investitionskomponente neben und mit der Grenzleistungsfähigkeit des Kapitals. "Der *Zustand des Vertrauens*, wie er genannt wird, ist ein Faktor, dem die Geschäftsleute immer die tiefste und sorgfältigste Beachtung schenken. Die Ökonomen haben ihn aber nicht sorgfältig analysiert und sich in der Regel damit begnügt, ihn in allgemeinen Ausdrücken zu erörtern. Insbesondere ist nicht klargemacht worden, daß er seine Bedeutung für wirtschaftliche Fragen durch seinen wichtigen Einfluß auf die Grenzleistungsfähigkeit des Kapitals gewinnt" (Keynes 1936, S. 125).

Keynes setzt das Vertrauen in seiner Analyse voraus und hofft, daß es vorhanden und stabil ist. Seine Argumentation beruht auf seinen eigenen lebensgeschichtlichen Börsenerfahrungen. Aus diesem Grunde ist der Spekulant, der Spieler die Hauptargumentationsfigur zur Erklärung der Investition und der Konjunktur.

Keynes geht davon aus, daß in privaten Geschäften die Investitionen nicht mehr wie früher unwiderrufliche Entscheidungen sind, sondern ständig neu und kurzfristig getroffen werden. "Es ist, als ob ein Bauer, nachdem er nach dem Frühstück auf's Barometer geklopft hat, sich entscheiden könnte, sein Kapital vom Bauerngeschäft zwischen zehn und elf Uhr vormittags zurückzuziehen und wiedererwägen könnte, ob er es später in der Woche wieder einsetzen solle" (Keynes 1936, S. 127).

Keynes gründet also seine Konjunkturtheorie auf einem lebensfremden Beispiel nicht aus dem industriellen Bereich, sondern aus der Landwirtschaft. Er sieht dies nicht nur positiv. Doch behauptet er, daß die menschliche Natur vornehmlich eine Spielernatur sei und man müßte die Wirtschaft auf dieser natürlichen Verhaltensweise aufbauen.

Keynes sieht vor allem die kurzfristige Entscheidung als charakteristisch für das Wirtschaftsleben an. Manager und Kapitaleigner sind getrennt, die Massenpsychologie produziert ständige Schwankungen, die beruflichen Investoren denken kurzfristig. Es geht nur noch darum, dem Konkurrenten vorauszueilen: 'to beat the gun'. Spielernaturen kämpfen in kurzfristigen Perioden um Vorteile. "Denn es ist sozusagen eine Partie Schnippschnapp, Schwarzer Peter oder Sesseltanz - ein Zeitvertreib, bei dem derjenige Sieger ist, aber *schnapp* weder zu früh noch zu spät sagt, der den Schwarzen Peter an seinen Nachbarn weitergibt, bevor die Partie aus ist, der sich einen Stuhl sichert, wenn die Musik aufhört. Diese Spiele können mit Spannung und Genuß gespielt werden, obschon alle Spieler wissen, daß es der Schwarze Peter ist, der herumgeht, oder daß beim Aufhören der Musik einige der Spieler ohne Stühle sein werden" (Keynes 1936, S. 131).

Keynes beschreibt auch die berufliche Investition mit einem Zeitungswettbewerb, der die sechs hübschesten Gesichter aus hundert Fotos auswählen soll. Derjenige erhält den Preis, dessen Wahl am nächsten mit der vermeintlich durchschnittlichen Vorliebe aller Teilnehmer übereinstimmt. Es geht also nicht um das eigene Urteil, sondern um das Treffen des Massengeschmacks. "Es handelt sich nicht darum, jene auszuwählen, die nach dem eigenen Urteil wirklich die hübschesten sind, ja noch nicht einmal jene, welche die durchschnittliche Meinung wirklich als die hübscheste betrachtet. Wir haben den dritten Grad erreicht, wo wir unsere Intelligenz der Vorwegnahme dessen widmen, was die durchschnittliche Meinung als das Ergebnis der durchschnittlichen Meinung erwartet. Und ich glaube, daß es sogar einige gibt, welche den vierten, fünften und noch höheren Grad ausüben" (Keynes 1936, S. 132).

Es gibt für Keynes auch noch den ernsthaften, langfristigen Investor, aber dies ist heute kaum noch möglich, da wir keine langfristigen Prognosen machen können. Es gehört mehr Intelligenz dazu, langfristige Investitionen zu tätigen als ein kurzfristiges Schnäppchen zu machen.

Keynes berichtet, daß das Geschäft des Spielers langweilig, anstrengend und unerträglich ist für den normalen Menschen. Nur süchtige Spielernaturen finden daran Gefallen. Keynes sieht deswegen als Heilmittel gegen die Zeit, Verträge zu realisieren, die langfristig die Investitionen finden. "Das Schauspiel moderner Investitonsmärkte hat mich hie und da zu der Folgerung getrieben, daß die Unauflösbarkeit des Kaufes einer Investition, von Todesfällen und anderen schwerwiegenden Fällen abgesehen, nach dem Vorbild der Heirat, ein gutes Mittel gegen die Übel unserer Zeit sein könnte" (Keynes 1936, S. 135). Keynes verwirft sofort diesen Gedanken, wenn er betont, daß kurzfristige Investitionsmärkte die Investitionen oft verbessern.

So wie die Spekulation unbeständig ist, so ist unser ganzes Verhalten sprunghaft. Keynes predigt hier nicht den rationalen Menschen sondern eher das Gegenteil. Der größte Teil unserer positiven Tätigkeit entspringt einem spontanen Optimismus jenseits mathematischer Erwartungen. Das Leben wird getragen von den Lebensgeistern, nicht vom Kalkül. Hoffnung, Unternehmungslust und Spontaneität kennzeichnen nach Keynes das reale Verhalten. "Man kann ruhig sagen, daß die Unternehmungslust, die sich auf in die Zukunft reichende Hoffnung stützt, dem Gemeinwesen als Ganzes zugute kommt. Die einzelne Entschlußkraft wird aber nur ausreichen, wenn die vernünftige Berechnung durch Lebensgeister ergänzt und unterstützt wird, so daß der Gedanke eines schließlichen Verlustes, der Wegbereiter, wie die Erfahrung unzweifelhaft uns und sie lehrt, oft befällt, beiseite geschoben wird, wie von einem gesunden Menschen der Gedanke an den Tod" (Keynes 1936, S. 136/137).

Keynes empfiehlt hier also Entschlußkraft, vernünftige Berechnung, Aktivierung der Lebensgeister und eine natürliche Verdrängung des Verlustes als Handlungsempfehlung für den verantwortungsbewußten Investor. Damit verbunden wird der Investor beeinflußt von wirtschaftlichen und politischen Meinungsschwankungen. Keynes verwirft in diesem Zusammenhang die These, daß alles von Wellen irrationaler Psychologie abhängt. Er nimmt eher das Gegenteil an. Die kurzfristige Spekulation hat langfristige ausgleichende Wirkungen. Kurzfristig handeln wir nach Laune, Gefühl und Zufall. Die daraus resultierenden Schwankungen gleichen sich langfristig aus.

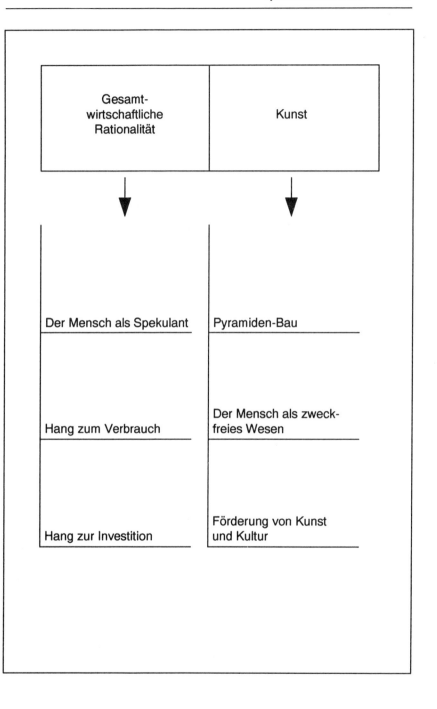

5.   Kreativität und Muße

Keynes kritisiert mit Hilfe seiner Theorie den einfachen Sparsamkeitsgedanken. Dieser besagt, daß nur eine sparsame Haltung zu Reichtum führt. In diesem Zusammenhang zitiert er die Bienenfabel von Maudeville: "Die große Kunst, ein Land glücklich und, was wir florierend nennen, zu machen, besteht darin, jedem eine Gelegenheit zu geben, beschäftigt zu werden. Um dies zustande zu bringen, sei die erste Sorge der Regierung, eine möglichst große Zahl verschiedener Fabrikationen, Künste und Handwerke zu fördern, die der menschliche Geist erdenken kann; und die zweite, Landwirtschaft und Fischerei in allen ihren Zweigen zu unterstützen, daß sowohl die ganze Erde wie auch der Mensch gezwungen wird, sich anzustrengen. Größe und Glück der Nationen müssen von dieser Politik erwartet werden, und nicht von den kleinlichen Verfügungen über Verschwendung und Sparsamkeit" (Keynes 1936, S. 305).

Keynes sieht hier von Maudeville sein Arbeitsplatz- und Investitionsargument vor allem in Krisensituationen bestätigt. Jeder soll Gelegenheit erhalten zur Beschäftigung und jeder soll sich anstrengen. Müßiggang auf der einen Seite (Arbeiter) und Sparsamkeit bei den Reichen schwächen den Wohlstand der Nationen. Keynes folgt hier der Smith'schen Argumentation mit der Ausnahme, daß Smith das Thema Krise und Investition nicht zu behandeln braucht. "Kein Wunder, daß solche losen Gedanken den Schimpf der Moralisten und Ökonomen zweier Jahrhunderte auf sich herabgezogen haben, die sich viel tugendhafter fühlten im Besitz ihrer strengen Doktrin, daß kein sicheres Heilmittel zu entdecken sei, ausgenommen in der äußersten Sparsamkeit und Wirtschaftlichkeit, sowohl des Einzelnen als auch des Staates. Pettys 'Unterhaltungen, prächtige Veranstaltungen, Triumpfbögen usw.' machten der Pennyweisheit gladstonianischer Finanz und einem Staatssystem Platz, das sich keine Spitäler, offene Plätze, vornehme Gebäude, nicht einmal die Erhaltung ihrer alten Denkmäler 'leisten' konnte, und noch viele weniger den Glanz der Musik und des Schauspiels, die alle der privaten Wohltätigkeit und Großherzigkeit sorgloser Einzelner überlassen wurden" (Keynes 1936, S. 305/306).

Keynes plädiert also für staatliche Aktivitäten in den Bereichen Denkmalschutz, Kunst, Gesundheit. Sie sollen das gesellschaftliche

Leben verbessern und ökonomische Aktivitäten nach sich ziehen. In diesen Keynes'schen Ideen zeigt sich seine künstlerische Denkweise. Kreativität und kurzfristiges Vertrauen in die Zukunft sind seine Maximen. Die Belebung der Kultur soll zur Belebung des Geistes und zum Ansporn für individuelle und gesellschaftliche Leistungen dienen. Keynes hat nur ein kurzfristiges Vertrauen in diesen Prozeß. Es soll genügen, um die jeweilige Krise zu überwinden. Seine langfristige Prognose ist gespalten. Ökonomisch sieht er wenig Probleme für die Menschen, da der wirtschaftliche Prozeß einen hohen Wohlstand produzieren wird. Kulturell ist Keynes nicht so optimistisch, er sieht Probleme beim Umgang mit Reichtum, Kultur und Muße. Keynes sieht den "Durchschnittsmenschen" ökonomisch. Wenn die Ökonomie gelöst ist, stehen wir vor kulturellen Problemen. "Wenn die wirtschaftliche Aufgabe gelöst ist, wird die Menschheit eines ihrer herkömmlichen Zwecke beraubt sein. Wird dies eine Wohltat sein? Wenn man überhaupt an die wirklichen Werte des Lebens glaubt, so eröffnet sich zum mindesten die Aussicht auf die Möglichkeit einer Wohltat. Dennoch denke ich mit Schrecken an die Umstellung der Gewohnheiten und Triebe des gewöhnlichen Menschen, die in ihm seit Generationen gezüchtet sind, und die er nun in wenigen Jahrzehnten von sich abwerfen soll... Zum ersten Male seit seiner Erschaffung wird somit der Mensch vor seine wirkliche, seine beständige Aufgabe gestellt sein, wie seine Freiheit von drückenden wirtschaftlichen Sorgen zu verwenden ist, wie seine Muße auszufüllen ist, die die Wissenschaft und Zinseszins für ihn gewonnen haben, damit er weise, angenehm und gut leben kann" (Keynes 1956, S. 263 ff., zitiert nach Schmölders 1966, S. 309).

Keynes kritisiert die herrschende Klasse, die nicht verantwortungsbewußt mit dem Reichtum umgehen kann. Das gleiche Problem sieht er für die Zukunft der Gesellschaft. Ein ökonomisches Wachstum stellt die Menschheit vor schwierige Probleme. Auch die Sittengesetze müssen sich wandeln. Die Liebe zum Geld wird als etwas krankhaftes angesehen werden. Der zweckhafte Mensch wird abgelöst durch einen neuen Typus. Dieser muß jenseits der Ökonomie seine Freiheit neu definieren. "Wir werden dann endlich die Freiheit haben, alle Arten von gesellschaftlichen Gewohnheiten und wirtschaftlichen Kniffen von uns zu werfen, die die Verteilung des Reichtums, wirtschaftliche Belohnungen und Strafen betreffen und die wir jetzt, so widerlich und ungerecht sie in sich

selbst sein mögen, mit allen Mitteln aufrechterhalten, weil sie unge-
heuer nützlich sind, die Anhäufung von Kapital zu fördern" (Keynes
1956, S. 263 ff., zitiert nach Schmölders 1966, S. 311).

Keynes sieht den Überfluß erst in einigen Jahrzehnten kommen.
Bis dahin soll nach dem Ökonomieprinzip gearbeitet werden. Eine
Übergangsphase diskutiert er nicht. "Aber Achtung! Noch ist die
Zeit für all dies nicht gekommen. Für wenigstens noch einmal hundert Jahre müssen wir uns selbst und alle anderen vormachen, daß
schön wüst ist und das Wüste schön, denn das Wüste ist nützlich
und das Schöne ist es nicht. Geiz, Wucher und Vorsorge müssen für
eine kleine Weile noch unsere Götter sein. Denn nur sie können uns
aus dem Stollen der wirtschaftlichen Notwendigkeit in das Tages-
licht führen" (Keynes 1956, S. 263 ff., zitiert nach Schmölders 1966,
S. 311). Aus diesem Grund kritisiert Keynes die Reformvorschläge
von Silvio Gesell. Seine Zinstheorie bewegt sich nach Keynes nicht
mehr im Reich der Notwendigkeit.

Keynes dachte vor allem kurzfristig an die Überwindung der
wirtschaftlichen Krise. Langfristig glaubte er an einen steigenden
Wohlstand. Er sieht zwar das Problem der technologischen
Arbeitslosigkeit, sieht darin aber keine fundamentalen Schwierigkeiten. Für ihn sind es vorübergehende Anpassungsschwierigkeiten.
Keynes hat die Möglichkeit der Wohlstandsmehrung richtig beurteilt. Er hat jedoch übersehen, daß zwar allgemein der Wohlstand in
Europa im Steigen begriffen ist, daß aber gleichzeitig die ökonomischen Schwierigkeiten angestiegen sind und neue Probleme, vor
allem im ökologischen Bereich, hinzugekommen sind.

5.   Fazit:

Die Keynes'sche Theorie basiert auf Verallgemeinerung der englischen Verhältnisse. Sie kann begriffen werden aus den Vorlieben
ihres Verfassers. Kunst und Börsenspekulation sind Charakteristika
seines Lebens. Demgemäß kann der Konjunkturzyklus erklärt werden aus der Spielleidenschaft der Investoren. Spekulation un

Genuß am Spiel bestimmen die Investitionen. Der Spieler verfolgt natürlich ein ökonomisches Interesse. Langfristige Investitionen wären zwar sinnvollerweise nach Keynes besser, doch dem widerspricht die Praxis. Arbeiter kommen im Keynes'schen System kaum vor. Wir wissen aber von ihnen, daß sie der Geldillusion unterliegen und ihr Arbeitsmarktverhalten deswegen nicht der klassischen Theorie entspricht. Dem Verbraucher dagegen widmet Keynes wesentlich mehr Aufmerksamkeit. Er konsumiert mit steigendem Einkommen, wobei der Konsum nicht proportional wächst.

Geldillusionen, Verbrauchsgesetze und Änderungen in den Erwartungen sind für Schwankungen der Wirtschaft verantwortlich. Da die Wirtschaft nicht automatisch ins Gleichgewicht pendelt, sind zweckfreie Ausgaben des Staates notwendig. Der unökonomische Pyramidenbau, die zweckfreie Kunst erhalten dabei eine ökonomische Berechtigung. Sie schaffen eine effektive Nachfrage und damit mögliche neue Investitionen. Langfristig sieht Keynes unsere ökonomischen Probleme als lösbar an. Der Wohlstand für alle wird sichtbar. Doch fehlt es den Menschen vor allem an Muße und Identität. Dies wird zur großen Herausforderung in der Zukunft.

Literatur

Keynes, John Maynard, Allgemeine Theorie der Beschäftigung, des Zinses und des Geldes, Berlin 1936

Schmölders, Günter, u.a., John Maynard Keynes als Psychologe. Berlin 1956

Schmölders, Günter, Geschichte der Volkswirtschaftslehre, Hamburg 1966

X. DER GANZHEITLICHE KULTURMENSCH:
EDUARD SPRANGER

Eduard Spranger (1882-1963) vertritt ein kulturwissenschaftliches Menschenbild. Dieser Richtung gilt das Lebenswerk Goethes als Ideal eines geglückten Lebens (vgl. Spranger 1942). Der Mensch soll in allen Fähigkeiten ausgebildet werden, eine Persönlichkeit werden, die im Dienste der Entwicklung wirkt und arbeitet. Kunst, Wissenschaft und Religion sind die Arbeitsgebiete des klassischen Vorbildes.

Eduard Spranger hat mit Hilfe der geisteswissenschaftlichen Psychologie in seinem Buch "Lebensformen" sechs ideale Grundtypen der Individualität vorgelegt.

Der theoretische Mensch versucht mit Hilfe seines Verstandes, die Welt zu erkennen, allgemein gegenständliche Gesetzmäßigkeit zu ergründen. Er ist Intellektualist. Seine Leidenschaft ist die objektive Erkenntnis. Er lebt in einer zeitlosen Welt, sein Blick umspannt eine weite Zukunft, ganze Erdepochen. Seine Lebensform äußert sich am reinsten unter dem Berufsgelehrten,der etwas weltfremd zum Leben steht: "Daher liegt denn auch in jeder *rein* wissenschaftlichen Erziehung eine bewußte Ablehnung aller Berufsverwertung, ja alles Utilitaristischen überhaupt. Man denke an den Idealismus unserer klassischen Zeit, der den Nützlichkeitsrationalismus des 18. Jahrhunderts ablöste. Die notwendige Folge ist, daß der rein theoretisch gerichtete Mensch den praktischen Aufgaben des Lebens gegenüber hilflos ist" (Spranger 1950, S. 125).

Der ästhetische Mensch gebiert aus seinem inneren Schauen schöne Kunstwerke. Sein Verhalten ist begehrungslos. Durch einen Phantasieschleier werden die Erlebnisse des Tages betrachtet. "Die ästhetische Seele teilt mit dem Kunstwerk das durchaus Konkrete, Anschauliche. Wir nennen dies im betonten Sinne ihre *Individualität* . Denn wenn auch alle Lebensformen eine Individualit begründen, so ist doch das, was man im Leben speziell als Individualität, als interessante, geformte Eigenart bezeichnet, eine ästhetische Erscheinung" (Spranger 1950, S. 167/168).

Der soziale Mensch handelt für den anderen, sein Motiv ist die Nächstenliebe. "In der vollendeten Liebe versinken die Schranken der

Individuation. Ichgefühl und Dugefühl, Selbstheit und Selbstentäußerung, Freiheit und Verzicht fallen in ihr durchaus zusammen. Es ist ein anderes Selbst, das liebt, als das begehrliche und selbstsüchtige; es ist ein Überich, das sich im Du bereichert wiederfindet" (Spranger 1950, S. 195).

Der politische Mensch wird von Spranger auch Machtmensch genannt. Selbstbejahung, Einzelleistung, Vitalität und Daseinsenergie charakterisieren ihn. Erkenntnis ist für ihn nur ein Mittel zur Herrschaft. Menschenkenntnis heißt soviel wie "Brauchbarkeit" des Einzelnen. Menschen werden betrachtet wie Schachfiguren. "So kann denn auch die Wahrheit zu einem politischen Mittel herabgedrückt werden. Ein großes Problem der Politik bleibt noch immer, ob es politischer ist, mit der Wahrheit zu arbeiten oder sich der zweckmäßigen Verhüllung zu bedienen. Aber nur um die Zweckmäßigkeit dreht sich die Frage innerhalb des isolierten politischen Systems: nicht darum, ob es sittlicher sei oder dem Eigengesetz des Erkenntnisgebietes, d.h. der Objektivität, Genüge geschehe" (Spranger 1950, S. 216/217).

Der religiöse Mensch will die tiefsten Werterfahrungen erleben. Wer über den höchsten Wert in seinem Erleben noch schwankt, ist heimatlos. "Wer das Höchste in sich gefunden hat und darin ruht, fühlt Erlösung, Seligkeit. Das Haben dieses religiösen Gutes kennzeichnet sich also immer durch das Erlöstsein. Der Weg zu diesem Ziele kann erlebt werden als ein innerer Durchbruch, und insofern dieser auf ein objektives Prinzip zurückgeführt wird, das der Welt Sinn und Wert verleiht, spricht man von Offenbarung" (Spranger 1950, S. 238/239).

In jedem Menschen finden sich natürlich Eigenschaften der idealen Grundtypen. Es fehlt der ökonomische Mensch, der nun ausführlicher erläutert werden soll.

Der ökonomische Mensch wird von Eduard Spranger mit den Begriffen Bedürfnisbefriedigung und Nützlichkeit qualifiziert. Als letztes Ziel steht die Lebenserhaltung. Es handelt sich um die Nützlichkeit von Gütern. Geistige Leistungen haben auch ökonomische Aspekte, diese werden von ihm allerdings ausgeblendet. Da die materiellen Güter dem Menschen nicht unbegrenzt zur Verfügung stehen, muß er rational d.h. zweckbewußt tätig werden. Der wirtschaftliche Mensch tritt in zwei Ausprägungen auf: als Erzeuger und Verbraucher bzw. als Arbeiter und Genießer.

Die Bedürfnisse können nicht ohne weiteres befriedigt werden, ein Mühen ohne Ende wird notwendig. "Es liegt also in dem wirtschaftlichen Streben, obwohl es in den Umkreis der Natur gebannt ist, doch etwas Unendliches, sich immer wieder neu Erzeugendes. Auf der einen Seite mag man darin einen hoffnungslosen Kreislauf immer unbefriedigten Mühens erblicken. Auf der anderen Seite aber liegt darin ein ungeheurer Impuls, durch den Wirtschaft und Technik über das isolierte Individuum hinauswachsen und zu objektiven, geistererfüllten Gebilden werden" (Spranger 1950, S. 147).

Spranger sieht ab von konkreten Gesellschaftsformationen, er will den ökonomischen Menschen im allgemeinen beschreiben.

In allen Lebenslagen erstrebt der wirtschaftliche Mensch im allgemeinen die Nützlichkeit. Er ist sparsam und praktisch. Wissen muß für ihn verwertbar oder anwendbar sein: "Zweckfreies Wissen wird ihm zum Ballast. Nur Erkenntnisse, die Nutzen bringen, werden von dem ökonomischen Menschen gesucht; und sie werden von ihm, unbekümmert um ihren rein sachlichen Zusammenhang, so kombiniert, wie sie in der Anwendung gebraucht werden" (Spranger 1950, S. 149).

Es gibt für den ökonomischen Menschen nach Spranger kein Eigengesetz des Erkennens, sondern nur Pragmatismus. Er führt den Taylorismus als höchste Stufe dieses Denkens und Handeln an. "Der ökonomische Mensch muß daher einen sozusagen wirtschaftlichen Verstand haben. Wenn man hierfür auf einfachen Stufen mit dem gesunden Menschenverstand auszukommen glaubte, so genügt das auf höheren nicht entfernt. Das ideale Ziel des ökonomischen Menschen wäre ein wirtschaftlicher Rationalismus, die Umwandlung des ganzen Lebensprozesses in eine umfassende Rechnung, in der kein Faktor mehr unbekannt ist" (Spranger 1950, S. 150).

Dem steht die Tatsache gegenüber, daß der ökonomische Mensch wagemutig sein muß bei Entscheidungen. Dazu bedarf es nach Spranger eher religiöser bzw. ästhetischer Eigenschaften. Dazu braucht man Vertrauen, Phantasie, Hingabe etc.

Ästhetik und Ökonomie stehen für Spranger in einem Gegensatz. Das Nützliche ist in der Regel gerade ein Feind des Schönen. "Aus wirtschaftlichen Motiven werden Landschaftsbilder zerstört, Kunstwerke vernichtet, glückliche Stimmungen verdorben. Beides scheint nicht Raum nebeneinander auf derselben Erde zu haben. Und auch nicht in derselben Seele. Wer nach innerer Schönheit, nach Harmonie seines Wesens strebt, darf sich nicht in den Kampf ums Dasein einlassen, der seine Kräfte immer in einseitiger Richtung entwickelt" (Spranger 1950, S. 151).

Die wirtschaftlichen Menschen gebrauchen sogar die Kunst, um ihren Marktwert zu erhöhen. Die Kunst dient als krediterhöhende Schaustellung. Das Mäzenatentum soll den eigenen Marktwert verbessern. Außerdem haben ästhetische Güter oft einen hohen Preis.

Der rein ökonomische Mensch handelt nach Spranger niemals altruistisch, sondern egoistisch. Das Interesse am anderen ist reines Nützlichkeitsinteresse. "Freiwilliger Verzicht auf Besitz um eines anderen willen ist immer unökonomisch. Nur Egoismus und Mutualismus sind primär wirtschaftliche Formen der gesellschaftlichen Einstellung. Der Altruismus als Prinzip der Entsagung in der Sachgüterzone zugunsten eines anderen ist unwirtschaftlich. Wo er daher auftritt, muß er aus anderen Motiven als rein ökonomischen geboren sein. Karitatives Verhalten gehört nicht in ein geschlossenes Wirtschaftssystem" (Spranger 1950, S. 152).

Der Mensch selbst sinkt nach Spranger nur zu einem Mittel herab. Macht regiert den ökonomischen Sektor. Herrschaft über Menschen, Natur, Stoffe, Kräfte und Räume bildet sich notwendigerweise heraus. Konkurrenz begleitet die Herrschaft, Kampf um das nackte Dasein ist die Parole. Die Rechtsverhältnisse werden nach wirtschaftlichen Regeln ausformuliert. Das Privateigentum ist aus wirtschaftlichen Motiven geboren und Resultat des Egoismus. "So kann es nicht überraschen, daß nicht nur die Menschenbewertung, sondern auch die ganze Weltbewertung unter den ökonomischen Gesichtspunkt rückt. Der wirtschaftliche Wert ist für diese Art Menschen selbst schon der höchste Wert. Er braucht also in ihrer Religiosität gar nicht erst auf einen höheren Sinn bezogen zu werden, sondern muß in seiner Totalität, d.h. als weltumspannender Wert gesetzt werden. Dann erscheint Gott als der Herr alles Reichtums, als der Spender aller nützlichen Gaben" (Spranger 1950, S. 155).

Nachdem Spranger den ökonomischen Menschen charakterisiert hat, vor allem seine Vergötterung der Nützlichkeit herausgearbeitet hat, kritisiert er einen überzogenen Ökonomismus. Es bestehe die Gefahr, daß die Psychologie des Geldes sich pathologisch auswirkt.

Börsenschacher, Glücksspiel bilden sich heraus und desavouieren die produktive Leistung: Verschwendung kommt auf die Tagesordnung. Ebenso sind Geiz und übertriebene Nützlichkeit Entartungen des ökonomischen Menschen. Außerdem wird der Mensch von seiner Arbeit, seinem Beruf, seiner ökonomischen Tätigkeit gekennzeichnet. "Jeder Mensch wird durch seinen Beruf so stark geformt, wie durch kaum eine andere Kraft der reifen Lebensepoche. Der Ackerbauer ist in seiner *ganzen* Geistesart ein anderer als der Viehzüchter; der Handwerker ein anderer als der Schreiber, der Fischer ein anderer als der Bergmann. Die Natur prägt der Seele der Menschen gleichsam den Stempel der besonderen Bedingung auf, unter denen sie ihr Dasein abgewinnen" (Spranger 1950, S. 160).

Eduard Spranger sieht, daß die Ökonomie die Menschen voneinander abhängig macht. Niemand steht mehr auf eigenen Füßen. Diese Abhängigkeit gehört für ihn zum vollen Menschen. "Wir sind, als organisierte Menschheit, die Herren der Natur in ungeahntem Maße; aber wir sind damit zugleich voneinander so abhängig geworden, daß niemand mehr auf eigenen Füßen steht. Und vielleicht gehört doch *diese* wirtschaftliche Selbständigkeit mehr zum vollen Menschen, als der Reichtum, den uns eine weltumspannende Organisation gewährleistet, *solange sie nämlich zweckmäßig funktioniert* " (Spranger 1950, S. 163/164).

Spranger sieht zu Recht die internationale Abhängigkeit als Erziehungsmittel zum vollen Menschen, allerdings ist der Begriff der Abhängigkeit nur eine Seite des Prozesses. Man kann ihn auch als eine gegenseitige Ergänzung betrachten. Den Begriff der Menschheit gibt es ideell und real dadurch, daß die Ökonomie die Menschen in Tauschprozesse verwickelt. Das heißt einerseits brutale Abhängigkeit des einen vom anderen, aber auch anderseits gegenseitiges Vertrauen. Die Polarität Abhängigkeit / Vertrauen gilt es für den vollen Menschen zu gestalten bzw. bildet erst den vollen Menschen heraus.

Nicht das zweckmäßige Funktionieren, im Sprangerschen Sinne, steht dabei im Vordergrund, sondern die soziale Gestaltung und Organisation der Arbeitsteilung, die Produktion und Verteilung von sinnvollen Waren und Gütern. Die einzelnen Länder und Regionen sind nach ihren spezifischen Leistungen und Fähigkeiten in diesen Prozeß einzubinden im Sinne des Theorems der komparativen Kosten von David Ricardo. Zweckmäßig ist an diesem Prozeß die Tatsache,

6 Ideal-Typen:

Theoretischer Mensch	Verstandes-Mensch	Objektive Erkenntnis	Berufsgelehrter, weltfremd
Ästhetischer Mensch	Inneres Schauen gebiert schöne Kunstwerke	Begehrungsloses Verhalten	Individualist, Ästhet
Sozialer Mensch	Handeln für Andere	Motiv der Nächstenliebe	Du-Gefühl
Politischer Mensch	Macht	Zweckmäßigkeit	Daseins-Energie
Religiöser Mensch	Tiefe Welterfahrung	Höchste Werte	Glaube an das Gute, heimatlos, Offenbarung
Ökonomischer Mensch	Nützlichkeit, Egoismus	Daseins-Erhaltung	Arbeiter, Sparsamkeit, Rationalität

Notwendigkeit der Ganzheitlichkeit

daß Waren und Güter sachliche Leistungen darstellen und damit die Menschen nicht nur von Individuum zu Individuum kommunizieren, sondern auch vermittelt über Gegenstände. Die Verdinglichung hat also ihr fundamentum in re. Die internationale Zusammenarbeit funktioniert also zunächst nicht, wie es auf dem ersten Blick human wäre, über die kulturellen Leistungen der Völker und Regionen, sondern über objektive, materielle Gegenstände. Dies führt zum Zwang der Objektivität der beteiligten Personen und Länder und eher zu einer Materialisierung der Grundeinstellungen. Dieser Preis scheint notwendig zu sein, da eine direkte kulturelle und geistige Auseinandersetzung der einzelnen Länder und Regionen an den riesigen Unterschieden eher scheitern würde. In diesem Sinne ist die Ökonomie nur ein Mittel für höhere Ziele.

Spranger weist zu Recht auf die Gefahren des ökonomischen Menschen hin, er hat die Tendenz einer unmenschlichen Perfektion, imperiale Züge, er prägt den Menschen einseitig ökonomisch: Entwicklungen, die sich in der Realität abzeichnen. Wie sind diese Fehlentwicklungen zu korrigieren? Welche neuen Gedanken können hier den Weg ebnen?

Spranger versucht diese Probleme durch alte Denkstrukturen zu zementieren. Ökonomie bestimmt er als Spannungsverhältnis von Nützlichkeitsstreben und Lebenserhaltung. Ein hoher Zweck soll erreicht werden durch niedere Motive. Nützlichkeit und Egoismus sind für Spranger akzeptierte Grundhaltungen, sie sichern dem Menschen ein realitätstüchtiges Leben. Der Altruismus würde nach Spranger zu Hunger und Elend führen und das genaue Gegenteil seines Grundmotivs bewirken.

Nach Rudolf Steiner entstand der Egoismus historisch durch den Rückgang der Religion. Die Herausbildung der Ökonomie und die damit verbundene Verbreitung der Arbeitsteilung erfordern allerdings zunehmend ein Arbeiten für den anderen Menschen, ein Vertrauen, kurz auch altruistische Verhaltensweisen. "Der Mensch mag noch so egoistisch sein: wenn die religiöse Organisation, wie sie zum Beispiel in bestimmten Gebieten des alten Orients ganz strenge war, wenn die religiöse Organisation so ist, daß der Mensch trotz seines Egoismus sich eben in fruchtbarer Weise hineingliedert in das soziale Leben, dann schadet der Egoismus nichts; aber er fängt an, im Völkerleben eine Rolle zu spielen in dem Augenblick, wo das Recht und die Arbeit sich heraussondern aus den anderen sozialen Impulsen, sozialen Strömungen. Daher strebt, ich möchte sagen, unbewußt der Menschengeist in der Zeit - während Arbeit und Recht sich eben emanzipieren - danach, fertig zu werden mit dem menschlichen Egoismus, der sich nun regt und der in einer gewissen Weise hineingegliedert werden muß in das soziale Leben" (Steiner 1979, S. 43).

Im Kapitalismus muß zwar jeder ein Selbstinteresse (Egoismus) entwickeln, aber er muß auch gleichzeitig für den anderen arbeiten. Adam Smith hat im "Wealth of Nations" sein berühmtes "Bäckerbeispiel" angeführt. Wir gehen zum Bäcker nicht aus absoluter Humanität und Sympathie, sondern aus Selbstinteresse. Wir tauschen und jeder hat einen Vorteil. Smith grenzt dieses Beispiel gegen das absolut humane Verhalten ab. Danach würden wir nur mit unseren besten Freunden aus Warmherzigeit in den Austausch treten. Diese Bedingung muß im Wirtschaftsleben nicht erfüllt sein. Es genügt das Selbstinteresse, nicht wie tausendfach behauptet der Egoismus u n d die Kenntnis der Sinnhaftigkeit der Arbeitsteilung.

Würden wir nur mit unseren besten Freunden tauschen, wären nur wenige Tauschprozesse und eine sehr geringe Arbeitsteilung vorhanden. In diesem Sinne ist das Bäckerbeispiel von Smith zu denken. Nicht wie üblich dargestellt, daß jeder ein Egoist sein soll und dies gesamtwirtschaftlich zum Wohle aller führe. Diese Vorstellung geht auf die berühmte Bienenfabel von Mandeville zurück. Sie war allerdings eine Satire auf eine falsch verstandene Ökonomie. Der Begriff Selbstinteresse (Egoismus) ließe sich auch auf eine andere Art deuten. Sieht man die Herausbildung des Inviduums in den letzten Jahrhunderten als eine sinnvolle Entwicklung, dann hieße der Appell an das Selbstinteresse des Einzelnen auch, ihn zu fragen, welchen spezifischen Beitrag er für die Volkswirtschaft leisten kann. Der Appell an das Selbstinteresse muß ja nicht nur die niederen Instinkte berühren, sondern kann auch als Aufruf an die schöpferischen Kräfte verstanden werden. Jeder soll egoistisch handeln und dies führt zum Wohle aller, hieße dann: Jeder soll seine individuellen Fähigkeiten in die Arbeitsteilung einbringen. Diese Deutung kann als positive Satire zu Mandeville gesehen werden.

Das Selbstinteresse hat die Aufgabe, daß der Mensch *auch* an sich denkt, d.h. eigenständig werden soll, eine eigene Persönlichkeit ausprägen soll. Über die Arbeitsteilung wird das Individuelle in die Gemeinschaft eingebunden. Wäre der Mensch ein *reiner* Egoist, wären wir alle Selbstversorger. "Dadurch, daß die Arbeitsteilung gekommen ist, daß also nicht ein jeder Mensch für alle seine einzelnen Sachen Selbsterzeuger ist, dadurch, daß Arbeitsteilung gekommen ist, daß immer einer für den anderen arbeitet, dadurch stellt sich ja für die Produkte ein gewisser Wert ein und infolge des Wertes auch ein Preis" (Steiner 1979, S. 44).

Durch die Arbeitsteilung kommen wir mit anderen Menschen in Kontakt auf *sachlichem* Gebiet, nicht auf absoluter Freundschaftsebene. Sie stellt sich indirekt her, dadurch, daß mit zunehmender Arbeitsteilung das Vertrauen in den anderen Menschen steigen muß. Es ist ohne Zweifel klar, daß diese theoretische Sichtweise in der Praxis angelegt und praktiziert wird, aber auch erhebliche Schwierigkeiten bereitet. Es ist notwendig, diesen Prozeß objektiv zu beschreiben und die Polarität Selbstinteresse (Egoismus) und Altruismus in Zukunft besser zu gestalten. "Das ist aber durchaus so, daß wir unmittelbar einsehen: Je weiter die Arbeitsteilung vorrückt, desto mehr muß das kommen, daß immer einer für den anderen arbeitet, niemals für sich. Das heißt aber mit anderen Worten: Indem die moderne Arbeitsteilung herausgekommen ist, ist die Volkswirtschaft in bezug auf das Wirtschaften darauf angewiesen, den Egoismus mit Stumpf und Stiel auszurotten. Bitte, verstehen Sie das nicht ethisch, sondern rein wirtschaftlich! Wirtschaftlich ist der Egoismus unmöglich. Man kann nichts für sich mehr tun, je mehr die Arbeitsteilung vorschreitet, sondern man muß alles für die anderen tun. Im Grunde genommen ist durch die äußeren Verhältnisse der Altruismus als Forderung schneller auf wirtschaftlichem Gebiet aufgetreten, als auf religiös-ethischem Gebiet begriffen worden ist" (Steiner 1979, S. 46).

Die Arbeitsteilung versachlicht einerseits die Verhältnisse, weil die Menschen über Waren und ihre *verdinglichten* Werte kommunizieren und nicht direkt über Freundschaften und explizite Wertegemeinschaften. Man könnte dies als einen Rückgang der Moral und der Ethik begreifen. Diese Argumentation übersieht die Moralität, die in der Arbeitsteilung objektiv enthalten ist. "Und das, was ich jetzt gesagt habe, ist einfach volkswirtschaftlich gemeint. Nicht ein Gott, nicht ein sittliches Gesetz, nicht ein Instinkt fodert im modernen wirtschaftlichen Leben den Altruismus in Arbeiten, im Erzeugen der Güter, sondern einfach die moderne Arbeitsteilung. Also eine ganz volkswirtschaftliche Kategorie fordert das"(Steiner 1979, S. 47).

Die bisherige Diskussion hat diese Zusammenhänge vernachlässigt. Das soll aber nicht heißen, daß die Arbeitsteilung bereits alle Probleme gelöst hat. Die Frage der sinnvollen Organisation der Arbeitsteilung, ihrer Qualität und ihrer Differenzierung muß noch eingehend bestimmt werden. Hier stellt sich natürlich die berechtigte Frage, ob die heutige Arbeitsteilung in der Industrie nicht zu sehr die Arbeit aufgestückelt und das Prinzip Arbeitsteilung konterkariert hat.

Auf der Länderebene wäre zu klären, welche Beiträge die einzelnen Länder zur weltweiten Arbeitsteilung beitragen sollen. Innerhalb eines Landes geht es um die Aufteilung der Arbeit auf Landwirtschaft, Handwerk, Industrie, Geistesarbeiter etc. Hier handelt es sich einerseits um ökonomische Fragen, wie der Reichtum am besten hergestellt werden kann, aber auch um politische bzw. Wertentscheidungen.

Es müßten quantitative Bewertungen vorgenommen werden: wieviele Handwerker etc. wollen wir uns leisten und welche Qualitäten sind individuell und gesellschaftlich gewünscht. Außerdem wäre zu klären, welches die Entscheidungsträger, die Ziele und Mittel der Entscheidung sind.

Durch die Beantwortung dieser einfachen Fragen verliert die Arbeitsteilung und die Versachlichung der Welt durch die Ökonomie ihren Zynismus und ihre Anonymität. Es wird dabei deutlich, daß der arbeitsteilige Prozeß zwar einerseits neutral hinter den Subjekten und zum Teil gegen die Subjekte auftritt, aber andererseits auch nur auf menschlichen Wertungen und gewollten sozialen Prozessen beruht. In diesem Sinne ist die Lösung der Frage der Arbeitsteilung eine moderne Herausforderung sowohl im ökonomischen als auch im ethischen Sinne.

Spranger stellt die Ökonomie in einen höheren Zweck, der Lebenserhaltung. Der Mensch strebt nach Verbesserung seiner Situation, nach Überwindung der Todeskräfte, nach der Erhaltung der Gattung. Das Mittel ist allerdings bei Lichte betrachtet ungenügend. Ein pragmatisches Mittel wie die Nützlichkeit kann wiederum nur Pragmatismus zur Folge haben. Sonst nichts.

Natürlich müssen die Waren und Güter nützlich sein für den Einzelnen und die Gesellschaft. Im Vordergrund steht allerdings nicht der abstrakte Nutzen, sondern daß sie gemäß ihrer inneren Struktur produziert wurden. Man kann den Waren und Gütern keinen abstrakten Nutzen überstülpen, sondern sie nur gemäß ihrer inneren Notwendigkeit herstellen. Steht einseitig der abstrakte Nutzen im Vordergrund, ist die Ausbeutung unserer natürlichen Ressourcen vorprogrammiert.

Spranger behauptet mit seiner Analyse nicht eine Epoche der Geschichte zu beschreiben, sondern allgemeingültige Aussagen zu machen. Dies ist jedoch fraglich. Er verabsolutiert lediglich die Sichtweise von Ökonomien in der heutigen Zeit. Adam Smith ging es nicht um die Nützlichkeit und den Egoismus, sondern um die Frage der Bildung von Wohlstand und um die Beschreibung der Veränderung des menschlichen Verhaltens. Basis seiner Theorie ist nicht der nützliche Mensch, sondern der arbeitende Mensch. Dieser soll soviel Vernunft besitzen, daß er nicht nur für sich (egoistisch) arbeitet, sondern auch für andere. Der Tausch ist nach Smith den Menschen gemäß. Er setzt Eigenständigkeit *und* soziale Verantwortung voraus. In diesem Sinne wird Ökonomie bestimmt durch die Polarität Egoismus und Altruismus. Beide sind notwendige Bedingungen für Ökonomie. Sprangers einseitige Interpretation von Egoismus verschleiert diesen theoretischen Zusammenhang und perpetuiert den schlechten Egoismus. Der Altruismus wird für die Wirtschft als nicht tragfähig dargestellt und dem sozialen Menschen überlassen. Dies ist jedoch zu kurzsichtig. Der ökonomische Mensch beruht auf denselben hehren Zielen wie der soziale und ästhetische Mensch auch, er lebt nur in einem anderen Gegenstandsbereich. In der Ökonomie ist soziales und ästhetisches Handeln unbedingt notwendig, damit dieser Sektor funktionieren kann.

Sprangers These der unbegrenzten Bedürfnisse ist genauso einseitig wie das Nützlichkeitstheorem. Die menschlichen Bedürfnisse sind im materiellen Bereich begrenzt. Jedes Individuum braucht zur Ausfüllung seines Lebensentwurfes eine bestimmte Zahl und Qualität von Waren und Gütern. Nur im rein rechnerischen Sinne liegt eine Unbegrenztheit vor. Praktisch nicht.

In Europa leiden wir nicht an den unbegrenzten Bedürfnissen und den knappen Mitteln, sondern eher am Überfluß, an schlechten Qualitäten von Waren und Gütern und an einer ungerechten Verteilung. Hier müssen neue ökonomische Überlegungen angestellt werden: Wie ist eine sinnvolle Produktion möglich? Wie ist ein Austausch mit der Dritten Welt möglich, der Hunger und Elend überall beseitigt? Die Knappheitsthese, die weltweit noch gilt, muß ergänzt werden durch die Überflußthese. Das hohe Ziel der Lebenserhaltung kann nur gesichert werden, wenn die Mittel humanistischen Ansprüchen genügen. In diesem Sinne ist die Ökonomie nicht das Reich der Notwendigkeit, sondern wie das Soziale und das Ästhetische, eine *moderne* Lebensäußerung, die angemessen ausgefüllt werden muß. Daß dies bisher ungenügend geschehen ist, kann kein Grund sein, mit alten Denkstrukturen die Dinge zu tradieren. Neue Wege müssen durch neue Ideen geebnet werden.

Die Ökonomie wird nicht durch ein Prinzip - die Nützlichkeit - konstituiert, sondern durch eine Unmenge von Ideen. Spranger anerkennt dies durchaus, indem er z.B. den Wagemut als notwendige Haltung des Unternehmers beschreibt. Man könnte noch viele andere Merkmale aufzeigen: soziale Verantwortung, technisches Wissen, Materialkenntnisse, Vertrauen, etc. Nimmt man jedoch eine Begriffsreduktion vor, dann wäre der Begriff der sinnvollen Herausbildung der Arbeitsteilung eher geeignet, Fehlentwicklungen zu vermeiden.

Das ganzheitliche Menschenbild von Spranger ist in großen Zügen durch ideelle Werte gekennzeichnet, weist allerdings der Ökonomie eher die animalischen Eigenschaften zu. Wahres Menschentum gibt es nach Spranger vor allem in der Religion, der Ästhetik, im Sozialen. Die Ökonomie ist notwendiges Übel für den höheren Menschen. Diese These wird von ihm allerdings relativiert durch die Vorstellung, daß die Arbeitsteilung auch die Aufgabe hat, den vollen Menschen zu bilden. Dadurch erhält Ökonomie die Funktion, an der Menschwerdung mitzuwirken. In der Praxis erleben wir oft das Gegenteil. Diese Funktion kann allerdings nur erweitert werden, wenn die Ökonomie vom ganzen Menschen durchdrungen und transzendiert wird. Die Durchdringung kann gelingen durch neue Begriffe und neue theoretische Fundierungen, die Transzendierung durch die Herausbildung *aller* menschlichen Eigenschaften jenseits der Ökonomie.

Literatur

Spranger, Eduard, Goethes Weltanschauung, Berlin 1942

Spranger, Eduard, Lebensformen, 8. Aufl. Tübingen 1950

Steiner, Rudolf, Nationalökonomischer Kurs, 5. Aufl., Dornach 1979

XI. DAS KONZEPT DER SITTLICHEN PERSÖNLICHKEIT: WILHELM RÖPKE UND FRIEDRICH SCHLIEPER

Die neoliberale Schule um Walter Eucken, August F. Hayek und Wilhelm Röpke hat entscheidend das ordnungspolitische Denken der Nachkriegszeit geprägt. Ihr Weltbild ist gekennzeichnet durch die Totalitarismusthese, d.h. die Gleichsetzung von Faschismus und Sozialismus. Die neoliberale Schule tritt für eine marktwirtschaftliche Ordnung mit wertkonservativen Verhaltensweisen ein. Sie lehnt sowohl das marxistische, faschistische als auch utilitaristische Weltbild ab. Der Staat wacht über die Marktordnung, die Individuen können sich frei entfalten. In der Wirtschaft soll eine ordnende Vernunft zur Geltung kommen. Der homo oeconomicus wird als konstruktivistisch, rationalistisch und rücksichtslos abgelehnt. Das Menschenbild von Wilhelm Röpke (1899-1966) wurde von Skwiercz (1988) und Peukert (1992) umfassend herausgearbeitet und soll im folgenden kurz erläutert werden.

Röpke sieht den Menschen aus anthropologischer Sicht. Er stützt sich auf Max Scheler, Arnold Gehlen und Adolf Portmann, auf einem dualistischen Menschenbild von Körper und Geist. Durch Vernunft, Freiheit und Sittlichkeit kann der Mensch sich über das Tierreich erheben, aber auch durch Selbstüberschätzung in die Barbarei zurückfallen. Röpke betrachtet den Menschen als freies Wesen, das eine sittliche Verpflichtung und Bindung braucht. "Röpke weist nicht nur auf die Freiheit des Menschen hin, die er durch seine geistigen Fähigkeiten erlangt, sondern er betont in gleichem Maße die vitalen Bedingungen des menschlichen Lebens. Zu den vitalen Kräften des Menschen zählen in der Auffassung Röpkes die materiellen Voraussetzungen, unter denen das Leben des Menschen erst möglich ist. Röpke sieht den Menschen in seiner Körper und Geist umfassenden Ganzheit und berücksichtigt die körperliche Notwendigkeit der Bewegung, des Fortpflanzungsinstinktes, des Selbstbehauptungstriebes, des Leistungsantriebes und der Motivation" (Skwiercz 1988, S. 114).

Mit seiner Vitalisierungsthese steht der Autor in der Tradition der vitalistischen Lebensphilosophie von Henri Bergson und José Ortega y Gasset. Sie ist entstanden als Gegenpol zu einem übertriebenen Rationalismus. Der Dualismus zwischen Geist und Leben soll durch die "Vitalität" überwunden werden, als letzte Lebensquelle. Eine Gesellschaft, die die Lebenskräfte des Einzelnen nicht fördert, ist nicht überlebensfähig. Röpkes Menschenbild berührt zwar das Materielle, aber das Geistige und die Vitalität des Lebens werden höher bewertet. Er fühlt sich dem christlich-antiken Menschenbild verpflichtet, das auch unveräußerliche, absolute Werte kennt. "Mit dem Verweis auf das menschliche Bedürfnis nach Sinngebung und Religion, was ebenfalls zu den Existentialien, die den Menschen in seiner Beschaffenheit charakterisieren, zu rechnen ist, mit diesem Verweis deutet Röpke auf eine Kategorie von Werten hin, die den Menschen vor einer übergesellschaftlichen Institution verpflichten und deshalb dem einzelnen die Kraft der Legitimation bieten können, um sich dem Anforderungsdruck der Gemeinschaft zu entziehen.

Es ist auch bezeichnend, daß Röpke davon ausgeht, daß gewisse Werte, unabhängig von Raum und Zeit, jedem Individuum bewußt sind, und daß die Werte und Sollvorstellungen, die im Gewissen ihren Niederschlag finden, unabhängig sind von der jeweiligen Kultur" (Skwiercz 1988, S. 116). Als Mitbegründer des Ordoliberalismus vertritt Röpke nicht die utilitaristische Philosophie, sondern ein Gleichgewicht von Sozial- und Individualprinzip. Der Mensch befindet sich in einer ethischen Mittellage, er ist weder reiner Altruist, noch freier Müßiggänger, noch triebhaftes Wesen.

Röpke fordert Entscheidungsspielräume für das Individuum, Erhaltung gemeinschaftsbildender Strukturen, gesetzliche Normen, Sicherung der Persönlichkeitsrechte, Verteilung von Macht und ihre staatliche Kontrolle. "Das menschliche Individuum ist in der anthropologischem Anschauung von Wilhelm Röpke nicht nur ein geistbegabtes Wesen, sondern wird von Röpke in einem ebenso starken Maß als ein triebgebundenes Subjekt angesehen, das durch Lernprozesse und die Angebote von Kultur begreift, seine sittlichen und geistigen Fähigkeiten zu entfalten" (Skwiercz 1988, S. 130).

Während der Ordoliberalismus die wirtschaftspolitische Diskussion in der Nachkriegszeit prägte, hat der konservative Berufspädagoge Friedrich Schlieper sehr stark das Menschenbild in der Handelslehrerausbildung bestimmt. Seine ganzheitliche Erziehung beruht auf der mittelalterlichen Wertordnung Thomas v. Aquins. Schlieper geht nicht voraussetzungslos vor, sondern von normativen Prämissen: "Jeder, der sich ein Bild vom Wesen des Menschen macht, ist gezwungen, von einer letzten Setzung auszugehen, die er mit seinem Verstande restlos zu erfassen nicht fähig ist, die er also auch nicht beweisen kann. Die Prämisse, von der *wir* ausgehen, ist die, daß *alles Seiende eine Sinn hat*, also auch das Leben des Menschen, daß es kein 'Sein zum Nichts' ist" (Schlieper 1963, S. 22). Schlieper argumentiert also mit einer theologischen Voraussetzung.

Er geht von einer dualistischen Vorstellung aus. Das Wesen des Menschen besteht demnach aus Stoff und Geist. Er gehört zwei grundverschiedenen Seinsbereichen an, einer materiellen und einer geistigen Welt. "Einseitig, weder von der einen noch von der anderen Seite, ist das ganze Wesen des Menschen aber nie zu begreifen. Gerade die *Vereinigung von Stoff und Geist* im Menschen macht sein Wesen aus, und die stofflich-geistige Verbindung begründet seine *polare Struktur*. Mit seiner materialen Natur ist der Mensch an das Leibliche gebunden und im Triebleben verhaftet, mit seiner geistigen strebt er weit über alles Materielle hinaus. Aber der Geist des Menschen ist an das Stoffliche gebunden. *Stoffgebundener Geist und gleichzeitig geisbelebter Stoff, das ist die material-geistige Polarität im Wesen des Menschen* " (Schlieper 1963, S. 22).

Mit Hilfe dieses Dualismus erklärt der Autor den Unterschied zwischen Tier und Mensch. Der Mensch ist durch seine Geistigkeit nicht zu einem bestimmten Verhalten gezwungen. Er kann Werte erkennen und *freie Entscheidungen* zu treffen. Es handelt sich hier jedoch nicht um eine absolute Entscheidung oder nur um eine Konsumentscheidung, sondern um eine Entscheidung innerhalb der Bestimmung des Menschen. Schlieper baut ihr eine Polarität auf. Einerseits ist der Mensch ein freies Wesen und andererseits entwickelt er nur die in ihm liegende Entelechie. Sittlichkeit heißt demgemäß, Handeln innerhalb der Vorherbestimmung. "Nur wenn er im Sinn seiner Bestimmung handelt, zu deren Erkennen ihn sein Geist befähigt, handelt er seinem Sein gemäß und *sittlich*. Er kann sich auch anders entscheiden, aber dann handelt er nicht in Richtung auf seine Seinsbestimmung und Wesenserfüllung. *Diese Selbstmächtigkeit im Handeln* charakterisiert die menschliche *Person* " (Schlieper 1963, S. 23).

Der Autor geht davon aus, daß der Mensch die ihm gegebene Sittlichkeit auszuführen hat. Man könnte deswegen an dieser Stelle die These aufstellen, daß der Autor die Unfreiheit und nicht die Autonomie postuliert. Objektive sittliche Normen sollen unser Handeln anleiten. Nur dadurch werden wir zu sittlichen Persönlichkeiten. "Seine Personalität ist dem Menschen aber nicht nur gegeben, sondern auch *in* seinem Wesen und *mit* seinem Wesen *auf*gegeben. *Die geistig gelenkte Srebensrichtung, orientiert nach objektiven sittlichen Normen des Handelns, macht den Menschen zu dem, was wir eine sittliche Persönlichkeit nennen.* Und das Reifen zur sittlichen Persönlichkeit, *einer Person also, die all ihr Handeln nach letzten objektiven, sittlichen Normen ausrichtet, die dem Sinn des Lebens entsprechen*, das ist überhaupt der Sinn des menschlichen Lebens (Schlieper 1963, S. 23).

Der Autor begründet diese These nicht. Wir erfahren auch nicht, welche sittlichen Normen er für erstrebenswert hält. Es scheint aber selbstverständlich zu sein, daß damit die christlichen Werte des Abendlandes gemeint sind: Wahrheit, Treue, Ehrlichkeit, Gehorsam, Pflichterfüllung usw. Diese Werte sind jedoch mehr oder minder kollektive Werte. Schlieper zeigt nicht auf, wie das Individuum seine eigenen Werte bildet. Die sittliche Persönlichkeit ist damit nicht individuell, sondern ein Mensch, der besonders gut allgemeine Normen realisiert. Die sittliche Persönlichkeit ist somit ein Kollektivmensch, die in vorgegebene Normen hineinwächst und gleichzeitig freie Entscheidungen treffen kann, wobei das Verhältnis von der Erfüllung allgemeiner Werte und freien Entscheidungen unbestimmt bleibt.

Schlieper wendet sich mit seinen ganzheitlichen Vorstellungen explizit gegen vereinseitigende Konzepte, die entweder den Körper oder den Verstand überbetonen. Insofern polemisiert er gegen die Aufklärung, gegen Positivismus und Materialismus. "Bis heute wirkt der Einfluß der Aufklärung nach, wenn man den Menschen als *reines* Verstandeswesen auffaßt. Auffassungen der Kantischen und idealistischen Philosophie sind noch wirksam, wenn man das Ziel des Menschen darin erblickt, mehr oder minder nur Organ eines absoluten Wahrheitsgeistes zu sein, wie sich Nachklänge des Naturalismus, Positivismus und Pragmatismus in der Formel des Menschen als homo faber und auch in der Konstruktion des homo oeconomicus finden" (Schlieper 1963, S. 23). Der Autor lehnt aber den einseitigen Nutzenmaximierer ab. Er betont dagegen die körperliche und geistige Ganzheit des Menschen, eingebettet in eine sittliche Ordnung. Somit ist der Mensch auch nicht nur ein Einzelwesen, sondern immer Teil einer Gemeinschaft und Sozialordnung. Dies gehört nach Schlieper ebenfalls zum Wesen des Menschen. Deswegen sind die *Sozialanlagen* im Menschen auszubilden und zu fördern; nicht das individuelle, rationale Glück, sondern die sozialen Bedürfnisse. Der Mensch ist zur Sozialität verpflichtet. "Und so ergibt sich, daß des Menschen Individualität und seine Sozialnatur keinen Gegensatz darstellen, sondern daß das eine wie das andere zur Natur des Menschen gehört, derart, daß er wesensmäßig beider bedarf und beide wesensgemäß bezogen sind, also eine *Polarität* darstellen, eine ebensolche Polarität, wie das Körper-Geist-Verhältnis im Menschen" (Schlieper 1963, S. 24/5). Der Mensch soll frei sein und nicht Mittel zu einem außer ihm liegenden Zweck. Der Mensch soll sich ganzheitlich nach sittlichen Normen entfalten.

Schlieper stützt seine Thesen in diesem Zusammenhang auf Aristoteles, der mit dem Begriff der *Entelechie* diese *formgebende Kraft* im Menschen thematisierte. "Die Entelechie wirkt in jedem Menschen entsprechend seinen individuellen Anlagen und Gaben, und sie wird in ihrer Wirkung beeinflußt von der Umweltsituation des einzelnen Menschen" (Schlieper 1963, S. 26)

Der Autor will keinen einseitigen Menschen und keine autonome Ökonomie. Für ihn gilt das Primat der Erziehung über die Ökonomie. Er unterscheidet drei Bereiche: Die Selbsterziehung und die beabsichtigte bzw. unbeabsichtigte Erziehung. Der Mensch hat im Sinne der Selbsterziehung seine Anlagen und Fähigkeiten eigenverantwortlich zu entwickeln. "Der Erziehungsprozeß des Menschen ist danach in einer Hinsicht ein *Selbstgestaltungsprozeß*, der von endogenen gestaltungsfaktoren , die im Wesen des Menschen von Natur aus mitgegeben sind, getragen wird. Zu *den endogenen Gestaltungsfaktoren* gehören zunächst die *allgemein meschlichen* und die besonderen individuellen Anlagen" (Schlieper 1963, S. 26). Der Erziehungsprozeß wird aber auch exogen beeinflußt. Die beabsichtigte Erziehung vollzieht sich planmäßig durch das Schulwesen. Schlieper nennt dies intentionale Fremderziehung. Die Umwelt wirkt unbeabsichtigt auf den Menschen als funktionale Erziehung. Die exogenen Gestaltungsfaktoren können naturhafte, übernatürliche, menschliche und kulturelle Faktoren sein. Der Mensch lebt als körperliches Wesen in der Natur und durch seine geistigen

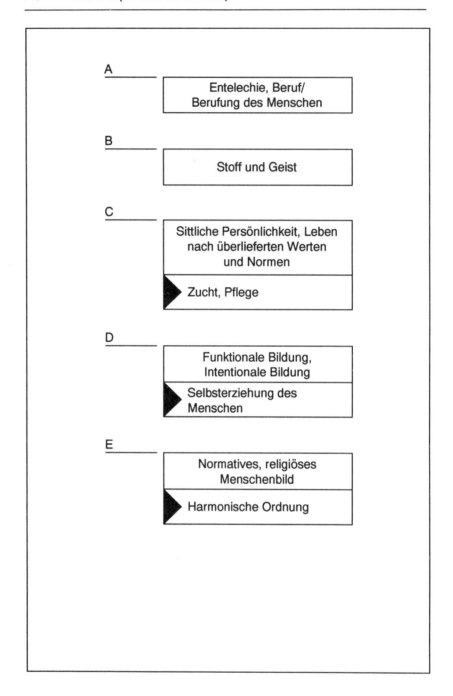

Kräfte schafft er Kulturwerte. Er lebt in *transzendenten* Gegebenheiten, daraus ergibt sich die Pflicht zum sittlichen Handeln.

Pflege, Bildung und Zucht sollen eine sittliche Person bewirken. "Dabei zeigt sich die *Pflege* als Weckung, Entfaltung und Erhaltung der körperlichen, geistigen und seelischen Anlagen des Menschen, die *Bildung* als Aneignung geistiger Werte im Hinblick auf den Erwerb eines Gesamtwertordnungszusammenhanges, die *Zucht* als Bemühen um stets sittlich-richtiges Handeln" (Schlieper 1963, S. 31)

Die Ökonomie und der Beruf haben sich einzugliedern in dieses sittliche Persönlichkeitskonzept. Sie sind nicht einfach als zerstörerisch gegenüber der Sittlichkeit anzusehen, sondern durch die Ökonomie und durch den Beruf kann sie durchaus gefördert werden. Sie sind Teil eines ganzheitlichen Menschen. "Die sittliche *Persönlichkeit* ist das Ziel auch der Berufserziehung. Dieses Ziel ist *die im Denken, Fühlen, Werten und Handeln selbständige Person, die sich in ihrem beruflichen und außerberuflichen Entscheidungen an ihr Gewissen gebunden weiß und die fähig und willens ist, verantwortlich am Kulturschaffen teilzunehmen*" (Schlieper 1963, S. 34). Der Beruf wird deswegen vom Menschen nicht aus rein utilitaristischen Gründen gewählt, sondern gemäß der historischen Tradition aus innerer Berufung.

Arbeit und Beruf entspringen einer inneren Überzeugung und tragen zum Wohle der Gemeinschaft bei. Nicht der individuelle, rationale Egoismus, der zum Wohle aller führen soll, steht bei Schlieper im Vordergrund, sondern die sittliche Persönlichkeit, die aus Fähigkeiten heraus eine Berufung in sich spürt und ihre Fähigkeiten der Allgemeinheit zur Verfügung stellt. "Durch die Einordnung der individuellen Arbeit in eine soziale Funktion bekommt der Beruf seine wahre Bedeutung, bekommt er eine *soziale Zwecksetung*. Wenn wir diese Erkenntnisse vergleichen mit der Polarität, die wir beim Wesen des Menschen festgestellt haben, zwischen seinem körperlichen und seinem geistigen, zwischen seinem Individualcharakter und seinem Sozialcharkter, dann erkennen wir in dem Beruf ein *doppeltes Bewährungsfeld*, in dem der Mensch seine Geistigkeit gegenüber der Triebhaftigkeit bewähren muß, in dem er aber auch ganz besonders die Polarität zwischen seinem Individualcharakter und seinem Sozialcharakter zu einer Harmonie ausformen muß" (Schlieper 1963, S. 144). Zum Beruf gehört deswegen ein Berufswissen und -können, eine rechte Berufsgesinnung und ein *sittliches Berufsstreben*. Der Arbeitsbegriff ergibt sich aus dem Bild des Berufes. Sie ist eine reflektierte vom freien Willen geleitete Tätigkeit, eine Auseinandersetzung des Menschen mit dem Gegenständlichen im weitesten Sinne.

Arbeit erfordert den ganzheitlichen Menschen. Sie ist körperlich-geistige Kraftbetätigung und will einen bestimmten Zweck erreichen. Arbeit und Beruf tragen zur Erziehung des Menschen, zu seiner ganzheitlichen Entwicklung bei: "Berufliche Arbeit prägt die Persönlichkeit rein funktional, rein aus ihrem Wesen heraus, auch schon ohne ihren bewußten Einsatz in eine planmäßige Erziehungs- und Bildungsform, indem sie ihr ganz allgemein die für das Leben in der Gemeinschaft wichtigen Werte vermittelt. Darüber hinaus entwickelt die Berufsarbeit im Menschen bestimmte *Anlagen* zu der seiner Persönlichkeit entsprechenden *Eigenschaften*. Selbstverständlich können nur die Anlagen entfaltet werden, die die Natur in den Menschen hineingelegt hat und die durch seine Berufsarbeit naturgemäß angesprochen werden. *Je mehr aber die Berufsarbeit der Berufsveranlagung des Menschen entspricht, desto größer ist ihr Erziehungseffekt.* Daraus folgt weiter, daß die Erziehungsfunktion Arbeiten nicht zu einer mechanischen Gleichmacherei führt, sondern die Individualität zum *Range der Persönlichkeit* weiterentwickelt" (Schlieper 1963, S. 186).

Schliepers Dreh- und Angelpunkt ist die sittliche Persönlichkeit. Sie ist im Menschen angelegt und wird durch vorgegebene sittliche Normen geprägt. Schlieper entwickelt seine Vorstellungen aus einer harmonischen Menschen- und Weltordnung. Der Mensch schwankt zwischen Notwendigkeit und Freiheit, zwischen Individual- und Gattungswesen. Schliepers Konzept wurde in den 60er Jahren und danach stark kritisiert. Vor allem hat sich Jürgen Zabeck (1968) schon sehr früh mit Schliepers "unwissenschaftlichen" Vorstellungen beschäftigt. Seinem Menschen- und Weltbild fehle die demokratische Perspektive und könne den wissenschaftlich-technischen Fortschritt nicht mehr bewältigen. Rolf Seubert (1977) erhebt sogar gegenüber Schlieper schwere Vorwüfe wegen Verstrickungen ins NS-Regime. Paradoxerweise spricht man in den 90er Jahren wieder einmal von der herausragenden Bedeutung der Persönlichkeit, allerdings nicht als sittliche Persönlichkeit, sondern als handlungsorientiertes Verhalten.

Literatur

Peukert, Helge Das sozialökonomische Werk Wilhelm Röpkes, Teil 1, S. 31-44, Ffm 1992

Schlieper, Friedrich, Allgemeine Berufspädagogik, Freiburg 1963

Seubert, Rolf, Berufserziehung und Nationalsozialismus. Das berufspädagogische Erbe und seine Betreuer, Weinheim/Bsel 1977

Skwiercz, Sylvia Hanna, Der Dritte Weg im Denken von Wilhelm Röpke, 1. Aufgl.S. 109-135, Würzburg 1988

Woll, Helmut, Die Wirtschaftslehre des deutschen Faschismus, München 1988

Zabeck, Jürgen, Zur Grundlegung einer Didaktik der kaufmännischen Berufserziehung, in: Jahrbuch für Wirtschafts- und Sozialpädgogik, Heidelberg 1968, S. 87-141

XII. BERUFSBILDUNG UND DENKEN ALS KERN DER PER-
SÖNLICHKEITSENTWICKLUNG:
MICHAEL BRATER UND KARL JASPERS

1. Die Ursprünge des Konzepts

In ihrem berufspädagogisch viel beachteten Werk "Soziologie der Arbeit und der Berufe" (1980) versuchen Ulrich Beck, Michael Brater und Hans-Jürgen Daheim das Verhältnis von Beruf und Persönlichkeitsentwicklung zu bestimmen. Dem Mainstream der 70er Jahre folgend argumentieren sie mittels soziologischer und polit-ökonomischer sowie rollentheoretischer Kategorien. So hat die Berufsbildung die Aufgabe, sowohl die Gebrauchswertseite als auch die Tauschwertseite des zukünftigen Lohnempfängers zu qualifizieren. Zur Gebrauchswertseite gehören Grundfähigkeiten wie Willensbildung, Wahrnehmungsfähigkeit, Geduld, Disziplin, Ausdauer aber auch soziale Fähigkeiten wie Kooperation, Zuverlässigkeit, Zeitdisziplin, Solidarität.

Die zukünftige Arbeit ist "Aneignung der Natur durch den Menschen", die Berufsbildung muß deswegen die Sachgemäßheit des Denkens und Wollens, Realitätssinn, kritische Urteilsfähigkeit besonders berücksichtigen. Der Sinn für Qualität, Zweckdienlichkeit und Kunstfertigkeit gehört ebenso zur Gebrauchswertseite und rundet die persönlichkeitsbildende Seite der Berufsbildung ab."Dieser kuriose Überblick über einige persönlichkeitsbildende Wirkungen der Gebrauchswertseite von Berufen, also ihres konkret-nützlichen Bezugs auf gesellschaftliche Arbeit, veranschaulicht zunächst einmal, daß hier objektiv ganz wesentliche pädagogische Potentiale enthalten sind, die zur selbständigen Entwicklung des einzelnen durchaus sinnvolle und wichtige Beiträge leisten können. Dieser berufliche Beitrag zur Ich-Entwicklung wird sogar in dem Maße unabdingbar, indem andere Lernorte unter Bedingungen der "Berufsgesellschaft" an Bedeutung verlieren und diese erzieherischen Effekte des Berufs nicht mehr übernehmen können " (Beck 1980, S. 207).

Während die Gebrauchswertseite durchaus positive pädagogische und persönlichkeitsbildende Wirkungen enthält, muß allerdings die

Tauschwertseite immer dazu auch gesehen werden. Sie besagt, daß die Qualifizierung vor allem die Herrichtung für den Arbeitsmarkt leisten muß. Die Arbeitskraft tritt als Ware auf und muß daher marktgängige Qualifikationen realisieren. Nicht die Herausbildung aller Fähigkeiten ist gefragt, sondern berufliche Spezialisierung nach dem Kriterium der Verkaufbarkeit. Sozioökonomische Anforderungen prägen somit die Persönlichkeit. Die Berufsausbildung hat dadurch ein Doppelgesicht: einerseits ist sie persönlichkeitsfördernd und andererseits wirkt sie eher vereinseitigend und verfremdend.

Die Ausbildung insgesamt steht unter dem Druck der Verbilligung, Rationalisierung und Rentabilität. Nicht verwertbares Wissen gilt als "Fehlinvestition". Dadurch können individuelle Entwicklungen nur sehr schwer gefördert werden. Schwache Anfänger bleiben in der Regel schwach, da sie keine besondere Unterstützung erhalten. Individuelle und schichtenspezifische Unterschiede werden somit nicht nivelliert, sondern stabilisiert.

Die Tauschwertproblematik impliziert ebenso, daß nur solche Berufe und Fähigkeiten sich durchsetzen, die am Markt gebraucht werden. Der Markt fördert nur die Fähigkeiten und Berufe, die einen aktuellen Nutzen haben. Ökonomische Gründe überlagern somit die persönlichkeitsbildenden Aspekte. "Indem nur solche Fähigkeiten Bestandteil eines Berufs werden können, die 'verkaufbar' sind, bleiben weite und unter anderen Gesichtspunkten zweifellos wichtige Fähigkeitsbereiche aus den Berufsbildern und damit aus dem Entwicklungsmodell der 'Berufspersönlichkeit'grundsätzlich ausgeklammert. Dazu gehören mindestens alle *musischen Fähigkeiten* (sofern sie nicht in einer Sonderform selbst verberuflicht werden können), bestimmte *soziale und kommunikative Fähigkeiten* wie Empathie, Mitleid, soziale Sensibilität, ferner *emotionale Qualitäten, Spontaneität und Kreativität*, philosophische oder religiöse *Erkenntniskräfte*, überhaupt alle Fähigkeiten, die mit einer Vertiefung des menschlichen Seinsverständnisses, mit der Beantwortung existentieller Fragen zu tun haben" (Beck 1980, S. 213). Die Autoren zählen zu den nichtberücksichtigten Fähigkeiten aufgrund ökonomischer Notwendigkeiten jene Faktoren, die sich auf den Umgang des Individuums mit sich selbst beziehen. Diese Selektivität rächt sich überall dort, wo es um Bewältigung von Alltagssituationen geht, um menschlich-persönliche Begegnungen.

Der Markt erfordert somit spezifische "Persönlichkeiten" und ein spezifisches Wissen: keine Sinnbezüge, sondern eher instrumentelles Wissen. Gefragt sind nicht eigene Urteilsbildung und Sinnorientierung, sondern technische Fertigkeiten.

Zusammenfassend stellen die Autoren fest, daß Berufe grundsätzlich die Persönlichkeit beeinflussen und die Stellung des einzelnen in der Gesellschaft entscheidend bestimmen. Der Beruf bestimmt das Ansehen, Einkommen, die soziale Akzeptanz in sehr hohem Maße. Diese soziologische und polit-ökonomische Bestimmung besagt nicht, daß der einzelne diese Strukturen hinterfragen und modifizieren kann. Grundsätzlich muß er sich dabei aber mit der Ambivalenz des Berufes zur Persönlichkeitsbildung, mit der Gebrauchswert- und Tauschwertseite ökonomischer Sachverhalte und Prozesse auseinandersetzen.

Beck/Brater/Daheim haben zu Recht auf polit-ökonomische Faktoren der Berufsbildung und der ökonomischen Prägung der Individuen hingewiesen. Ihre Kriterien bleiben dabei allerdings sehr global und lassen einen ausformulierten Persönlichkeitsbegriff vermissen. Es bleibt fraglich, ob es sinnvoll ist, die komplexe Realität auf zwei Begriffe zu reduzieren. Außerdem stellen sich Zuordnungsprobleme. So kann man die Qualifikationsnorm "Geduld" oder "Ausdauer" sowohl der Gebrauchswert- als auch der Tauschwertseite zurechnen. Sie gehen in ihren Überlegungen davon aus, daß ihre kritische Betrachtung durchaus einen individuellen und gesellschaftlichen Sinn hat, da trotz ökonomischer Zwänge die Gebrauchswertseite für das Funktionieren des Ganzen unerläßlich ist und von allen letztendlich gebraucht und gewünscht wird. In diesem Sinne erfüllt die kritische Betrachtung subjektiv und objektiv eine wichtige Funktion. Nicht in der Überwindung des kapitalistischen Systems, sondern in der Unterstützung der Gebrauchswertbeziehungen.

"Dies beruht letzten Endes auf der Tatsache, daß arbeitsinhaltliche Orientierungen und berufliche Sinnsysteme für gesellschaftliche Problemlösungsprozesse unter entwickelten Warentauschbedingungen zugleich funktional und kritisch sind, daß aber derartige Vorstellungen und Orientierungen prinzipiell das Doppelgesicht einer 'instrumentellen Ideologie' und einer 'konkreten Utopie' gesellschaftliche Veränderung haben" (Beck 1980, S. 270).

2. Die Begründung

Die Autoren Ulrich Beck und Michael Brater verfolgten in ihren späteren Veröffentlichungen unterschiedliche Zielsetzungen. Ulrich Beck blieb seiner ideologie- und gesellschaftskritischen Grundüberlegung treu und veröffentlichte intellektuelle Analysen zur "Risikogesellschaft". Michael Brater versuchte die Gebrauchswertseite der Berufsbildung theoretisch und praktisch herauszuarbeiten und zu unterstützen. Er blieb dabei seinen entfremdungstheoretischen Argumenten treu und ergänzte sie durch Ideen aus der Waldorfpädagogik. Zusammen mit Ute Büchele, Erhard Fucke und Gerhard Herz hat Michael Brater in dem Buch "Berufsbildung und Persönlichkeitsentwicklung" (1988) seine Neuorientierung dokumentiert. Er geht auch hier davon aus, daß trotz aller Entfremdungsargumente die Berufsbildung eine Chance bietet zur Persönlichkeitsbildung. Allerdings fehlt auch in diesem Werk ein expliziter Persönlichkeitsbegriff.

Die Autoren stützen ihre Analyse vor allem auf den Verfall der neuhumanistischen Bildungsidee. Für sie war Bildung vor allem sittlich-geistige Entwicklung, Charakterschulung, Entfaltung der höheren Kräfte des Individuums. Die Autoren gehen davon aus, daß dieser Bildungsbegriff durch die gesellschaftliche Realität nicht mehr tragfähig ist. Arbeitslosigkeit, neue Technologien und neue Anforderungen in der Betriebsorganisation haben den neuhumanistischen Bildungsbegriff überrollt. Auch wird die traditionelle Berufspädgogik den aktuellen Fragen nicht gerecht. Sie setzt entweder einseitig auf eine niveaulose Fachausbildung oder trägt eher persönlichkeitshemmende Züge.

Die Autoren gehen davon aus, daß eine Berufs- und Lebensbewältigung nur möglich ist durch eine konsequente Persönlichkeitsschulung. Gerade die neuen Technologien können nur bewältigt werden durch geschulte, ganzheitlich entwickelte Individuen. Im Gegensatz zum Neuhumanismus soll sich die Berufsbildung auch auf instrumentelle und entfremdete Strukturen einlassen. "Die Arbeitsverhältnisse heute verlangen ganz konkret eine 'Entfaltung der Persönlichkeit', eine Entwicklung autonomer Handlungsfähigkeit, Vielseitigkeit und 'moralische Reife' als konstitutive Elemente dessen, was heute real 'Persönlichkeit' sein kann" (Brater 1988, S. 58).

Die Autoren wenden sich jedoch nicht den entfremdeten und instrumentellen Industrie- und Bürostrukturen zu, sondern handwerklichen und künstlerischen Tätigkeiten, also ausschließlich eher gebrauchswertorientierten Bereichen. Die Hinwendung zum Handwerk und zur Kunst wird mit Argumenten und Erfahrungen aus der Waldorfpädagogik begründet und verbunden mit der Forderung nach Schlüsselqualifikationen aus den 70er Jahren der Arbeitsmarkt- und Berufsforschung.

Es sollen Schlüsselqualifikationen ausgebildet werden, die einen Beitrag zur Realitätsbewältigung leisten. Die Schlüsselqualifikationen unterscheiden nicht mehr zwischen Berufs- und Allgemeinbildung (vgl. Brater 1988, S. 72/73): Zuverlässigkeit, Verantwortungsbewußtsein, Analytisches Denken, Wachheit, Geistesgegenwart, soziales Vertrauen, Kritikfähigkeit werden u.a. genannt. "Die Schlüsselqualifikationen stellen eine Herausforderung für die gesamte berufliche Ausbildung dar, die ja auf diese neuen Anforderungen angemessen vorbereiten soll, sich bisher aber in der Regel nicht bewußt an derartigen Ausbildungszielen orientierte" (Brater 1988, S. 74).

Die Schlüsselqualifikationen sollen durch Projekte mittels des entdeckenden und selbstgesteuerten Lernens vermittelt werden. An konkreten und nützlichen Gegenständen sollen Lernschritte vollzogen werden. Der Projektbegriff hat folgende Merkmale (vgl. Brater 1988, S. 85/86):

- Ganzheitliche Aufgabe
- Das hergestellte Produkt ist in einem sinnvollen und einsichtigen Zusammenhang verwertbar
- Der Lernende begreift selbständig die Zielsetzung
- Mehrere Fähigkeiten können an einer Aufgabe entwickelt werden
- Die Ergebniskontrolle vollzieht der Lernende selbst
- Soziale Interaktionen werden gefördert.

Das entdeckende Lernen geht davon aus, daß der Lernende eine bereits geleistete Entdeckung, Erfindung, wissenschaftliche Idee nachvollzieht. Der Lernprozeß soll so organisiert werden, daß der Lernende die Intuitionen des Erfinders selbst vollzieht. Experiment, Lernen aus Fehlern, der Ausbilder als Berater, intuitives Lernen sind die Schlagworte des entdeckenden Lernens. "Auch der Meister wird Partner. Es muß nicht immer sein, daß von ihm der beste Lösungsvorschlag, vor allem im Detail, kommt. Er kann sich nicht bloß auf erworbenes Wissen und seine Erfahrung zurückziehen, obwohl sie ihn natürlich bei der Aufgabe helfen. Auch er muß sich unter den Partnern beweisen. Gelingt ihm das, ist seine Führungsrolle selbstverständlich 'gesichert', denn seine produktive Kraft wird, weil er nicht nur vorbereitete Pläne für bloße Lehrarbeit austeilt und deren Fertigung überwacht, für die Jugendlichen anschaubar..." (Brater 1988, S. 90/91).

Das entdeckende Lernen ist konsequent aus dem persönlichkeitsbildenden Ansatz herausgearbeitet. Ist doch das "anschauende Denken" ein wichtiges Merkmal eines selbständigen Individuums. Das entdeckende Lernen soll die Wahrnehmung, Intuitionen und Denken besonders ausbilden. Die Autoren vertreten also keinen allgemeinen Kreativitätsbegriff, sondern eine Schulung spezifischer Fertigkeiten.

Da sie die Verantwortung des Einzelnen in den Mittelpunkt stellen ist es einleuchtend, wenn sie den Begriff des "selbstgesteuerten Lernens" als Ergänzung zum entdeckenden Lernen verwenden. "Kernidee dieser Methode des 'selbstgesteuerten Lernens' ist, wie gesagt, die Ablösung des 'geführten Lernens' in Lehrgängen etc. durch ein sehr viel selbständigeres Lernen, das aus der individuellen Auseinandersetzung des Lernenden mit dem Gegenstand bzw. mit seiner Arbeitsaufgabe hervorgeht. Die Leittexte und -systeme sollen ihm dabei helfen, indem sie ihm überhaupt zu den wesentlichen Fragen hinführen, seine Überlegungen herausfordern, die Wege des Selbstlernens überschaubar machen und vor allzu groben Fehlern bewahren. Vor allem aber übt dieses Verfahren eine *systematische Lern- und Arbeitsmethode* ein, die als solche prinzipiell verinnerlicht und übertragen werden kann" (Brater 1988, S. 104).

Als große Vorteile dieser Methode werden von den Autoren genannt (vgl. Brater 1988, S. 104):
- selbständiges Durchdenken
- Eigenständigeit
- Selbsteinschätzung
- Selbstkontrolle
- Informationsbeschaffung.

Die Autoren haben Übungen ausgearbeitet und in verschiedenen Firmen (vgl. Brater 1991) erprobt, die die Persönlichkeit praktisch fördern sollen durch künstlerische Übungen, Handwerksarbeit, Erlebnispädagogik, Projektarbeit. Allen Übungen ist gemeinsam, daß sie experimentell angelegt sind, offene Prozesse fördern, die Wachheit des Subjektes erfordern, die Wahrnehmung und das Denken anregen und schulen sollen, sowie vom Individuum dauernde eigene Ziele und Entscheidungen verlangen. Das Konzept der Autoren steuert auf fünf Merkmale der Schulung der Persönlichkeit zu (vgl. Brater 1988, S. 149-160). Sie bilden den Dreh- und Angelpunkt des gesamten Ansatzes und daraus läßt sich auf das Persönlichkeitsbild der Autoren schließen. Ausgangspunkt ist ein ganzheitliches Menschenbild mit physischer Verfassung, seelischen Eigenschaften und geistigen Fähigkeiten. Die Vernunft und die geistigen Leistungen des Menschen haben eine gewisse Priorität. Nicht der rationale Verstand wird in den Mittelpunkt gerückt, sondern das intuitive Denken. Somit stellen die Autoren die Schulung des Denkens an den Anfang ihrer Betrachtungen.

a) Schulung des Denkens

Die Autoren vertreten eine phänomenologische Methode, die besagt, daß man von konkreten Gegenständen ausgehen soll, die von allen Seiten möglichst objektiv angeschaut werden sollen. Die Begriffe und das Denken bilden sich aus der Anschauung. "Das Denken unterliegt hier also einer ständigen 'Realitätskontrolle', es muß sich stets an das Mögliche und Gegebene halten und darf niemals 'abheben', sich in Wunschgebilden verselbständigen oder die im Materiellen, in den Naturgrundlagen der Arbeit enthaltenen Gesetzmäßigkeiten verlassen" (Brater 1988, S. 150). Die Autoren nehmen die Ideen der Menschen nicht als zufällige Äußerungen, sondern als Kernbestand des Menschseins. Deswegen ist die Herausbildung und Pflege der Ideen eine conditio sine qua non der Persönlichkeit. Anschauendes Denken, intuitives Denken, Vernunft, Geistes- und Situationsgegenwart sind Begriffe, die dieses Menschenbild umschreiben.

b) Kontrolle der Gefühle

Die *Selbstbeherrschung* soll hier eingeübt werden. Dazu bedarf es zunächst der Entwicklung des Gefühlslebens, der Sensibilisierung und der Verarbeitung durch das Denken. "Die wichtigsten Tugenden der Werkstattarbeit sind demnach auch Genauigkeit, Sauberkeit, Maßhaltigkeit, Plantreue und Zuverlässigkeit. Es ist durch viele Beispiele immer wieder belegt, daß diese Arbeit ein außerordentlich hohes Maß an *Selbstbeherrschung*, d.h. an personale Verfügung über jede Eigendynamik der seelischen Regungen erfordert. Eine plötzliche 'Eingebung' darf hier niemals dazu führen, daß man ein paar Drähte einfach mal etwas anders anschließt, als der Plan es vorschreibt, wie auch ein aufsteigender Ärger oder eine große Freude nicht das Gleichmaß der Handbewegung beim Hobeln oder die wache Aufmerksamkeit beim Drehen usw. beeinträchtigen dürfen" (Brater 1988, S. 152).

c) Schulung des Willens

Es geht den Autoren nicht nur darum, daß eine Persönlichkeit über denkerische und seelische Qualitäten verfügt, sondern, daß die Ideen auch so gefaßt sind, daß sie auch umgesetzt werden können und umgekehrt. Die Herausbildung einer Durchhaltekraft ist somit unerläßlich. "Es gehört zur körperlichen Arbeit urbildlich dazu, daß man sich in ihr gegen den Widerstand des Materials quälen muß, daß man Schweiß vergießen muß, bis der Stoff sich schließlich den Zielen der Arbeit beugt. Hier muß also vor allem der Wille als *Durchhaltekraft* herausgefordert werden, als die Kraft, die den Menschen Ziele auch gegen innere und äußere Hindernisse verfolgen läßt" (Brater 1988, S. 153).

Bei der praktischen Tätigkeit erweist sich die Haltbarkeit und Sinnhaftigkeit der Ideen und bettet diese in den sozialen Zusammenhang ein. Die Willensschulung soll dazu führen, daß nicht einfach beliebige Ideen dahergeredet werden, sondern daß auch gefragt werden muß, ob der Einzelne die Idee auch anwenden kann und will. Ideen und Willensbildung stehen somit in einem Zusammenhang.

d) Schulung der Positivität (Toleranz)

Die phänomenologische Methode erfordert, daß man sich auf Menschen und Gegenstände einläßt, daß man vorgegebene Strukturen auch zunächst zu akzeptieren lernt. Eine sachgemäße Veränderung von Dingen erfordert eine Anerkennung ihrer Eigenart. "Es ist schon mehrfach darauf hingewiesen worden, daß sowohl die Werkstattarbeit als auch das künstlerische Tun verlangen und lehren können, sich den Dingen gegenüber in *deren* Eigenart zu verhalten, sie in ihrem Wert, in ihrer Bedeutung gelten zu lassen. Bei der Werkstattarbeit ist dies jedoch in der Regel eindeutiger und schneller einsehbar: Niemand wird hier versuchen, einen Stahl mit dem Hobel zu bearbeiten. Beim künstlerischen Tun muß diese Eigenart erst entdeckt werden, und es

Michael Brater:

Geist
Seele
Körper

Kunst als Persönlichkeits-Bildung

Schulung des Denkens

Schulung des Gemütes

Schulung des Willens

Karl Jasper:

Denken als Kern der Persönlichkeit

Arbeitendes Denken
Einrichtendes Denken
Handelndes Denken
Wissenschaftliches Denken

Das innere Erwirken der Freiheit

Bildung
Spiel
Existenz
Kontemplation

muß sogar erst die nötige Sensibilität ausgebildet werden, um sie überhaupt wahrzunehmen" (Brater 1988, S. 155).

e) Schulung der Unbefangenheit

Verwandt mit der Idee der Toleranz ist die Idee der Unbefangenheit. Die Welt soll nicht nach fixen Ideen und Vorurteilen betrachtet werden, sondern möglichst unbefangen im Sinne eines naiven Betrachtens. "Dies ist nun zweifellos *die* entscheidende Grundhaltung, die im künstlerischen Üben geschult wird, kann man doch dort fast unausweichlich erfahren, daß die eigene Vorstellung, hält man starr an ihr fest, zu keinem oder nur sehr kümmerlichen Ergebnissen führt" (Brater 1988, S. 158).

Durch diese fünf Merkmale: anschauendes Denken, Selbstbeherrschung, Durchhaltekraft, Toleranz und Unbefangenheit werden Elemente des Persönlichkeitsbildes deutlich. Nicht der Theoretiker steht im Vordergrund, oder der theorielose Aktivist, oder der Gefühlsmensch, sondern eine vielseitig entwickelte Persönlichkeit mit klarer Urteilskraft und Fähigkeiten, eigene Ideen und Vorstellungen in die Tat umzusetzen

3. Das Denken als Kern der Persönlichkeit

Karl Jaspers (1883-1969) hat in seinem umfangreichen philosophischen Werk "Von der Wahrheit" (1947) die Grundfragen des Menschseins erläutert und charakterisiert neben anderen zentralen Kategorien das menschliche Denken als Kern der Entwicklung des Menschen.

Seit Nietzsche ist das Wahrheitsproblem in ein schwindelerregendes Trudeln geraten. Jaspers versucht im Bewußtsein dieser Tragik die Wahrheit in der Zeit zu bestimmen und zu retten. Es geht nicht um die ewigen Wahrheiten und Ideale, um die abgeschlossene und fertige Wahrheit. Wir leben in Zeit und Raum. Wahrheit muß damit konkret werden. Sie wird zu einem Weg.

Die Philosophie, das menschliche Denken, das menschliche Tun erfahren ihre höchsten Augenblicke im Innesein des Wahren. "Die Wahrheit wird in substantieller Erfüllung niemals allein durch philosophisches Denken hervorgebarcht, sondern durch den Erziehungs- und Selbsterziehungsprozeß in einer sich bildenden Welt. Was Wahrheit sei, kann jedoch aus dem Mitleben dieses Schicksals im Blick darauf philosophierend zur Klarheit gebracht werden" (Jaspers 1947, S. 3).

Die Ermittlung der Wahrheit ist die Aufgabe der philosophischen Logik. Ausgangspunkt der Jaspers'schen "Vorlogik" ist der Begriff des Umgreifenden. Der Mensch ist in eine Ganzheit hineingestellt. Diese Ganzheit gliedert sich wiederum in Räume. Es gibt zwei zentrale Räume, die wiederum durch ein Band miteinander verbunden sind. Das Umgreifende ist entweder das Sein, das *alles* ist und durch das auch der Mensch ist, oder es ist das Sein und die Seinsweisen des Menschen selbst. Den ersten Raum bestimmt Jaspers (vgl. S. 47) auch mit den Begriffen *Welt* und *Transzendenz* den zweiten Raum mit den Begriffen *Dasein*, Bewußtsein überhaupt und Geist. Der Boden und das Band der Weisen des Umgreifenden sind Existenz und Vernunft.

In Anlehnung an Kant bestimmt Jaspers den Menschen in der Welt. Wir können nur innerhalb der Welt erkennen, niemals die ganze Welt. Alles Welterkennen steht für uns unter der Bedingung unseres denkenden Bewußtseins.

Der Mensch ist *Dasein*, von dem das Bewußtsein getragen wird. Wir erfassen uns als Wirklichkeit nur, wenn wir vom bloßen Bewußtsein zum wirklichen Dasein gehen, zum Dasein mit Anfang und Ende, mit Mühe und Hoffnung. Diese Weisen des Umgreifenden enthalten Menschen als Dasein, Bewußtsein überhaupt und Geist. Sie umfassen also die Immanenz als das, was der Mensch ist. Wenn es eine Immanenz gibt, können wir auch eine *Transzendenz* denken. Ein transzendierender Sprung führt den Menschen zur Gottheit vom Dasein des bewußtsein Geistes zur *Existenz*. "Existenz ist das Selbstsein, das sich zu sich selbst und darin zu der Transzendenz verhält, durch die es sich geschenkt weiß, und auf die es sich gründet" (Jaspers 1947, S. 49).

Die Weisen des Umgreifenden sind eine Vielheit und Mannigfaltigkeit. Die Einheit in der Mannigfaltigkeit stellt die *Vernunft* her. Sie ist das Band aller Weisen des Umgreifenden. Durch Philosophie erspürt der Mensch das Umgreifende durch transzendicrendes Denken. das Denken hat universellen Charakter. "Denken ist das alldurchdringende Wesen des Menschen. Es ist in allem menschlichen Tun und Erfahren gegenwärtig,ist das, wodurch der Mensch Mensch, und ohne das er nicht Mensch ist. Unser Denken ist Denken, das wir sind. Das Denken ist das Umgreifende, das uns ins Grenzenlose erweitert: es bringt zum Bewußtsein, was für uns ist. Es gibt für uns nichts, das nicht durch unser Denken getroffen würde, nichts, das ohne Denken für uns Sein hätte" (Jaspers 1947, S. 225). Das Denken ist angewiesen auf das Sein und umgekehrt. Sein ist für uns immer Gedachtsein. Denken ohne Sein ist entleert, ohne Grund und Ziel. Eine Grundtatsache für unser Bewußtsein ist die Subjekt-Objekt-Spaltung. Das Subjekt richtet seinen Blick auf ein Objekt. Sie sind getrennt voneinander. Kein Subjekt ohne Objekt und umgekehrt.

Trotzdem ist alles, was für uns ist, ein Eines. Was nicht Einheit ist, ist für uns kein Gegenstand. Einheit existiert nicht ohne die Vielheit. Gegenstand unserer gedankenlosen Anschauung ist jedoch das Einzelne. Durch das Denken gelangen wir zum Allgemeinen.

Der Mensch kann nach Jaspers die Subjekt-Objekt-Spaltung nicht einfach verlassen durch eine unio mystica, durch Daseinsflucht. Es handelt sich um eine Paradoxie. Durch das Denken wird uns die Subjekt-Objekt-Spaltung bewußt. Diese verweist jedoch auf Überwindung. "Das *transzendierende philosophische Denken* ist die Methode, in der Subjekt-Objekt-Spaltung so zu denken, daß im Denkvollzug die Spaltung überwunden und das sie Umgreifende erhellbar wird" (Jaspers 1947, S. 249). Jaspers bestimmt zunächst das Erkennen als eine Aktivität. Es ist kein Akzeptieren von geltenden Sätzen, sondern ein Tun, das durch den Willen geführt ist. Es bezieht sich deswegen immer auf das Sein und hat eine Beziehung zur Wirklichkeit. Der Mensch will etwas hervorbringen, mit anderen Menschen in der Welt sein, sich selbst werden, des Seins innewerden.

Jaspers (vgl. S. 308/309) drückt diese vier Weisen mit folgenden Begriffen aus: Wirklichkeit der Zivilisation, Wirklichkeit des Geistes (Volk, Kultur), Wirklichkeit der Freiheit und Wirklichkeit der Transzendenz. Denken ist bezogen auf das Sein ein denkendes Tun. Jaspers unterscheidet mehrere Weisen des denkenden Tuns, die im folgenden auszugsweise charakterisiert werden sollen.

3.1 Arbeitendes Denken

Jaspers (vgl. S. 329ff) spricht zunächst von der Arbeit. Sie hat für den Menschen unmittelbare Wirklichkeit, sie unterscheidet ihn vom Tier. Die Arbeit ist ohne Gedanken nicht möglich und denkbar. Das

Denken wiederum wird geschult in der Überprüfung an der Wirklichkeit. Der Handwerker, Arbeiter und Bauer braucht klare Gedanken. Gedankenarbeit und Handarbeit bedingen einander.

Durch die Bearbeitung der Umwelt sind wir mit der Wirklichkeit verbunden. Das Tier nutzt die Umwelt, der Mensch bearbeitet sie planmäßig. "Das arbeitende Denken geht durch die Hand, bedient sich der Werkzeuge, die durch die Hand hergestellt sind, bringt Produkte hervor, die dann, über die Zeit des Arbeitens hinaus, zur Verwendung oder zum Verbrauch da sind" (Jaspers 1947, S. 329).

Die Hand ist für den Menschen einzigartig, sie ist sein Universalwerkzeug: berühren, betasten, festhalten, tragen, ballen, strecken etc. Unsere Denktätigkeit wird durch Handtätigkeit ausgedrückt: be - greifen, auf - fassen, be - weisen.
Die Hand liegt dem Zählen und Messen zugrunde: Zehn Finger - Handbreit.
Die Hand als Repräsentant der Persönlichkeit: Eid, Gebet. Durch die Hand stellen wir Werkzeuge her, erweitern unsere Sinne, schaffen eine zweite Natur.

Das Denken entfaltet sich im Verstehen von Sinn und Gebrauch der Güter. Arbeit erfordert Mühe, Ausdauer, Geduld, Aufmerksamkeit etc., Geistesgegenwart also. "Alles dies gemeinsam fordert helle Gegenwärtigkeit, gleichsam die Anwesenheit des Menschen selbst. Sie konzentriert ihn aus der Zerstreutheit, steigert daher sein Daseinsgefühl, sein Selbstbewußtsein, seine Wirklichkeitsgewißheit". (Jaspers 1947, S. 331).

Arbeit ist von vornherein Arbeitsteilung. "Das Persönliche bleibt auch bei Arbeitsteilung dort, wo ein relativ Ganzes das Ergebnis der Arbeit des Einzelnen ist. Das Handwerk bewahrt die persönlichen Qualitäten, die Freude am Werk als dem seinen, die besondere Energie der Steigerung im Schönen" (Jaspers 1947, S. 332).

Die Arbeit wird vom Menschen nicht instinktiv vollzogen, sondern muß durchdacht sein. Eine gedankenlose Arbeit ist auf Dauer nicht möglich. Meist sind unsere Ideen internalisiert und wir arbeiten quasi automatisch. "Das *Denken* bei ausführender, das Gleiche wiederholender Arbeit ist unerläßlich zum Gelingen, aber selbst *begrenzt* auf endliche Zwecke und die für sie gültigen Regeln. Es ist nicht notwendig, daß der Arbeitende den Sinn des Ganzen erkennt. Es geschieht ein *Bewußtseinsverlust* im Arbeiten: man weiß nicht mehr um die Welt im Ganzen, in der dieses alles sinnvoll geschieht. Es ist weiter eine Tendenz in der weiter sich spezialisierenden Arbeit..., daß der Denkverlust sich fortsetzt und die Arbeit eine immer gedankenlosere Funktion eingeschulter Bewegungen wird, in der ein Minimum eng beschränkter Aufmerksamkeit das letzte Erfordernis ist, das die Bewußtlosigkeit verhindert, so daß der Mensch nicht völlig zum Maschinenteil wird." (Jaspers 1947, S. 333).

3.2 Einrichtendes Denken

Die Arbeit muß planmäßig eingerichtet werden. "Technisches Denken und organisatorisches Denken bringen in jeweilig einmaligem Erfinden und in Schritten der Verbesserung die Bedingungen eines dann wiederholbaren, regelmäßigen Arbeitsgeschehens hervor. Technisches Denken bringt eine sachliche Erweiterung des Arbeitenkönnens. Organisatorisches Denken bringt das zweckmäßigste, weil wirkungskräftigste Ineinanderspiel der arbeitenden Menschen. Technik und Organisation führen nicht selbst die Arbeit aus, sondern schaffen Bedingungen der Arbeit" (Jaspers 1947, S. 334). Organisieren ist entweder ein Verwalten oder eine Bürokratisierung. Verwalten beruht auf einem Minimum von Eingriffen auf einem einfühlenden Leben in eine produktive Arbeit.

Bürokratisierung ist ein formaler Eingriff, der die Initiative des Einzelnen beschränkt. "Das organisierende Denken muß immer klarer erkennen, was der Natur der Sache nach der Mechanisierung zugänglich ist und was gerade leben und wachsen muß aus unvorhergesehenen Antrieben und Schaffenskräften, was darum von der planenden Organisation so weit wie möglich frei gehalten, vielmehr einer bis zur Unmerklichkeit verschwindenden Verwaltung unterstellt werden müßte. Wie weit das geschieht und wie weit ohne Plan und Absicht tatsächliche Freiheit des Schaffenden, der keinem Plan und keiner Verwaltung unterworfen ist, sich verwirklicht, liegt an den gesellschaftlichen und politischen Gesamtzuständen" (Jaspers 1947, S. 335).

Ordnungen entstehen zunächst ungeordnet, dann werden sie geprüft, erkannt, gewertet. Das organisatorische Denken ist also nicht nur Ursprung einer Betriebslehre, sondern einer Gesellschaftslehre. "Die aus der Naturbearbeitung durch den Menschen entstehende

Wirklichkeit gilt dann, weil diese Wirklichkeit stets gesellschaftlich ist, als der Grund aller menschlichen Wirklichkeit und auch der menschlichen Erkenntnis und aller seiner Glaubensinhalte (der sog. Ideologien)" (Jaspers 1947, S. 336). Die Technik ist aber niemals Zweck an sich, sondern Bestandteil menschlicher Zielsetzungen. "Da aber eine Wesensverschiedenheit ist zwischen einem technischen Naturgebilde (einer Maschine) und der gesellschaftlichen Struktur des Menschen (einem umgreifenden, nie im Ganzen erkannten Leben), so kann organisatorisches Denken zwar ins Grenzenlose vorandringen, das Ganze der menschlichen Wirklichkeit niemals treffen oder umfassen oder wirklich gestalten, sondern nur fördern oder zerstören" (Jaspers 1947, S. 336).

3.3 Handelndes Denken

Charakteristisch für den Menschen ist sein Handeln. Es geschieht nicht gedankenlos. Es ist ein Tun in jeweils einmaliger Situation, es ist weder wiederholbar noch rückgängig zu machen. "Handeln steht unter dem Kriterium der Gefahr. Es geht um Dasein, Daseinsraum, Entfaltungsmöglichkeiten, Macht, und es geht um das eigentliche Selbstsein, um das Sein der ewigen Seele in der geschichtlichen Erscheinung des Weltseins. Ob im politischen Denken des handelnden Staatsmannes oder im persönlichen Schicksalsdenken privater Entscheidungen, immer ist Handeln ein sich entschließendes Denken" (Jaspers 1947, S. 337).

Jaspers grenzt das Handeln aus dem Zweck-Mittel-Verhältnis aus, er verweist es in das technische Denken. Das Handeln ist nicht aus dem technischen Denken zu verstehen, sondern eher umgekehrt. Der Mensch ergreift oder setzt die Zwecke, das technische Denken wird dann zur Entscheidungshilfe.

Das Handelnde Denken ist auch nicht aus den Trieben abzuleiten. Sie sind vom Handelnden Denker zu steuern und zu lenken. "Nicht aus den Trieben ist das Handeln verständlich, sondern aus dem Ursprung, der, einem Triebe nur vergleichbar, alle Triebe in seinem Dienst hat" (Jaspers 1947, S. 337).

Beim Handelnden Denken existiert die Einheit von Willen und Denken im Ursprung. Was der Mensch will, das ist selbst Gedanke. Nur der Verstand trennt Wille und Handlung. Das Handelnde Denken geht aber über den Verstand hinaus. Es geschieht bei innerer Gewißheit. "Es erwächst in Höhepunkten verantwortlichen Handelns eine besonnene Helle ohne allgemeine formulierbare Urteile, welche ausreichend wären, das Handeln zwingend zu begründen. Es ist die Klugheit, auf höherer Stufe der Weisheit, welche denkend auf der Basis des Wissens und erfahrend, aber schaffend und ohne Vorbild, gesichert - wenn auch immer vieldeutig gesichert - im Bewußtsein der geschichtlichen Kontinuität des eigenen Daseins handelt" (Jaspers 1947, S. 338).

3.4 Wissenschaftliches Denken

Ziel der Wissenschaft ist die Erkenntnis. Das menschenmögliche soll erkannt werden. Wissenschaft ist zum Beruf geworden. Abgehoben von der Praxis sollen die Dinge theoretisch betrachtet werden und wiederum der Praxis zufließen. Wissenschaft hat daher Freiräume jenseits des Reiches der Notwendigkeit. "Erkennen kommt zu freier Entfaltung ohne die Bedrängnis von der gegenwärtigen Wirklichkeit. Gemessen an der Arbeit, die von der Not jederzeit gefordert wird, ist die wissenschaftliche Tätigkeit vielmehr Muße und nur möglich, wo Muße, das heißt Freiheit vor der Notdurft, gegeben ist. Trotzdem ist auch das wissenschaftliche Denken in seiner Bewegung eine Weise der Praxis" (Jaspers 1947, S. 343). Jede echte Wissenschaft geschieht in Hinblick auf die Praxis. Sie hat einen Eigenwert und eine Verpflichtung, sich den aktuellen Problemen zu stellen.

Wissenschaft beschäftigt sich mit Gegenständen und ihrer Erkenntnis. Es geht um Klarheit, um hingebende Betrachtung. Dies ist keine abgeschlossene Tätigkeit, sondern ein kontinuierlicher Prozeß. Eine Erkenntnis verlangt neue Erkenntnisse. Damit verändert die Wissenschaft die Praxis. "Das Wissen macht das Gewußte anders, das nicht mehr bleibt, wie es war, wenn es gewußt wird" (Jaspers 1947, S. 346). Nach Jaspers kann der Mensch niemals das Ganze erkennen, er handelt damit immer unter Unsicherheit. Wenn ich in dem Handeln alle Bedingungen wissen will, werde ich niemals handeln, oder ich handele doktrinär. "Das gerade ist philosophische Einsicht, daß das Ganze etwas ist, das darum nicht gewußt werden kann, weil in ihm die Freiheit des Entscheidens eine ihrem Wesen nach nicht voraussehbare und nicht ableitbare Rolle spielt. So ist das wissenschaftliche Denken eine Praxis *in* der Welt, nicht selber imstande, *die* Welt und das Sein wissend zu umfassen" (Jaspers 1947, S. 347). Die Wissenschaft steht in der Gefahr, die Wirklichkeit zu verlieren, die Wirklichkeit zu verfehlen und nichtigen Gedanken nachzurennen.

Wichtig ist deshalb die Substanz unseres Denkens. Sie ist nicht von selbst da, sondern Resultat vor allem unseres philosophischen Denkens. "In diesem denkenden Handeln erfaßt der Mensch eine Tiefe der Wahrheit, die jenseits aller Allgemeinbegriffe liegt und doch weit entfernt ist von der Blindheit der Gefühle und Leidenschaften. Nur die Substanzlosigkeit taumelt zwischen diesen und den Richtigkeiten des Verstands hin und her" (Jaspers 1947, S. 339).

Auf der Basis des Zweck-Mittel-Denkens, der rationalen Analyse verfällt der Mensch entweder in Willkür oder er kann diese Erkenntnisse nutzen für die Frage, was getan werden muß. Dabei wächst der Mensch über sich und die Notwendigkeit hinaus. Die Helle der freien Notwendigkeit wird zur Führung das Denken des Verstandes.

Jaspers hat zunächst unser Denken in vier Hinsichten unterschieden. Arbeitendes Denken, Einrichtendes Denken, Handelndes Denken und Wissenschaftliches Denken. Im Sinne seiner Methode hat er diese Richtungen charakterisiert und zeigt nun, daß sie erweitert werden müssen, da sie Unzulänglichkeiten in sich bergen.

So kann die Arbeit den Menschen zur Maschine werden lassen, das Denken abtöten. Im Einrichten liegt die Gefahr, daß die Substanz des Einzurichtenden vergessen wird und das Denken sich entleert. Im Handeln liegt die Gefahr der Irrationalität und Verantwortungslosigkeit. In der Wissenschaft ist angelegt, daß der Mensch vor lauter Wissen seine Ziele und Aufgaben aus dem Blickfeld verliert. Aus diesen Unzulänglichkeiten, Fehlern, aus der Möglichkeit des Scheiterns leitet Jaspers unseren Blick auf das innere Verhältnis der Freiheit und versucht durch eine neue, querliegende Klassifikation unser Denken zu bestimmen, um wiederum diese Bestimmung zu transzendieren.

3.5 Das innere Erwirken der Freiheit

Die Tätigkeit des Menschen in der Welt hängt ab von der persönlichen Entwicklung des Menschen.Durch arbeitendes, einrichtendes und wissenschaftliches Denken geschieht ein Freiwerden des Denkenden. Wie dies geschieht, erläutert Jaspers mit vier neuen Begriffen, die im folgenden erläutert werden.

a) Spielendes Denken

Spiel ist im Gegensatz zur Arbeit eine zweckfreie menschliche Tätigkeit. Es löst sich von der Realität. Es ist absichtslos, ohne ein Gedanke an Wirkung und Veränderung. Der Mensch wird Mensch durch das Spiel.

Das Spiel gibt es nun nicht nur als körperliche Tätigkeit, sondern in jeder Weise unseres denkenden Tuns. "Das spielende Denken hat kein Kriterium einer objektiv allgemeingültigen Bewährung. Es setzt sich jeweils Spielregeln, die nicht an sich wahr sind, sondern nur die Formung bedeuten für diese Weise des Tuns, das stellvertretend den Menschen im Ganzen zur Auswirkung kommen lassen soll. Kriterium der Wahrheit im Spiel ist allein sein eigentliches Spielsein... Spielenkönnen ist als solches schon eine hohe Stufe des Menschseins. Der Reichtum des Spiels in seiner unendlichen Entfaltung wird zum Ausdruck menschlichen Wesens, aber nur als Möglichkeit und Versprechen, als Ursprung von Vertrauen und Liebe (Jaspers 1947, S. 353).

b) Bildendes Denken

Das bildende Denken enthält nach Jaspers die Zweckfreiheit, die auch dem spielerischen Denken eigen ist. Es ist allerdings auf die Formung des ganzen Menschen gerichtet. Das bildende Denken wird geleitet durch den Ernst der Idee des Menschseins. Sie erwirkt die Bildung als einen fortlaufenden Prozeß.

Es geht nicht um reine Wissensaneignung, sondern um Verinnerlichung geistiger Gehalte. Das bildende Wissen geschieht nicht von selbst, sondern wird im geschichtlichen Prozeß erworben. "Natürlich gegeben ist die Individualität des Einzelnen. Bildung aber heißt, in der Prägung und Entfaltung dieses natürlich Gegebenen sich durch die Form seines Tuns und Sichbewegens, seines Bewußtseins und seiner Welt einem Allgemeinen zu nähern, so daß dieses Allgemeine in persönlicher Gestalt als diese einmalige Individiualität zur Erscheinung kommt. Bildung wird gleichsam eine zweite Natur. Weil diese nicht angeboren ist, ist sie gebunden an Überlieferung, an Erziehung, an Ahnen und Familie, an die Substanz der Gemeinschaft, in der ich erwachte" (Jaspers 1947, S. 354).

c) Existentielles Denken

Das existentielle Denken ist allgegenwärtig und unerläßlich. Es bezieht sich auf den Menschen selbst, es ist aktive *Selbstreflexion.* Es wirkt im Inneren des Menschen. Es ist nicht ein beliebig Ausgedachtes, sondern bezieht sich auf das Individuum und bringt dessen Freiheit hervor. Der Mensch erkennt den Werdeprozeß seines Wesens und wird wirklich. "Existierendes Denken ist Selbstschöpfung in der Selbstauffassung. Es erhellt den Weg der Seele, und indem es erhellt, bringt es die Seele auf einen anderen Punkt... Es faßt aufs innigste zusammen die Existenz, die sich weiß als einmalig gegeben und im Gegebenen gewählt, als verantwortlich und darum zu entscheiden, als geschichtlich und gar nicht allgemein, wie ein Nichts, das doch ewige Bedeutung hat" (Jaspers 1947, S. 356).

d) Kontemplatives Denken

Existentielle Kontemplation ist das Innewerden des Seins, in der Zeit ist die Zeit getilgt durch die Anwesenheit der Ewigkeit. Kontemplation ist das Gegenteil zur Aktivität. Es ist die Gewinnung der eigentlichen Wirklichkeit. "Die Kontemplation wird *philosophisch* in der Aktivität eines Denkprozesses, der im Unterschied vom Kultus und vom Gebet die Gegenwart des wirklich leibhaftigen Gottes im eigenen sinnlichen Tun entbehrt, der aber das Analogon des Gebets in der Philosophie ist. Diese spekulative Erfahrung des Gedankens ist die Erhellung und zugleich Erwirkung eines Seinsbewußtseins, das sich - immer auch ungemäß - in objektiv werdenden Gedankenkonstruktionen mitteilt. Das Ergebnis solchen Denkens ist die Bewegung im Gedanken, nicht ein Inhalt, der als Gedanke ruht und als solcher zum Besitz wird" (Jaspers 1947, S. 358).

Jaspers zeigt auch die Grenzen unseres mitteleuropäischen und nichtgöttlichen Denkens auf. Durch die Kant'sche Philosophie bestimmen wir das Erkennen in Zeit und Raum. Ein zeitloses Denken steht in der Gefahr, Mühe, Widerstand zu vergessen. Es wäre ohne Erinnerung. Es kennt keine Bedürfnisse und keine Sättigung. Das Denken ist gebunden an den Raum. Wir müssen den Ort ergreifen, wo wir sind. Dadurch ergeben sich Abhängigkeiten, Störungen, Feindseligkeit. Ein Dasein ohne Raum wäre ein Leben ohne Kraft und Gegenkraft, ohne Schmerz. Unser Erkennen ist gebunden an die Anschauung. Die Wirklichkeit erfassen wir durch sinnliche Wahrnehmung, durch konkrete Anschauung. Unser Erkennen ist angewiesen auf Erfahrung. Im reinen Denken haben wir keinen Gegenstand mehr und daher keine Bestimmtheit. "Wir erkennen nur, wenn wir durch Denken die Anschauung ergreifen, durch Denken in der Anschauung den Gegenstand gewinnen; in unmittelbarer Anschauung vermögen wir nicht zu erkennen" (Jaspers 1947, S. 385).

Unser Erkennen ist nach Jaspers umwegig, nicht unmittelbar anschauend. Es ist diskursiv, nicht intuitiv. Wir haben die Dinge nicht unmittelbar, sondern brauchen zur Anschauung noch das Denken. "Wir schreiten fort, indem wir zerlegen und aufbauen, eins aus dem anderen folgen lassen, vom Ganzen zu den Teilen, von den Teilen zum Ganzen gehen, das Sein nur mit der Gesamtheit der Kategorien in einer unvollendbaren Bewegung ergreifen" (Jaspers 1947, S. 398).

Aus diesem Grunde grenzt sich Jaspers von der Möglichkeit eines *intuitiven Verstandes* ab. Da wären Anschauen und Denken eins. Denken wäre zugleich Anschauen. Es bedürfte keiner Prüfung und Bewährung, keiner Methode.

Unser Erkennen ist gebunden an Spaltungen:
- Subjekt-Objekt-Spaltung
- Form und Material
- Kategoriale Spaltungen.

Unser Erkennen ist außerdem gebunden an Aktivität und Mitteilung, es vollzieht sich im Endlichen. Da der Mensch aber immer über sich hinausweist, stellt Jaspers nun die Frage, wie unser Verhältnis zur Unendlichkeit ist. Der Verstand gibt uns sichere Gewißheit, er muß sich aber immer selber durchschauen, Bewegungen vollziehen, die nicht aus ihm abgeleitet sind. Er wird zu Erkenntnisschritten geleitet, die er im Augenblick noch nicht denken kann.

Außerdem ist die Dialektik eine Denkform, die über sich hinaus ragt. Der Widerspruch wird in einem synthetischen Ganzen aufgehoben und hinfällig. Auf höherer Stufe entstehen neue Widersprüche. Im Kreise dieser Bewegung gelangen wir zur Ruhe des Kreises. Aus der Ruhe entwickelt sich eine neue Bewegung. Unser Denken ist zwar endlich, wir berühren damit paradoxerweise aber das Unendliche, ohne es zu begreifen.

Jaspers verdeutlicht an den Begriffen Verstandesdenken und dem göttlichen Erkennen unsere Denkmöglichkeiten. "Das Erkennen des unendlichen *Verstandes* ist ein Bestimmen des Gegebenen, ein Berechnen und ein mechanisches Machen. Der Verstand ist *Techniker*, im größten Stil Demiurg. *Gottes* Erkennen dagegen ist intuitives Denken: im Erkennen schafft er seinen Gegenstand selbst. Das Urwesen ist *Schöpfer* " (Jaspers 1947, S. 393).

Das menschliche Erkennen ist mit dem göttlichen nicht gleichzusetzen. Der Mensch ist ein gebundenes Wesen, das über sich die Ewigkeit andeutet. "Das Erkennen des *Menschen* aber ist mehr als Verstand, weniger als göttliches Denken. Es ist Teilhabe am Sein, ist Ähnlichwerden dem Seienden, ist Wiederholen dessen, was ewig schon ist. Der Mensch ist *Seele, die heimkehrt*" (Jaspers 1947, S. 393). Durch Selbstüberschätzung kann sich der Mensch zum Schöpfer der Welt deklarieren und eine verwüstete Welt hinterlassen. Diese Gefahr im Auge warnt Jaspers vor einer Verwischung der Leistung des Verstandes und der göttlichen Intuition.

Die Grenzen des menschlichen Verstandeserkennens transzendiert Jaspers wiederum theoretisch konsequent in seinem Werk durch die These der Objektivität der Chiffer, der Symbole. Die Wahrheit wird demnach nicht vollendet in dem Erkennen irgendeines Objektes, sondern von objektiven, erkenntnisüberschreitenden Gleichnissen. "Die Welt und alles, was in ihr vorkommt, ist Geheimnis. Die Rohheit, durch Gewohnheit alles selbstverständlich zu finden, und die gewaltsame Geheimnissucht zum Sensationellen und Abergläubischen müssen vergehen, wo das eigentliche Staunen beginnt. Philosophie erhellt das Geheimnis und bringt es ganz zum Bewußtsein. Sie beginnt mit dem Staunen und steigert das Staunen (nur falsche Philosophie, welche ihr Denken wie wissenschaftliche Forschung von Dingen in der Welt vollzieht, vertreibt das Staunen durch vermeintliches Wissen). Dann zeigt die Welt im Ganzen und jeder Zug in ihr die unendliche Tiefe. Dies Geheimnis ist still; es wird, indem es aufleuchtet, in einer Entfaltung offenbar. Und dies Geheimnis ist wesentlich, in ihm spricht das Sein selbst" (Jaspers 1947, S. 1030). Die Sprache des Seins drückt sich aus mit dem objektiven Begriff der Chiffer. Chiffer ist kein Gegenstand, sondern das im Gegenständlichen das Subjekt und Objekt Umgreifende. Chiffern sind verborgen in aller Objektivität. Alles, was ist, kann Symbol bzw. Chiffer sein. Es wird Gleichnis durch eine Verwandlung der Weise im Objektsein im Prozeß des Transzendierens.

4. Fazit:

Die Klassifikation des Denkens von Karl Jaspers in acht Denkformen ermöglicht es, den Ansatz von Brater darin einzuordnen, um ihn besser verstehen zu können.

Brater benützt im Gegensatz zu Jaspers den goetheanischen Begriff des anschauenden Denkens. Die Werkstattarbeit einerseits und das künstlerische Tun sind zwei unterschiedliche Weisen dieses Denkens.

Die Werkstattarbeit hat eher einen systematischen, planbaren Ablauf. Sie soll prinzipiell wiederholbar sein. Es gibt technische Maßstäbe für richtig und falsch. Unvorhergesehene Ereignisse sind meist Fehler oder Störungen. Das Denken wird geschult im Planungsprozeß und bei der Durchführung.

Benützt man die Kategorien von Jaspers, so kann die Werkstatt mit arbeitendem Denken umschrieben werden. Jaspers bezieht seinen Begriff nicht nur auf schulische Werkstattarbeit, sondern auf das Handwerk generell. Die Parallelen zwischen Brater und Jaspers sind hier offensichtlich.

Das künstlerische Tun hat nach Brater eine andere Qualität als die Werkstattarbeit. Die Kunst beschreitet eher einen offenen Prozeß. Nicht Plantreue, sondern Situationszugewandtheit, Spontaneität und Offenheit sind gefragt. Der Künstler folgt nicht so sehr technischen, sondern eher ästhetischen Gesetzen. Er fragt eher nach der inneren Stimmigkeit des Bildes. Künstlerisches Tun ist spielerisch, zweckfrei: Jaspers ist in seinen Denkformen auf die Kunst nicht eingegangen. Nimmt man seine Kategorien zur Klassifikation zu Hilfe, so paßt am ehesten das spielende Denken zur künstlerischen Übung von Brater. Jaspers beschreibt das Spiel als offen, zweckfrei, experimentell.

Mit den beiden Begriffen arbeitendes und spielendes Denken ist das anschauende Denken von Brater in der Werkstattarbeit und im künstlerischen Tun hinreichend charakterisiert. Daraus folgt aber auch, daß Brater das einrichtende, handelnde, wissenschaftliche sowie das bildende, existentielle und kontemplative Denken in seinen Überlegungen fast nicht behandelt. Nimmt man diese Begriffe als Elemente einer ganzheitlichen Betrachtung des menschlichen Denkens, so wird von Brater nur ein Teil überhaupt diskutiert.

Diese Kritik muß jedoch relativiert werden. Brater versteht seine Werkstattarbeit und seine künstlerischen Übungen ja entweder als Vorstufe oder als eine Erweiterung zu anderen Denkübungen. Er versteht sich als Beispielgeber für Persönlichkeitsbildung. Insofern kann er zwei entscheidende Bereiche benennen und ausarbeiten, die eine Denkschulung des inneren und äußeren Menschen ermöglichen. Die Arbeit bezieht sich dabei eher auf die äußere Welt, das Spiel und die Kunst auf das innere Erwirken der menschlichen Freiheit.

Literatur

Beck, Ulrich, Brater, Michael, Daheim, Hans-Jürgen, Soziologie der Arbeit und der Berufe, Hamburg 1980

Brater, Michael, Büchele, Ute, Fucke, Erhard, Herz, Gerhard, Berufsbildung und Persönlichkeitsentwicklung, Stuttgart 1988

Brater, Michael, Büchele, Ute, Persönlichkeitsorientierte Ausbildung am Arbeitsplatz, München 1991

Jaspers, Karl, Von der Wahrheit, München 1947.

XIII. DER DISPOSITIVE FAKTOR UND DAS GANZHEITLICHE MANAGEMENT: ERICH GUTENBERG UND HANS ULRICH

1. Der dispositive Faktor

Erich Gutenberg hat in der Nachkriegszeit entscheidend die Betriebswirtschaftslehre und damit verbunden deren Menschenbild mitgeprägt. In seinen "Grundlagen der Betriebswirtschaftslehre" geht er auf die subjektiven Bedingungen des Wirtschaftens eingehend ein. Für ihn ist das Wirtschaften nicht nur ein optimaler Prozeß, sondern dieser wird immer getragen von menschlichen Willensäußerungen und menschlichen Handlungen. Gutenberg hat bekanntermaßen die Trennung eingeführt zwischen objektbezogenen Arbeitsleistungen und dispositiven Arbeitsleistungen. Die ersteren beziehen sich auf die unmittelbare Leistungserstellung. "Dispositive Arbeitsleistungen liegen dagegen vor, wenn es sich um Arbeiten handelt, die mit der Leitung und Lenkung der betrieblichen Vorgänge in Zusammenhang stehen. Die Befugnis, Betriebsangehörigen Anweisungen zu geben, stammt aus dem Direktionsrecht, das der Geschäftsleistung zusteht" (Gutenberg 1968, S. 3). Der Autor führt damit vier Produktionsfaktoren und nicht wie bis dato drei Faktoren in die Theorie ein: Boden, Arbeit, Kapital, dispositive Tätigkeit.

Die dispositive Tätigkeit hat die Aufgabe, die Einheit des Unternehmens herzustellen, ein bewußtes menschliches Handeln nach Prinzipien zu realisieren. "Die Person oder Personengruppe, die die Vereinigung der Elementarfaktoren zu einer produktiven Kombination vollzieht, stellt einen vierten produktiven Faktor dar. Von seiner Leistungsfähigkeit ist der Erfolg der Faktorkombination nicht weniger abhängig als von der Beschaffenheit der Elementarfaktoren selbst. Dieser vierte zusätzliche Faktor sei als Geschäfts- und Betriebsleitung bezeichnet. Ihre Aufgabe besteht darin, die drei Elementarfaktoren zu einer produktiven Kombination zu vereinigen" (Gutenberg 1968, S. 5). Im Kapitalismus kommt den Unternehmern die dispositive Entscheidung zu, ihr obliegt die größte Verantwortung für den Erfolg des Unternehmens.

Der Autor nennt drei charakteristische Merkmale für den dispositiven Tätigkeitsbereich. Es müssen rationale Planungen des Produktions- und Vertriebssystems erstellt werden. Dies gilt sowohl für die technische, als auch für die finanzielle Seite. Zum zweiten ist es notwendig, die gewünschten Ziele organisatorisch und gestalterisch real umzusetzen. Zum dritten hat der dispositive Faktor eine irrationale Komponente. Ideen, Wünsche, Gedankenspiele, Phantasie etc. sind notwendig, um der Unternehmung Sinn und Profil zu geben. "So wurzelt also der dispositive Faktor in den drei Schichten des Irrationalen, des Rationalen und des Gestaltend-Vollziehenden" (Gutenberg 1968, S. 8). Die vier Faktoren sollen optimal miteinander verbunden werden und sich ergänzen. Arbeit und die dispositive Tätigkeit haben auch eine personale Komponente und sind nicht nur als "Faktoren" zu betrachten, darauf weist Gutenberg ausdrücklich hin.

Der Autor diskutiert ausführlich die Frage, wie objektive Arbeitsverrichtungen und subjektive Eignungen miteinander verbunden werden können. Er unterscheidet drei Eignungsbegriffe: den realisierten, den latenten und den potentiell realisierbaren Eignungsbegriff. Alle drei Begriffe bilden das Eignungspotential eines Betriebes. Optimalität ist dann erreicht, wenn der Betrieb das gesamte Eignungspotential voll ausschöpft. Dem Eignungspotential stehen aber meist keine adäquaten Arbeitsverrichtungen gegenüber.

In der Beschreibung des individuellen Leistungspotentials stützt sich Gutenberg auf Rempleins "Psychologie der Persönlichkeit". Die Leistungfähigkeit des Einzelnen liegt nach dieser Theorie vor allem in der Vitalität im Psychischen. Durchschnittliche Veranlagungen können durch hohe psychische Energien kompensiert werden. Die Antriebskräfte können starken Schwankungen unterliegen. "Die Antriebsimpulse können gleichmäßig und stabil sein, sie können aber im Zeitablauf starken Schwankungen unterliegen. Im allgemeinen führt ein stabiler Antrieb zu höheren Leistungen als eine labile Antriebsstruktur" (Gutenberg 1968, S. 15). Neben der Antriebsstruktur nennt der Autor Temperament, Aufgeschlossenheit, Umgänglichkeit, Sensibilität, Teilnahmebereitschaft, Wohlwollen, Verschlossenheit,Kontaktschwäche als positive bzw. negative Bestimmungsmerkmale für betriebliches Verhalten. Die Menschen können gemäß ihrer Eignung im Betrieb nur eingesetzt werden, wenn ihre jeweiligen Unterschiede berücksichtigt werden. Als dritte Komponente neben

Antriebsstruktur und den unterschiedlichen Temperamenten nennt Gutenberg die Gesinnung. "Im Grunde handelt es sich hier um ein charakterliches Phänomen. Man spricht von einem starken Charakter und meint damit eine klare, feste Haltung und Gesinnung. Charakterschwäche bedeutet schwankende, nicht in sich ruhende, auf Anpassung bedachte, leicht nachgebende, beeinflußbare Haltung und Gesinnung. Charakterlosigkeit und Gesinnungslosigkeit sind weitgehend identische Verhaltensweisen" (Gutenberg 1968, S. 17).

Unter Gesinnung versteht der Autor Verantwortungsgefühl, Zuverlässigkeit, Aufrichtigkeit und Unbeirrbarkeit. Unaufrichtigkeit und Unzuverlässigkeit sind Zeichen schwankender Gesinnung. Viele Tätigkeiten im Betrieb verlangen eine positive charakterliche Haltung. Eine vierte Komponente bestimmt außerdem die Eignung eines Menschen für bestimmte Arbeiten: die Begabung, die intellektuellen Anlagen. Die Begabung ist anlagebedingt, sie kann aber durch Üben und Erfahrung ausgebildet werden. Als fünfte Komponente erwähnt Gutenberg die körperliche Verfassung des Individuums. Arbeitsorganistorische Maßnahmen haben dann den größten Erfolg, wenn sie alle fünf Komponenten berücksichtigen und zur Entfaltung bringen. "Wird nach dieser Regel verfahren, dann besteht eine große Wahrscheinlichkeit dafür, daß das individuelle und mit ihm das betriebliche Eignungspotential zur vollen Entfaltung kommt" (Gutenberg 1968, S. 18).

Der Autor diskutiert ausführlich den Entfremdungsvorwurf gegenüber monotonen Produktionsprozessen. Am besten für hohe Arbeitsleistung ist eine hohe Motivation gegenüber der Arbeitstätigkeit. Diese Motivation ist bei hoher Arbeitsteilung meist nicht gegeben. Diese Tatsache wird vom einzelnen Arbeiter unterschiedlich interpretiert. Sie stößt auf radikale Kritik oder auf Anpassung. "Offenbar gibt es aber auch eine Gruppe von Arbeitenden, die auf monotone und repetitive Arbeit negativ reagiert. In diesem Falle handelt es sich vor allem um intelligente und besonders wache Menschen, die nach voller Betätigung ihrer Kräfte, nach Verantwortung und Führung drängen. Sie gewöhnen sich nur langsam und nach Überwindung innerer Widerstände an monotone Arbeiten" (Gutenberg 1968, S. 22). Aus diesem Zitat läßt sich keine gesellschaftskritische Position des Autors ableiten. Seine Gesinnung gegenüber betrieblicher Entfremdung ist eher moderat.

Gutenberg erwähnt eine Reihe subjektiver Komponenten industrieller Arbeit. So gibt es Arbeiten, die sehr stark von technischen Interessen ausgehen. Entfremdete Strukturen können durch Gruppenbeziehungen kompensiert werden. Positive Einstellungen können dadurch entstehen, daß der Arbeiter seine Arbeit gut und verantwortungsbewußt erledigt. So kann ein Buchhalter seine Arbeit intensiv erledigen, obwohl er die subjektiven Hintergründe der Geschäftsvorfälle nicht kennt. Hierarchien verkomplizieren das Verhältnis des Einzelnen zu seiner Arbeit. Anordnungen im Befehlston rufen in der heutigen Zeit eher Ablehnung und Widerstand hervor.

Gutenbergs Äußerungen zu den subjektiven Bedingungen des "Elementarfaktors Arbeit" beruhen auf einem schlichten Menschenbild, das vordergründig nach betrieblichen Leistungskomponenten fragt. Es werden ein paar allgemeine Sätze aus einer "Menschenpsychologie" zusammengetragen gepaart mit industriesoziologischen Überlegungen aus den fünfziger Jahren. Nicht die Mündigkeit des Arbeiters steht im Vordergrund, sondern das Verhältnis von betrieblichen Arbeitsverrichtungen und subjektiven Eignungstypen.

Gutenbergs Beitrag zur Betriebswirtschaftslehre besteht deswegen auch nicht in der Aufzählung dieser subjektiven Faktoren, sondern vor allem in der Erweiterung der "Produktionsfaktorenlehre" durch den dispositiven Faktor. Die Entfaltungsmöglichkeiten des Produktionsfaktors Arbeit werden als nicht sehr groß angesehen. Das geistige Potential der Arbeit wird entweder nicht berücksichtigt oder vom dispositiven Faktor übernommen. Der dispositive Faktor trägt im wesentlichen die unternehmerischen Entscheidungen. Man könnte diesen Sachverhalt mit der Enteignung der Arbeit umschreiben.

Gutenberg sieht den dispositiven Faktor als Motor des Betriebsgeschehens. Die Unternehmensführung muß die rationalen Planungs- und Entscheidungsinstrumente nutzen und muß über Gestaltungswille und -kompetenz verfügen. Die eigentliche Fähigkeit liegt jedoch im Irrationalen. Die Unternehmensführung braucht wirtschaftliches und gesellschaftliches Gespür und vorausschauende Überlegungen. "Dennoch finden sich in jeder Anordnung, in jeder Entscheidung, die die Geschäftsleitung trifft, Momente, die rational nicht weiter faßbar sind, weil sie aus der Individualität derjenigen stammen, die zu entscheiden haben. Hierin liegt das Geheimnis richtiger Entscheidungen

(Gutenberg 1968, S. 130). Über dieses Geheimnis wird der Leser nicht weiter aufgeklärt. Gutenberg benennt nur das Irrationale als wesentliches Merkmal des dispositiven Faktors. Eine konkrete Charakterisierung dieser Quelle wird nicht geleistet, sie ist vielleicht auch nicht leistbar.

Gutenberg (vgl. 1968, S. 139) entwickelt einen Katalog mit fünf Arten echter Führungsentscheidungen:

a) Festlegung der Unternehmenspolitik auf weite Sicht,
b) Koordinierung der großen betrieblichen Teilbereiche,
c) Beseitigung von ungewöhnlichen Störungen im laufenden Betriebsprozeß,
d) Geschäftliche Maßnahmen von außergewöhnlicher betrieblicher Bedeutung
e) Besetzung der Führungsstellen im Unternehmen.

Gutenberg spaltet quasi die Menschen in zwei faktorielle Bereiche. Der Faktor Arbeit hat objektbezogen gemäß seiner Eignung zu arbeiten und der dispositive Faktor trägt höhere betriebliche Verantwortung und hat mit Weitsicht das Unternehmen zu lenken. Der dispositive Faktor muß vor allem seine intellektuellen und organisatorischen Fähigkeiten in den Betrieb einbringen. Er verzichtet auf die manuellen Begabungen. Beim Faktor Arbeit ist es umgekehrt.

Gutenberg stützt sich in seiner Theorie des dispositiven Faktors nur zum Teil auf die wissenschaftliche Betriebsführung von Frederik Winslow Taylor. Er kritisiert an Taylor seine mangelnde soziale und psychologische Sensiblität. Trotzdem sieht Gutenberg in Taylor die Grundlegung einer modernen Betriebsführung. Diese Orientierung Gutenbergs ist nicht überraschend, da er kein eigenes Menschenbild entwickelt und sich um grundlegende Wesensbestimmungen des Menschen wenig eigene Gedanken gebildet hat. So bleibt bei Gutenberg sowohl der Begriff der Irrationalität als auch die Rationalität des Menschen ohne philosophische Fundierung.

A | Gutenberg:

Dispositiver Faktor	Handeln aus Intuition und Irrationalität	Hierarchie-Prinzip
Belegschaft	Ausführende Handlungen der Belegschaft	

B | Ganzheitliches Management – Hans Ulrich:

– Vernetztes Denken
– Systemischer Ansatz
– Handeln unter Unsicherheit
– Komplexität
– Ordnung von Systemen
– Lenkung von Systemen

C | Identitätsorientierte Menschenführung – Meyer-Faje:

Identität aller Mitarbeiter
Handeln aus Einsicht
Demokratische Zielfindung
Sachgerechtigkeit
Menschengerechtigkeit

2. Ganzheitliches Management

Das neue Denken soll nach Ansicht der Autoren auf der Systemtheorie und der Ökologie aufgebaut werden. Die Systemtheorie könne möglichst alle Aspekte berücksichten, die Ökologie sei der Garant für die Thematisierung des Lebendigen.

Die Autoren gehen nicht von aktuellen Managementproblemen aus, sondern vom ganzheitlichen Denken. Ihre idealistische Theorie beruht auf sieben Bausteinen ganzheitlicher Denkungsart:

a) Das Ganze und die Teile

Mit einer systemischen Betrachtungsweise wird versucht, soziale und ökonomische Prozesse zu bestimmen. Danach ist ein System ein aus Teilen bestehendes Ganzes. In der Praxis muß die Dynamik noch berücksichtigt werden, so daß die Autoren von dynamischen Systemen ausgehen. Das Gesamtsystem ist das Ergebnis des Zusammenwirkens von vielen miteinander verbundenen Teilen. "Ein System ist ein dynamisches Ganzes, das als solches bestimmte Eigenschaften und Verhaltensweisen besitzt. Es besteht aus Teilen, die so miteinander verknüpft sind, daß kein Teil unabhängig ist von anderen Teilen und das Verhalten des Ganzen beeinflußt wird vom Zusammenwirken aller Teile" (Ulrich 1991, S. 30). Die Systeme werden bestimmt durch die menschliche Wahrnehmung. Sie sind nicht neutral vorgegeben durch die Dingwelt. Komplexe ökonomische und soziale Zusammenhänge werden von verschiedenen Menschen je nach Motivation, Erfahrung und Interesse erlebt und theoretisch verarbeitet. Auch der einzelne Mensch kann seine Betrachtungsweise ändern und die Dinge unterschiedlich betrachten.

Eine ausführliche Wahrnehmungslehre wird von den Autoren nicht entwickelt. Hier wäre es notwendig gewesen, Ergebnisse der phänomenologischen Betrachtungsweise anzuführen. Die Frage zu stellen, ob es eine wissenschaftliche, also objektive Betrachtungsweise und Bestimmbarkeit von Systemen gibt und wie sie entwickelt werden könnte. Es ist allerdings wahrscheinlich, daß es zu einzelnen Systmen mehrere überschaubare und in sich konsistente Interpretationen je nach Weltanschauung, Wertung und Ausbildung und Schulung der Wahrnehmung geben kann. Es geht dabei nicht nur um eine kognitive Aktivität, sondern um die Entwicklung der menschlichen Sinne einschließlich der höheren Sinne wie: Lebenssinn, Gleichgewichtssinn, Ich-Sinn etc. Nur der ganzheitliche Mensch kann eine adäquate Wahrnehmung vornehmen. Die Außenwelt bleibt dabei nicht neutral, sondern wird in einem Wechselprozeß erarbeitet und ständig neu gesehen und gestaltet.

Die Betrachtungsweise wird abgerundet durch das menschliche Denken. Es strukturiert die Wahrnehmung und verleiht den Dingen ihre Bedeutung. Die menschliche Denkungsart macht die Ganzheit erst möglich, sie wertet und setzt neue Ziele. Damit wird das Detail und das Ganze neu geschaffen zunächst nur in der Theorie. Aber sie hat ja nur einen Sinn, wenn ständig die Wahrnehmung und das Denken praktiziert werden und die Systeme durch menschliche Handlungen gestaltet werden. Damit ist den Autoren Ulrich und Probst nicht zuzustimmen, wenn sie davon ausgehen, daß die Eigenschaften eines Systems nicht bloß die Summe der Eigenschaften seiner Teile sind, daß es synergetische Effekte gibt. Die synergetischen Effekte kommen vielmehr dadurch zustande, daß der Mensch durch seine Wahrnehmung und durch sein Denken den Dingen einen Wert entlockt bzw. Werte in adäquater Weise zusetzt.

Dadurch werden die Dinge nicht umdefiniert, sondern eher im Gegenteil ganzheitlich bearbeitbar und dynamisch interpretiert. Der Mensch bleibt dabei kein statisches Wesen, sondern entwickelt sich im Prozeß. Insofern sind nicht nur die Grenzen des Systems gegenüber seiner Umwelt etwas nicht Gegebenes, sondern das gesamte System selbst.

Die Autoren Ulrich und Probst rücken zu Recht die Ganzheit in den Mittelpunkt ihrer Betrachtung. Sie explizieren allerdings nicht ihre Wahrnehmungslehre und vernachlässigen sehr wahrscheinlich die ideellen Sinne des Menschen und blenden die Qualität des menschlichen Denkens aus. Begriffe sind eben nicht nur Denkwerkzeuge, einfache handwerkliche Hilfsmittel, sondern ganz entscheidende Kategorien der Realität, die eine vorgegebene Werthaftigkeit entweder enthalten oder von Menschen verliehen bekommen. So ist auch der Systembegriff genauso wie der Klassen- oder Organismusbegriff nicht wertneutral. Der Wissenschaftler kann soziale und ökonomische Probleme als systemische Fragen oder als gesellschaftliche Probleme oder als Fragen sozialer Organismen begreifen. So kommt er dann zu einer Ganzheitsbetrachtung oder Klassenanalyse oder einer Theorie des sozialen Organismus, zu völlig unterschiedlichen Betrachtungsweisen, Ergebnissen und Handlungsvollzügen. Dieses erkenntnistheoretische Paradox kann als Eigenschaft des Menschseins angesehen werden.

b) Vernetztheit

Die Autoren Ulrich und Probst gehen davon aus, daß moderne Probleme miteinander verbunden sind. Meist gehen wir von einer monokausalen Erklärung aus, d.h. ein Tatbestand wird auf eine Ursache zurückgeführt. Im Gegensatz dazu gehen die Autoren davon aus, daß wir oft die Ursache nicht wissen, daß es mehrere Ursachen gibt und daß eine Vielzahl von Wirkungen möglich sind. Komplizierte dynamische Ganzheiten bestehen demnach aus einer Mehrzahl von miteinander verknüpften und aufeinander einwirkender Regelkreise. Regelkreis und Netzwerk sind die Begriffe, um nach Ulrich und Probst die Prozesse adäquat zu beschreiben. "Grundvorstellung eines Netzwerkes ist der *Kreis*. Im Unterschied zur Kausalkette hat der Kreis keinen Anfang und kein Ende. Dynamisch gesehen wirkt in einem kreisförmigen Prozeß die Veränderung eines Elementes auf das nächste ein, dieses wiederum auf das folgende, und wird der Prozeß nicht aus einem Grunde abgebrochen, so wird das Element, von dem die Bewegung ausgegangen ist, selbst wieder verändert, was wiederum zu einem weiteren Kreis führen kann und so fort" (Ulrich 1991, S. 40).

Als Beispiel für vernetzte Prozesse erwähnen die Autoren das Gespräch. Hier finden ständige Wechselwirkungen statt, aktuelle Reaktionen, einmalige Situationen, gleichgerichtete und entgegengerichtete Beziehungen. Die Reaktionen ergeben sich aus dem Prozeß und sind vorher nicht erfaßbar.

Gegenüber monokausalen, starren Ablaufschemen der Organisationslehre ist der Gedanke der Vernetztheit sozialer und ökonomischer Prozesse sicherlich wichtig.

Doch bleibt sowohl das Ablaufschema als auch der Regelkreis in einer formalen Betrachtung. Der Regelkreis ist eher ein Hilfsmittel für technische Prozesse, Heizungssysteme, Verteilungssysteme etc. aber nicht geeignet zur Erfassung lebendiger Prozesse. Das Regelkreisdenken muß sogar gezwungenermaßen lebendige Prozesse, Sprünge, Neuerungen etc. mehr oder minder mechanisieren, um sich zu konstituieren. Der Regelkreis vernachlässigt, daß menschliche Ideen und

Handlungen stets neue Regelkreise produzieren und transformieren. Er erinnert uns allerdings zu Recht daran, daß die Dinge miteinander verknüpft sind.

c) Das System und seine Umwelt

Die Autoren Ulrich/Probst bestimmen die Unternehmen nicht einfach aus dem Marktgeschehen, sondern in ihrem Verhältnis zur sozialen Umwelt. Damit begreifen sie die Unternehmung als ein *offenes* System. Das Unternehmen beeinflußt die Umwelt und diese wiederum das Unternehmen. Es handelt sich also nicht um ein einfaches Input-Output-Modell, sondern um ein interaktives System-Umwelt-Modell. Es werden Erkenntnisse aus der Biologie auf das Unternehmen übertragen. "Offenheit bewirkt also, daß ein System nie vollständig unabhängig ist und sein Verhalten nicht völlig autonom bestimmen kann. Diese *Umweltabhängigkeit* hat in der Evolutionstheorie zur Vorstellung der *Anpassung* natürliche Systeme an ihre Umwelt als Bedingung für ihr Überleben geführt. Danach sorgt die natürliche Evolution durch Selektion dafür, daß nur ihrer Umwelt angepaßte Arten am Leben bleiben. Nach dem Gesagten ist es jedoch notwendig, diesen Vorgang nicht einseitig zu sehen, sondern als zirkulären Vorgang, durch welchen System und Umwelt sich *gegenseitig* aneinander 'anpassen'" (Ulrich 1991, S. 51).

Das System kann demnach nur hinreichend erkannt werden, wenn diese Offenheit beobachtet und analysiert wird. Ein Unternehmen ist deswegen nur beschränkt autonom, weil es in die Gesellschaft eingebettet ist. Es geht also nicht nur um einen abgeschlossenen Marktsektor, sondern auch um staats- und regionalpolitische Fragen, Einhaltung von Regeln von Anstand und Sitte, Lebensqualität, Unterstützung von Drittweltländern. Das Unternehmen als zweckgerichtetes, soziales System hat in der Gesellschaft bestimmte Funktionen zu erfüllen. Es ist damit als Teil eines umfassenden Systems abhängig von der Akzeptierung durch die Gesellschaft. Somit muß sich das Unternehmen in die Werte der Gesellschaft einpassen. Es kann aber wieder die Werte der Gesellschaft selbst beeinflussen.

Die Autoren Ulrich/Probst verzichten auf eine Gleichgewichtsanalyse. Sie stellen nicht die Frage, wie stark das ökonomische System unser gesellschaftliches Gesamtsystem bestimmt. Zur Zeit besteht die Gefahr, daß das ökonomische System das Gleichgewicht mit Politik, Recht, Bildung und Wissenschaft belastet zugunsten der Ökonomie.

Politische, rechtliche und soziale Fragen insgesamt werden zunehmend ökonomisiert. Über eine Begrenzung und Bestimmung des ökonomischen Systems in der gesellschaftlichen Ganzheit müßte neu nachgedacht werden. In diesem Sinne sind die Autoren theoretisch inkonsequent, sie vernachlässigen die gesellschaftliche Ganzheit und die Bestimmung des ökonomischen Systems als Subsystem.

d) Komplexität

Systeme haben nach Ulrich/Probst die Eigenschaft, nicht trivial zu funktionieren wie eine Maschine, sondern ständig ihre Struktur zu ändern. Systeme zeichnen sich also durch Komplexität aus. Sie ist die Fähigkeit eines Systems, in kurzen Zeitintervallen eine Vielzahl von Zuständen annehmen zu können. Komplexe Systeme sind demnach nicht planbar, berechenbar und voraussehbar. Sie weisen allerdings bestimmbare Verhaltensmuster auf. Das System benötigt die Komplexität um überleben zu können. " *Ökologische und soziale Systeme sind also notwendigerweise nicht-triviale, komplexe Systeme.* Nur wenn wir diesen Tatbestand anerkennen, können wir lernen, gedanklich und faktisch vernünftig mit ihnen umzugehen. Dies bedeutet in erster Linie, daß wir es aufgeben, genaue Prognosen über den Zustand solcher Systeme in einem zukünftigen Zeitpunkt machen zu wollen, und daß wir auch die Illusion aufgeben, ein solches System vollständig unter Kontrolle halten zu können. Das heißt, daß wir den Glauben aufgeben, alles sei nach unserem Willen machbar, wenn wir uns nur genug Mühe geben. Wir müssen aber lernen, mit Komplexität von Natur und Gesellschaft zu leben" (Ulrich 1991, S. 62).

Da der Mensch Teil des Systems ist, kann er seine Regeln erkennen und beeinflussen. Er muß die Komplexität akzeptieren, kann sie aber möglicherweise reduzieren. Eine Komplexitätsreduktion kann zu einer besseren Problembewältigung führen. Aber auch das Gegenteil ist nach Ulrich/Probst möglich. Durch Komplexitätserhöhung - z.B. neue Innovationen - können Engpässe überwunden werden. "Komplexitätsreduzierende Maßnahmen sind richtig, wenn es um rationelle und sichere Erreichung bekannter Ziele auf bekannten Wegen geht, aber falsch, wenn es darum geht, nach neuen Zielen und Wegen zu suchen" (Ulrich 1991, S. 63). Die Komplexitätsbewältigung umfaßt aber sowohl Maßnahmen der Komplexitätsreduktion wie auch der -erhöhung.

Die Autoren argumentieren hier einseitig. Die ökonomischen und sozialen Probleme weisen zwar immer eine Komplexität, aber auch eine Einfachheit aus. Beide Momente müssen in einer ganzheitlichen Betrachtung gesehen werden. So hat beispielsweise die Ökonomie die einfache Aufgabe, Waren und Dienstleistungen zu produzieren und zu verteilen. Diese Tätigkeit wird seit Jahrhunderten ausgeübt und kann auch mit dem Begriff der Trivialität umschrieben werden. Viele Dinge sind dabei erkannt und erprobt und müssen gesellschaftlich und individuell weitervermittelt werden. In der Ökonomie handelt es sich um vielfach bekannte Produktionsverfahren, Kostenprobleme, Steuerfragen usw. Probleme, die auch mit einfachen geistigen Leistungen zu organisieren und zu regeln sind. Dieser Pol der Ganzheit wird von Ulrich/Probst im Kapitel Komplexität nicht erwähnt. Aber es gibt nur eine Komplexität, wenn es auch eine Trivialität gibt.

e) Ordnung

Ulrich/Probst betonen nicht nur die Komplexität und Nichtvorhersagbarkeit von Systemen, sondern arbeiten auch den Ordnungsgedanken heraus. In Systeme existieren Regeln, Verhaltensweisen und Muster. Diese sind entweder dem Prozeß immanent, können aber auch dem Prozeß eingegeben werden. "Ordnung ist also nicht nur Struktur. Sicher ist dies *eine* Form eines Ordnungsmusters. Der strukturelle Aufbau eines Systems, das Netzwerk, das wir aufgezeichnet haben, erscheint uns als *eine* Ordnung. In Organigrammen, Funktionendiagrammen, Stellenbeschreibungen, Bauplänen, Ablaufdiagrammen, Entscheidungsbäumen, Vorschriften usw. halten wir jeweils ein strukturelles Ordnungsmuster fest. Diese Strukturen sind wesentlich und führen zur Wahrnehmung von Ordnungsmustern, je mehr Sinn sie für uns machen. Wir können damit etwas einordnen" (Ulrich 1991, S. 70).

Nach Ulrich/Probst schränken die Ordnungen die *Freiheit* ein. Der einzelne muß sich innerhalb von Regeln bewegen. Die Autoren behaupten nicht nur die Existenz von materiellen Ordnungsmustern, sondern auch von kulturellen und geistigen Ordnungen, von Wert- und Sinnstrukturen. "Es sind also auch geistige Muster vorhanden, die mit der materiellen Ebene einhergehen müssen. Die geistig-sinnhaften Muster unterstützen und legitimieren gewissermaßen die Muster einer materiellen Ebene" (Ulrich 1991, S.72).

Ordnung kann auf vielfache Weise entstehen. Sie kann im System selbst angelegt sein, sie kann von außen in das System eingebracht werden. Ordnung strukturiert Komplexität. Aus diesem Grunde ist es wichtig, daß soziale Systeme regelgeleitet sind, damit sich die Menschen darin zurecht finden. Ordnungsmuster ermöglichen außerdem Vorhersagen.

Die Ordnung in der materiellen Ebene und auf geistigem Gebiet wird von den Autoren nur angedacht. Es fehlt ein Hinweis auf die Strukturierung des geistigen Bereiches. Bekanntermaßen weht der Geist, wo er will und bewegt sich jenseits von Ordnungsmustern im Bereich der Freiheit. Die Freiheit wird von Ulrich/Probst nur als existent aber jenseits der Ordnung begriffen. Zunächst brauchen wir nach den Autoren Ordnung, sie schränkt die Freiheit ein. Eine geistige Freiheit, die Ordnungen schafft, wird nur angedeutet, nicht begründet. Nach Ulrich/Probst können Muster auch vom Menschen entworfen werden. Hier wäre ein Freiheitsmoment zu vermuten: Der Mensch, der sich selbst die Ordnung baut. Die Möglichkeit einer solchen Ordnung hängt wohl von der Bestimmung konkurrierender, freier Ordnungssysteme ab.

f) Lenkung

Dynamische Systeme verändern sich ständig, sie müssen kontrolliert werden. Dies bezeichnen Ulrich/Probst als Lenkung; wobei sie von einer immanenten Lenkung ausgehen. Ökosysteme enthalten danach eine Fähigkeit, sich selbst ins Gleichgewicht zu bringen. Hier greifen die Autoren wieder auf die Kybernetik zurück und unterscheiden zwischen steuern und regeln. Steuerung ist dabei eine informelle Anweisung an ein System, sich in einer bestimmten Weise zu verhalten. Regelung ist eine informelle Rückkoppelung einer Abweichung von einem gewünschten Ziel. Die Autoren unterscheiden hier zwischen technischen, biologischen und sozialen Systemen. Die menschlichen Systeme haben die Besonderheit der menschlichen Kreativität. "Menschen umfassende *soziale Systeme* zeichnen sich gegenüber technischen und ökologischen Systemen durch die Fähigkeit aus, *aus eigenem Willen* neue Eigenschaften zu entwickeln und sich selbst gewollt zu ändern. Sie können sich bewußt Ziele setzen und diese verändern. Sie sind nicht auf das Lernen durch den Vollzug von Versuch-Irrtum-Prozessen in der realen Welt angewiesen, sondern können solche Prozesse gedanklich simulieren. Sie können sich selbst in Frage stellen und bewußt das eigene System verändern und bewußt handelnd in ihre Umwelt eingreifen" (Ulrich 1991, S. 87).

Soziale Systeme werden von Ideen, Normen und Werten gelenkt, die von Menschen gesetzt sind. Unternehmen, Schulen, Krankenhäuser etc. sollen nicht einfach funktionieren wie technische Systeme, sondern sinnvollen Zwecken dienen. Soziale Systeme verhalten sich nicht von Natur aus human, sondern benötigen eine spezifische Zielsetzung. "Wir können auch sagen, daß der Fähigkeit zur Selbstorganisation und Selbstlenkung in solchen Systemen Grenzen gesetzt werden müssen, damit sie den Anforderungen entsprechen, die jeweils von Menschen innerhalb und außerhalb des Systems gestellt werden" (Ulrich 1991, S. 87).

g) Entwicklung

Soziale Systeme stehen in einer Wechselbeziehung zu ihrer Umwelt, sie sind lern- und entwicklungsfähig. Technische Systeme laufen immer nach dem gleichen Schema ab, dies gilt nicht für menschliche Systeme. Biologische Systeme sind zwar auch lernfähig, sie haben aber eine andere Zielbestimmung, nämlich Überleben, beim Menschen geht es um ein "gelungenes" Leben. Entwicklung heißt nicht einfach nur Wachstum, da es meist als nur eine mengenmäßige Zunahme verstanden wird. "Entwicklung hat mit der Fähigkeit zu tun, sich neues Wissen und Können anzueignen, neue Möglichkeiten absichtsgeleitet zu nutzen, neue Wünsche und Befürfnisse zu entdecken und aufzugreifen, den Ressourcenverbrauch zu mindern und das Angebot an Ressourcen sinnvoll auf neue Art zu nutzen. Entwicklung bedeutet auch, daß noch nicht dagewesene Eigenschaften, Fähigkeiten und Beziehungen entstehen, geschaffen oder integriert werden" (Ulrich 1991, S. 91). Entwicklung schließt nach Ulrich/Probst qualitative Aspekte mit ein. Fragen nach dem Sinn, der Ästhetik und Ethik gehören in diesen Bereich. Entwicklung hängt deswegen auch mit Reflektion und Hinterfragen, mit Lernen zusammen. Entwicklung gibt es nur in sich selbstorganisierenden Systemen, insofern nur in sozialen Systemen, nicht in technologischen und biologischen Systemen. Zu den Faktoren eines positiven Entwicklungsfeldes gehören (vgl. Ulrich 1991, S. 94):

- phänomenologische Betrachtungsweise
- Offenheit des Systems
- Förderung der Interaktionen

- Erkennen von Chancen und Möglichkeiten
- Hinterfragen der materiellen und geistigen Strukturen.

Lernen können nicht nur Individuen, sondern auch Institutionen. Wobei der Mensch freiwillig die Dinge entdecken muß. Lernen kann nicht gemacht werden. Der Mensch ist wie die Welt und die gesellschaftlichen Institutionen auch eine Ganzheit. Er ist selbst eine Ganzheit, Teil der Natur und Teil von kulturellen Ganzheiten, ein Wesen mit eigenen Zielen, Aufgaben und eigener Sinngebung.

3. Identitätsorientierte Menschenführung

Arnold Meyer Faje, Professor für Betriebswirtschaftslehre an der Hochschule Bremerhaven, stellt in seiner Managementlehre (1990) in Anlehnung an die ganzheitliche Betrachtung von Hans Ulrich die Entwicklung der Identität der Mitarbeiter in den Vordergrund. Sein Menschenbild beruht, wie bei Ulrich, auf den Vorstellungen der Sinnlehre von Viktor E. Frankl sowie auf rollentheoretischen und psychologischen Überlegungen. Meyer-Faje begründet zwar seine identitätsorientierte Menschenführung auch aus Wettbewerbspolitischen Notwendigkeiten, doch sein eigentliches Anliegen könnte man als humanistische Grundhaltung bezeichnen. "Zeigt doch die empirisch begründete Quintessenz: *ökonomisch erfolgreiches Handeln als frei bejahtes, sinnerfülltes Handeln auf allen Ebenen und in allen Bereichen* einer Unternehmung, daß eher die wirtschaftsethische als die unternehmenskulturelle Betrachtungsweise geeignet zu sein scheint, ökonomisch-lebensweltliche Sinnzusammenhänge in ihrer eigentlichen Bedeutung überhaupt wahrzunehmen und *jenseits von Macher-Illusionen* betriebswirtschaftlich wie human existentiell gleich bedeutsame Bewußtseinsprozesse einzuleiten" (Meyer-Faje 1990, S.7). Meyer-Faje grenzt sich also von oberflächlichen unternehmenskulturellen Aspekten ab und betont die human existentiellen Bewußtseinsprozesse. Er will quasi Ökonomie und Humanität miteinander versöhnen und sieht dies auch als einziges wirklichkeitsgemäßes Konzept an.

So stellen auch im Zuge des Wertewandels die Mitarbeiter neue Ansprüche an die berufliche Tätigkeit. Kreativität und Improvisationsfähigkeit verlangt sowohl der ökonomische Prozeß als auch der Mitarbeiter. Doch sind die beiden Begriffe für die Ökonomie und die Mitarbeiter nicht immer deckungsgleich, nur im Idealfall fallen sie zusammen.

Meyer-Faje begreift somit die Betriebswirtschaftslehre, besonders die Managementlehre, nicht einfach als verdinglichte Produktionsfaktorentheorie, sondern als Menschenführung. Er faßt Führung als systemische Integrationsfunktion auf. "Die konstituierenden Elemente eines sozialen Systems sind Menschen. Zumindest im westlichen Kulturkreis besteht das Entfaltungsleitbild des Einzelnen zu möglichst entwickelter Individualität. Daraus folgt, daß jeder Mensch im Rahmen übergeordneter gesellschaftlicher Normen sich seine eigenen Lebensziele setzt und seine eigene Lebensauffassung entwickelt" (Meyer-Faje 1990, S. 13).

Der Mensch ist also ein ganzheitliches, soziales Wesen, das seine Ideen und Normen frei setzen kann. Damit gehören Zielsetzung, Normendiskussion und Zielintegration zu wichtigen Elementen der Mitarbeiterführung. Kommunikation, Motivation und Autorität bilden die expliziten Führungsfaktoren.

Meyer-Faje betont, daß ein Mitarbeiter auch "personale Eigenleistungen" erbringen muß, wenn eine sinnvolle Menschenführung erreicht werden soll. Der Mitarbeiter muß über Werte und Normen verfügen und ein Interesse daran haben, diese einzubringen. Die Fähigkeit zur Selbststeuerung und zum situationsadäquaten, eigenverantwortlichen Handeln gehören hierzu. Selbstidentifikation kann nicht von außen den Mitarbeiter aufgezwungen werden, sondern muß von jedem Mitarbeiter innerlich selbst aufgebaut werden. "Selbstidentifikation mit einer Aufgabe wäre jedem Menschen zu wünschen, also auch in einem Betrieb für jeden Mitarbeiter wünschenswert. In besonderer Weise hängt aber der Wert des *Führungspotentials* einer Unternehmung *von dem Grad realisierter Selbstidentifikation* ab" (Meyer-Faje 1990, S. 49/50).

Die Untersuchung von Meyer-Faje kommt zu dem Ergebnis, daß die Begriffe Selbstidentität bzw. Ich-Identität Schlüsselbegriffe des Management im wissenschaftlichen Sinne sind. Meyer-Faje entwickelt seinen Identitätsbegriff aus der Soziologie, Psychologie und Philosophie, aus Rollentheorie, Verhaltenstheorie, Psychoanalyse sowie Sinnphilosophie. Als identitätsfördernde Fähigkeiten werden Rollendistanz, Role taking und Empathie, Ambiguitätstoleranz sowie Identitätsdarstellung erläutert. Eine berufliche und soziale Rolle einnehmen, Normen reflektieren können, Einfühlungsvermögen in andere Menschen, Konfliktfähigkeit sowie die Fähigkeit und den Mut haben, zu seiner Rolle sich positiv darzustellen, sind Merkmale für Identitätsbildung. Oder anders ausgedrückt: Einssein von Personen mit sich selbst, konsistentes Sichdurchhalten- und Sichabheben-Wollen kennzeichnen Identitätsprozesse. Meyer-Faje weist auf den Sinntheoretiker Viktor E. Frankl hin, der davon ausgeht, daß der Einzelne seinen Sinn selber suchen und finden muß.

Meyer-Faje versucht, nun sein Identitätskonzept in der Führungslehre zu implementieren. Er begründet dies außerdem mit neuen Herausforderungen an die Unternehmen und mit dem Wandel der Betriebstrukturen. Er nennt folgende neuen Herausforderungen an das Management (vgl. Meyer-Faje 1990, S. 74):
- Härterer internationaler Wettbewerb, vor allem auf der Qualitätsebene
- Wachsende Komplexität und Dynamik
- Notwendigkeit von Produkt- und Kulturinnovationen
- Wertewandel
- Betrieb als lebenslange Lernveranstaltung
  - Kreativität und Flexibilität.Auch haben sich nach Meyer-Faje die Betriebsstrukturen verändert. Während früher lineares Denken, Starrheit, Hierarchie und Arbeitsteilung im Vordergrund standen, sind heute eher ganzheitliches Denken, Flexibilität, Partnerschaft und Kooperation erwünscht. Selbstidentifikation heißt somit Lernfähigkeit sowohl bei charakterlichen als auch bei fachlichen Eigenschaften, Selbststeuerung sowie die Fähigkeit, situationsadäquat eigenverantwortlich zu handeln. Meyer-Faje entwickelt neun Prinzipien identitätsorientierter Führung (vgl. Meyer-Faje 1990, S. 79):

1) Trenne sauber zwischen menschenorientierten und sachorientierten betrieblichen Maßnahmen.
2) Berücksichtige die physiologischen, psychologischen, sozialen und ethischen Aspekte des Menschengemäßen.
3) In den erfolgreichen Unternehmungen sind, soweit aktionsrelevant, Mitarbeiteridentität und Unternehmungsidentität deckungsgleich.
4) Der kontinuierliche Zieldiskurs stellt *inhaltlich* die Hauptdimension dar, innerhalb derer sich die Identität realisiert.
5) Die frei bejahte Verantwortung stellt *sinnhaft* die Hauptdimension dar, innerhalb derer sich die Identifikation realisiert.

6) Interaktion stellt *sozialpsychologisch* die Hauptdimension dar, innerhalb derer sich Identität/Identifikation realisieren.

7) Vermeide interaktionistischen Reduktionsmus.

8) Soziale Symmetrie ist die erste Grundvoraussetzung (Bedingung) für erfolgreiche Selbstidentifikation.

9) Dauerflexibilisierung ist die zweite Grundvoraussetzung (Bedingung) für erfolgreiche Selbstidentifikation.

Meyer-Faje will mittels dieser neuen Prinzipien dazu beitragen, daß die Betriebswirtschaftslehre eine Einheit findet von *Sachgerechtigkeit* und *Menschengerechtigkeit*, daß eine lebenspraktische Vernunft die wissenschaftlichen Fragen anleitet. Er hat aufgezeigt, daß es dringend geboten ist, über identitätsorientiertes und ganzheitliches Management nachzudenken.

Literatur

Gutenberg, Erich, Grundlagen der Betriebswirtschaftslehre, Erster Band, Die Produktion, 14. Aufl., Berlin/Heidelberg/New York 1968

Remplein, Heinz, Psychologie der Persönlichkeit, 4. Aufl., München/Basel 1963

Meyer-Faje, Arnold, Identitätsorientierte Menschenführung, Bern/Stuttgrt 1990

Ulrich, Hans - Probst, Gilbert, Anleitung zum ganzheitlichen Denken und Handeln. Ein Brevier für Führungskräfte, 3. Aufl., Bern/Stuttgart 1991

XIV. DAS INFORMATIONSTHEORETISCHE ARGUMENT: HUBERT L. DREYFUS

Hubert L. Dreyfus hat in seinem Buch "Was Computer nicht können" mit Hilfe seines Menschenbildes die Grenzen künstlicher Intelligenz aufgezeigt. Er unterstellt der KI-Forschung, daß sie davon ausgehe, daß der Mensch ein Apparat sei, der regelgeleitet mit Daten rechnet, die die Form von atomaren Tatsachen haben (vgl. Dreyfus 1989, S. 179). Aufgrund dieses bornierten Menschenbildes könne überhaupt erst die These in die Welt gesetzt worden sein, menschliche Intelligenz maschinell zu simulieren.

Dreyfus beruft sich in seiner Kritik an den anthropologischen Voraussetzungen der KI-Forschung auf die phänomenologische Methode, wie sie u.a. von Heidegger und Merleau-Ponty ausgearbeitet wurde. Dreyfus betont vor allem die Körperlichkeit und damit die Lebendigkeit des Menschen, die niemals künstlich abgebildet werden kann. "Die Anhänger der psychologischen und erkenntnistheoretischen Annahmen gehen davon aus, daß menschliches Verhalten als heuristisches Programm für einen Digitalcomputer formulierbar sein muß. Sie sind gezwungen, eine Theorie des intelligenten Verhaltens zu entwickeln, ohne auf die Tatsache zurückzugreifen, daß der Mensch einen Körper hat - denn der Computer besitzt, zumindest auf der gegenwärtigen Entwicklungsstufe, offenkundig keinen. Mit der Idee, daß man getrost vom Körper absehen könne, folgen diese Denker der Tradition, die von Platon bis Descartes den Körper als etwas betrachtete, das der Intelligenz und der Vernunft im Wege steht, anstatt ihn als unverzichtbar anzusehen" (Dreyfus 1989, S. 183).

Dreyfus kann allerdings in seiner Studie die allgemeine Selbstverständlichkeit von der körperlichen Existenz des Menschen nicht konkretisieren. Die Frage, was heißt Lebendigkeit, wird nicht ausgeführt. Seine weitere Beweisführung bezieht sich im weiteren auf Beispiele einer phänomenologischen Wahrnehmungslehre, die über die Körperlichkeit weit hinausgeht. Dreyfus weist dabei zu Recht darauf hin, daß der Mensch nicht isolierte Daten, wie dies die KI-Forschung annehmen muß, wahrnimmt, sondern immer Zusammenhänge, die in sich bereits gewertet sind. Das heißt auch,

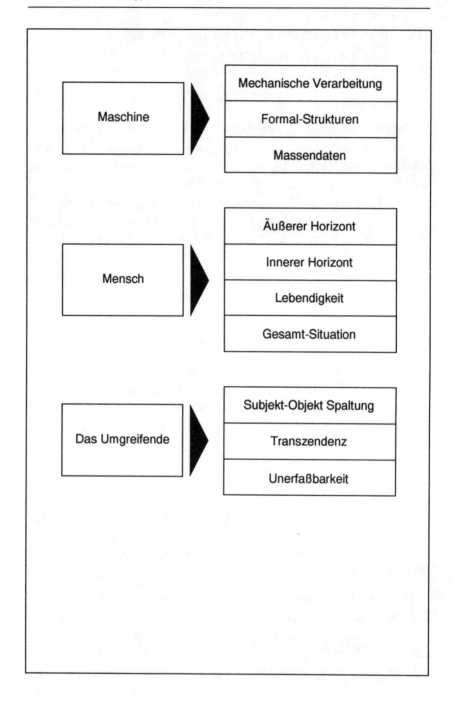

daß die gesamte Bedeutung eines Satzes oder einer Melodie den Wert bestimmt, der den einzelnen Elementen zuzuschreiben ist. In Anlehnung an Husserl spricht Dreyfus vom äußeren und inneren Horizont der Wahrnehmung.

Unter dem äußeren Horizont versteht die phänomenologische Methode die Hintergründe des Geschehens, den Gesamtzusammenhang. Der innere Horizont meint die konkrete Struktur und innere Logik des Objektes selber. "Dieses Fehlen von Horizonten ist der entscheidende Unterschied zwischen einem Bild im Film oder im Fernsehen und derselben Szene, wie sie von einem Menschen erfahren würde" (Dreyfus 1989, S. 190).

Die menschliche Wahrnehmung verspürt einen Sinn für die gesamte Situation, für den äußeren Horizont und unsere historische Erfahrung mit dem Gegenstand, für den inneren Horizont. Eine maschinelle Verarbeitung muß immer von diesen Horizonten abstrahieren und setzt die Dinge wahllos und willkürlich zusammen. Deswegen können wir mit Dreyfus feststellen: "Das Erkennen von Strukturen fällt einem Digitalcomputer verhältnismäßig leicht, wenn wenige spezifische Merkmale die Struktur festlegen.

Komplexe Strukturen jedoch widersetzen sich hartnäckig der Anwendung dieses Verfahrens. Transzendentalphänomenologen wie Husserl haben darauf hingewiesen, daß der Mensch komplexe Strukturen erkennt, indem er ein ziemlich unbestimmtes Ganzes auf sie projiziert, das fortlaufend mit früheren Erfahrungen ausgefüllt wird. Existentialistische Phänomenologen wie Merleau-Ponty haben diese Fähigkeit mit unserem aktiven Körper in Beziehung gesetzt, der eine organische Einheit bildet. Dieser Körper reagiert auf seine Umwelt mit einem unablässigen Gespür für sein eigenes Funktionieren und seine eigenen Ziele" (Dreyfus 1989, S. 199).

Die KI-Forschung versucht mit körperlosen Informationen umzugehen und vernachlässigt somit jeglichen Horizont und jegliche Sinnesstruktur sowie den situativen Kontext. Mit situativem Kontext ist gemeint, daß allgemeine Regeln nur in räumlichen und zeitlichen Zusammenhängen sich konkretisieren. Die KI-Forschung dagegen kann immer nur von Regeln ausgehen, unabhängig von Raum und Zeit; außerdem unterstellt sie, daß alles, was geordnet ist, durch Regeln festgelegt werden kann. Diese Annahmen sind realitätsfremd, da sie den situativen Kontext nicht berücksichtigen.

Geht man von einer Situation aus, so fällt es schwer, aus den vielen Informationen die jeweils relevanten zu isolieren. Dies kann nur der Mensch, da er die Dinge bewertet. Eine Maschine muß jede Information als relevant ansehen. "Für die Situationsabhängigkeit der Relevanz gilt: In einer gegebenen Situation ist eine unendliche Menge von Fakten möglicherweise relevant und eine unendliche Menge irrelevant. Da ein Computer sich nicht in einem situativen Kontext befindet, muß er jederzeit *alle* Fakten als möglicherweise relevant behandeln. Dies bringt die K-I-Forscher in eine Zwickmühle: Entweder müssen sie eine unendliche Menge von Tatsachen speichern und erschließen, oder sie müssen irgendwelche möglicherweise relevanten Tatsachen von Berechnungen des Computers ausschließen" (Dreyfus 1989, S. 208).

Die Fähigkeit des Menschen, Fakten zu isolieren und zu bewerten, beruht auf einem sehr langen historischen Prozeß der Auseinandersetzung mit der Natur und sozialer Lernprozesse. Der Großteil unseres Wissens ist dabei verinnerlicht und kann in angemessene Handlungen fließen. Ein wichtiger Teil unseres Wissens, das wir situationsbedingt anwenden müssen, ist wahrscheinlich praktischer Natur.

Der Mensch steht in der Welt und erfährt diese als Ganzes, es besteht für uns kein Grund, die Dinge zu isolieren und wieder zusammenzusetzen. Wir wissen, daß die jeweilige Handlungssituation aus historischer Erfahrung intuitiv bewältigt werden kann. Aufgrund unserer Denkfähigkeit können wir historischen Sprüngen problembewältigend entgegnen. Die Dinge, die auf uns einströmen, sind nicht einfach physikalischer Natur, die man auseinanderdividieren und mechanisch zusammensetzen kann. Alles strömt auf den Menschen ein: Informationen, physikalische Prozesse, seelische Zusammenhänge, Ideen. Diese Faktoren sind miteinander verwoben und bedürfen einer bewußtseinsmäßigen Durchdringung. Die KI-Forschung ist nicht in der Lage, die jeweilige Situation adäquat oder auch nur im Ansatz abzubilden, außerdem ist jede Situation eingebettet in einem historischen Kontext und damit neu zu interpretieren. Diese Interpretation verändert sich in Gegenwart, Vergangenheit und Zukunft.

Eine Maschine kann nur mechanische Bewertungen vornehmen, jegliche qualitative Faktoren und Bewußtseinsprozesse werden vernachlässigt. Emotionen und Motivationen können somit auch nicht berücksichtigt werden. "Herbert Simon und Walter Reitmann haben erkannt, daß die Emotion und Motivation bei intelligentem Verhalten eine Rolle spielen. Sie simulieren dies jedoch mit Programmen, in den 'Emotionen' die Arbeit an einem Problem *unterbrechen*, damit äußere Faktoren oder Arbeit an einem anderen Problem eingeführt werden können. Sie scheinen nicht zu merken, daß Emotionen und Interessen unser kognitives Verhalten *lenken* und *begleiten*. Einmal mehr handelt es sich hier um einen Fall von Vogel-Strauß-Politik. Man ist nicht fähig, das zu erkennen, was man nicht *programmieren* kann" (Dreyfus 1989, S. 228).

Emotionen und Motivationen sind meist nicht klar formalisier- und quantifizierbar und äußern sich sprunghaft. Sie gehören eher in den Bereich des Unbewußten und bedürfen einer individuellen bewußtseinsmäßigen Durchdringung. Dies gilt auch für unbestimmte Ziele und Bedürfnisse.

Hubert L. Dreyfus hat mit seinen phänomenologischen Anregungen, die hier aufgenommen und erweitert wurden, eine Basis geschaffen für eine klärende Auseinandersetzung mit der KI-Forschung. Die phänomenologischen Begriffe, wie innerer und äußerer Horizont, situativer Kontext und Sinngehalt verdeutlichen, daß sie einer maschinellen Verarbeitung nicht zugänglich sind. Diese Sichtweise ließe sich problemlos auf andere philosophische Systeme übertragen. So können auch die existenzphilosophischen Begriffe, wie das Umgreifende, die unbedingte Forderung oder die Grenzsituation nicht technisch umgesetzt werden.

Exemplarisch soll hier der in der KI-Forschung und heute modische Begriff der Ganzheit erläutert werden. Unter Ganzheit versteht man die quantitative Berücksichtigung von unendlich vielen Faktoren, wobei man synergetische Effekte eingesteht bzw. beabsichtigt. Hier fühlt sich die KI-Forschung der bisherigen Wissenschaft überlegen, da gerade der Computer Massendaten besonders schnell bewältigen kann. Mit ganzheitlichen Analysen will man wirklichkeitsadäquates Handeln ermöglichen. Man spricht von ganzheitlichen Systemen, Vernetztheit, Komplexität, Rückkoppelung etc. Das mechanische, naturwissenschaftliche Denken soll durch ganzheitliches Denken und Handeln transzendiert werden. Meist bildet die Systemtheorie und Kybernetik die erkenntnistheoretische Basis für diese Modeströmung.

So redet man vom Verkehrssystem, Bildungssystem, Ökosystem oder vom politischen und wirtschaftlichen System eines Landes. Der Begriff System wird rein formal gebraucht. Es wird damit weder ein bestimmtes Ziel bestimmt, dem es zu dienen hat, noch inhaltlich ausgesagt, woraus es besteht. Es gibt nun eine Reihe von Aussagen über die Charakteristik von Systemen und zur Ganzheit. Hierzu einige Beispiele: Ein System ist ein aus Teilen bestehendes Ganzes, Systeme produzieren synergetische Effekte, die Gegenstände sind nur ganzheitlich erfaßbar, das Ganze ist mehr als die Summe seiner Teile, was wir als System und was als Teil betrachten, hängt von unserer Wahrnehmung ab.

Existenzphilosophisch und nicht kybernetisch oder systemtheoretisch gesprochen bedeutet die Ganzheit das Umgreifende (vgl. hierzu Jaspers 1953, S. 28-38). Danach umfaßt der Begriff der Ganzheit nicht wie versprochen das Ganze, sondern beruht erkenntnistheoretisch auf der klassischen Subjekt-Objekt-Spaltung. Die Welt liegt in diesem Verständnis außerhalb von uns. Der Begriff des Umgreifenden will diese Spaltung überwinden und besagt daher mehr als der Begriff des Ganzen. Der theoretische Begriff des Umgreifenden versucht dagegen die Gesamtheit wirklich zu erspüren und drückt aus, daß das Sein im Ganzen weder Objekt noch Subjekt sein kann und überwindet mit diesem Argument die Spaltung. "Das Sein schlechthin kann nun offenbar nicht ein Gegenstand (Objekt) sein. Alles, was nur Gegenstand wird, tritt aus dem Umgreifenden an mich heran, und ich als Subjekt aus ihm heraus. Der Gegenstand ist ein bestimmtes Sein für das Ich. Das Umgreifende bleibt für mein Bewußtsein dunkel. Es wird hell nur durch die Gegenstände und um so heller, je bewußter und klarer die Gegenstände werden. Das Umgreifende wird nicht selbst zum Gegenstand, aber kommt in der Spaltung von Ich und Gegenstand zur Erscheinung. Es selbst bleibt Hintergrund, aus ihm grenzenlos in der Erscheinung sich erhellend, aber es bleibt immer das Umgreifende" (Jaspers 1953, S. 30).

Jeder Gegenstand steht somit in einer doppelten Spaltung: erstens in bezug auf das denkende Subjekt und zweitens in bezug auf andere Gegenstände. Der Gegenstand kann also als gedachter Inhalt niemals alles sein. Jedes Gedachtsein bedeutet zunächst das Herausgefallensein aus dem Ganzen.

Der Verstand liefert uns allgemeingültige Erkenntnisse von bestimmten Gegenständen. Die Summe dieser Erkenntnisse ist nicht die Ganzheit im Sinne des Umgreifenden, sondern nur ein Ausschnitt. Der Mensch steht in der Welt. Das Umgreifende läßt sich nur ersehnen oder erahnen. "Erdenken wir das Umgreifende in philosophischer Ausarbeitung, so machen wir doch wieder zum Gegenstand, was seinem Wesen nach nicht Gegenstand ist. Daher ist der ständige Vorbehalt nötig, das Gesagte als gegenständlichen Inhalt rückgängig zu machen, um dadurch jenes Innewerden des Umgreifenden zu gewinnen, das nicht Ergebnis einer Forschung als nunmehr aufsagbarer Inhalt ist, sondern eine Haltung unseres Bewußtseins. Nicht mein Wissen, sondern mein Selbstbewußtsein wird anders" (Jaspers 1953, S. 36).

So zeigt sich, daß der harmlose Begriff der Ganzheit bei näherer Betrachtung nicht voraussetzungslos ist, sondern eine Subjekt-Objekt-Spaltung und eine Trennung der Gegenstände voraussetzt. Der Begriff der Ganzheit beruht paradoxerweise auf einer doppelten Spaltung. Erst der Begriff des Umgreifenden thematisiert adäquat diese Widersprüche und spricht das Unsprechbare aus.

Literatur

Dreyfus, Hubert L., Was Computer nicht können. Die Grenzen künstlicher Intelligenz. Ffm 1989

Jaspers, Karl, Einführung in die Philosophie, München 1953

Weizenbaum, Joseph, Die Macht der Computer und die Ohnmacht der Vernunft, 1. Aufl., Ffm 1977

XV. PSYCHOLOGIE UND ÖKONOMIE:
GÜNTER SCHMÖLDERS

Vor allem hat Günter Schmölders auf die rein theoretische An-
nahme des rationalen Menschen in der Ökonomie hingewiesen. Er hat
immer wieder auf das Irrationale, auf die Psychologie und auf die
Wirtschaftsgesinnung hingewiesen. Es geht ihm um eine verstehende
Methode gegenüber der Empirie. "Es gilt, einen Schritt tiefer in den
Hintergrund des Geschehens einzudringen, als dies bisher im Rahmen
der Wirtschaftswissenschaft üblich war; es genügt nicht mehr, das
Verhalten der Menschen grundsätzlich oder auch nur vorwiegend dem
Scheine der rationalen und utilitaristischen Zweckhandlung zu unterstellen, sondern es geht darum, die ganze Vielfalt der rationalen und
irrationalen Motivationen privat- und finanzwirtschaftlichen Handelns
wenigstens in einem ersten großen Überblick ins Auge zu fassen"
(Schmölders 1970, S. 9).In der Ablehnung des homo oeconomicus ist
sich die Wirtschaftspsychologie relativ einig. Sie beklagt, daß ein einseitiges Menschenbild ohne psychologische Kenntnisse lange in der
Ökonomie vorherrschend war (vgl. Pelzmann 1988, S. 3ff).

Schmölders fordert für die Ökonomie eine Wissenschaft vom Menschen, die sich bemüht, das vielfältige menschliche Verhalten zu berücksichtigen. Letztendlich ist jede wirtschaftliche Aktivität vom
Menschen getragen und aktiviert: zur Steuer gehört auch eine Steuermentalität, zum Verbrauch eine Konsumeinstellung, zur Investition
ein Unternehmerverhalten etc. Schmölders wirft einem Teil der Ökonomen vor, daß die These des rationellen Verhaltens einen me-
chanisierten Menschen voraussetzt oder produziert. Roboter seien
aber nicht ökonomiefähig. Gerade die staatliche Wirtschaftspolitik
brauche wirklichkeitsgemäße Hypothesen über das menschliche Verhalten und nicht nur quantitative Wirkungsanalysen. Er plädiert sogar
für eine Steuerpädagogik. Sie solle den Sinn und den Wert der Steuer
dem Bürger plausibel machen. Ethik der Staatslehre, Psychologie, Soziologie werden somit benötigt, um die ökonomischen Prozesse adäquat zu verstehen. Ein Paradebeispiel seiner Argumentation ist die
Inflation, die Ängste und Panik weckt und durch irrationales Verhalten beschleunigt werden kann.

Konsequenterweise fragt nun Schmölders auch nach der Bedeutung des Staates für die Bürger, nach der Identifizierung mit der öffentlichen Hand. Diese Frage ist von eminenter Bedeutung für die Beurteilung der Steuerpolitik. Die Einstellung zum Staat dokumentiert er mit Ergebnissen aus der empirischen Sozialforschung. Er beklagt die 'unpolitische Volksart' der Deutschen, daß sie sich zu wenig um ihr Gemeinwesen kümmern. Unkenntnis und Unsicherheit existieren in einfachen politischen Fragen.

Schmölders hat auch eigene Erhebungen durchgeführt zur Frage nach der Steuergerechtigkeit. Er kommt zum Ergebnis, daß die Bevölkerung und die einzelnen sozialen Gruppen - Beamte, Selbständige, Arbeiter, Angestellte -nur über ein sehr diffuses Gerechtigkeitsempfinden verfügen. Eine rationale Beurteilung der Frage ist kaum festzustellen. Es handelt sich meist um stereotype, interessenbedingte Phrasen. "Schon unsere erste empirische Untersuchung, die 1963 durch eine Spezialerhebung bei den zur Einkommenssteuer veranlagten Selbständigen ergänzt wurde, ließ deutlich erkennen, daß auf dieser 'unteren' Ebene der öffentlichen Meinung von einer rationalen, auf eigenen Erfahrungen und selbständigem Urteil beruhenden Gerechtigkeitsvorstellung 'aus dem Geist der Zeit' keine Rede sein kann; vielmehr handelt es sich dabei um ein stark interessebedingtes, oft aus aufgeschnappten Stereotypen und 'Kryptotypen' gebildetes Gemisch von oft nur unklar empfundenen, nicht selten sogar recht widersprüchlichen Gerechtigkeits'empfindungen'" (Schmölders 1970, S. 49).

Der Autor beschreibt nun sehr ausführlich die Steuermentalität. Er stellt fest, daß diese länderspezifisch sowie nach Schichten und Berufsgruppen differenziert werden muß. Die subjektive und objektive Steuerbelastung stimmen oft nicht überein. "Im ganzen betrachtet ist der Anteil derer, die die Steuern für ungerecht verteilt halten (ebenso wie derer, die vom Staat keine volle Gegenleistung zu bekommen glauben), erschreckend hoch. Dies zeigt einmal mehr, daß es in der Finanzpolitik weniger auf die objektiven Tatbestände als auf die subjektiven Eindrücke und Einstellungen ankommt" (Schmölders 1970, S. 74).

Stark psychologisch geprägte Werthaltungen lassen sich zur Steuermoral, zur Einstellung zu Steuerdelikten und zur Einstellung zu Steuersünden machen. Schmölders zeigt auf, daß Steuerfragen nicht mit rationalen Verhaltensweisen geklärt werden. Vorurteile, Zeitgeist, Uninformiertheit, unreflektierte Wertvorstellungen, Irrationalismen, Pauschalurteile kennzeichnen das menschliche Verhalten in diesem Bereich.

Schmölders hat nun auch mit seinem wirtschaftspsychologischen Ansatz das empirische Verhalten von Unternehmern untersucht. Er kommt dabei zu ähnlichen Ergebnissen wie in der Steuerfrage. Unternehmerisches Handeln läßt sich nicht einfach aus Kalkulationsdaten, Preisen, Löhnen und Zinsen ableiten. Eine einfache 'Gewinnmaximierungshypothese' geht an der sozialen Realität vorbei: Unternehmerische Entscheidungen müssen die psychischen Strukturen und den sozialen Rahmen unbedingt mitberücksichtigen. Das Prestigemotiv darf nicht vernachlässigt werden. "Wenn auch im Produktionsbereich als Normalfall angenommen werden kann, daß selbst solche Investitionen, die weitgehend prestigeorientiert sind, durchaus noch dem Rentabilitätskalkül unterworfen bleiben, so hat wiederum H. Kreikebaum doch an zahlreichen Beispielen gezeigt, daß auch in der Investitionstheorie das Prestigemotiv nicht vernachlässigt werden kann" (Schmölders 1984, S. 46).

Der Autor führt ein weiteres Beispiel an für die Entkoppelung von eindimensionaler Gewinnmaximierung und Entscheidung. So richtet sich die Spendenpraxis der Unternehmen nicht nach dem realisierten Gewinn, sondern meist nach der Spende aus der Vorperiode.

Daß solche 'Imponderabilien' für die Betriebe sogar von zentraler Bedeutung sein können, zeigt Schmölders am länderspezifischen Verhalten von Unternehmen. Nur 27% der befragten deutschen Firmen zeigten eine hohe Identifikation mit den mittelständischen Betrieben, während in Frankreich mit 80% ein hoher Selbständigkeitsdrang zu registrieren war. "Dagegen erwies sich in dieser Kontrastuntersuchung, daß nur etwa die Hälfte der französischen Klein- und Mittelunternehmen technischen und organisatorischen Neuerungen geschlossen gegenüberstand, während ein volles Drittel Routinetätigkeit bevorzuge und etwa ebensoviele es ablehnten, im Hinblick auf ein höheres Einkommen mehr zu arbeiten; ebenso wollte sich im Gegensatz zu den deutschen Selbständigen die Mehrheit der französischen schon zu einem relativ frühen Zeitpunkt zur Ruhe setzen und die Leitung des Unternehmens in jüngere Hände geben" (Schmölders 1984, S. 84).

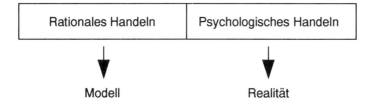

Ökonomische Faktoren	Psychologische Faktoren
Der Mensch als rationales Wesen	– Irrationalität – Gesinnung – Werte – Einstellungen – Motivation – Identifikation – Mentalität – Vorstellungen – Psychologische Dispositionen

Rationales Handeln	Psychologisches Handeln

Modell   Realität

Schmölders schließt aus diesen unterschiedlichen Verhaltensweisen von gleichen Berufsgruppen aus verschiedenen Ländern, daß ein großer Einfluß von Persönlichkeitsmerkmalen auf die unternehmerische Entscheidung ausgeht. Er belegt dies zusätzlich noch an der Entwicklungstheorie. Die nördlichen Länder haben ein völlig anderes Verhalten zur wirtschaftlichen Entwicklung und ihrer Eigendynamik als die südlichen Länder. Die Motivation für wirtschaftliches Verhalten ist im Süden (Dritte-Welt) viel geringer ausgeprägt als im Norden. Der 'Erwerbsgeist', die 'Wirtschaftsgesinnung' findet man eher in den 'entwickelten' Länder. Max Webers 'protestantische Ethik' läßt sich hier in Erinnerung rufen.

Schmölders nennt vor allem die Bereitschaft zum Ortswechsel als wichtige Verhaltensweise von 'entwickelten' Ländern. In tradierten Systemen ist die Mobilität relativ gering. "Vom Arbeitsgebiet der Verhaltensforschung aus betrachtet, sind die unleugbar vorhandenen Unterschiede im gegenwärtigen und vorausgegangenen Entwicklungsstadium der Länder weitgehend auf bestimmte Verhaltensweisen der Einwohner zurückzuführen, nämlich auf die Bereitschaft der Mehrheit der Bevölkerung, ihre angestammten Erwerbs- und Lebensverhältnisse zugunsten lukrativerer neuer aufzugehen, und auf das Vorhandensein einer fähigen, hinreichend ausgebildeten Elite von (privaten) Unternehmen oder (staatlichen) Organisationen, die das vorhandene technische Wissen den in ihren Gesellschaften gegebenen Voraussetzungen anpassen und nutzbar machen können; gerade mit diesen menschlich-persönlichen Qualitäten, nicht mit Kapitaleinsatz oder 'technischem Fortschritt' allein, steht und fällt Entwicklung und Aufstieg der Wirtschaft" (Schmölders 1984, S. 53).

Schmölders führt Norwegen als weiteres Beispiel an. Hier gehen große Einflüsse auf das Sozialprodukt auf "Imponderabilien", auf Fleiß, Intelligenz, technisches Wissen und Organisationsgeschick zurück.

Auch die Persönlichkeit des Unternehmers muß berücksichtigt werden. Es stellt sich die Frage, wie stark das Erfolgsmotiv ausgeprägt ist. Darunter versteht man das Bestreben, eine Leistung ohne Rücksicht darauf zustande zu bringen, ob und wie sie materiell belohnt wird. Menschen mit hohen Erfolgsmotiven kommen eher aus Außenseiterpositionen. "Vieles spricht dafür, daß das unternehmerische Talent sich abseits von der Hauptstraße der kulturellen Veränderungen einer Gesellschaft heranbildet; es gedeiht offenbar besonders in gewissen Subkulturen und Minderheiten, die ein von der Gesamtgesellschaft abweichendes Schicksal haben" (Schmölders 1984, S. 56).

Der Autor weist ebenfalls nach, daß meist nur wenige Informationen bei Investitionsentscheidungen benützt werden. Vollkommene Information als Basis rationaler Entscheidung gibt es nicht. Oft wird nur ein einziger Ort für eine Industrieansiedlung in Erwägung gezogen. "Eine genaue Berechnung der Standortvor- und -nachteile an den in Betracht genommenen Orten stellte wenig mehr als ein Viertel der befragten Unternehmer an; über 70% hielten eine solche rechnerische Gegenüberstellung nicht einmal für erforderlich. Keineswegs sind es, wie dies die 'reine' Standorttheorie annahm, Erwägungen über die Transportkosten der Roh-, Hilfs- und Betriebsstoffe sowie der fertigen Erzeugnisse, die für die Wahl eines Industriestandortes den Ausschlag geben; im Untersuchungszeitraum war es meist eher das Vorhandensein von Grundstücken und Arbeitskräften in ausreichender Menge und Qualität, was die Standortentscheidungen der Unternehmer bestimmte" (Schmölders 1984, S. 44).

Schmölders präzisiert seine Position vor allem im Konsumbereich. Durch die Unterscheidung von Bedarf und Bedürfnis kann die empirische Verhaltensforschung die ganze Breite menschlichen Handelns untersuchen. Meist interessiert sich der Ökonom nur für das bezahlbare Bedürfnis, den Bedarf und vernachlässigt die Antriebe und Motive für den Konsum und kümmert sich überhaupt nicht um die Befürfnisse. Schmölders bezweifelt die Unbegrenztheit der Bedürfnisse und die Rangordnung nach dem Lustprinzip. Es gibt auch Konsumhandlungen, die einfach eine Notwendigkeit sind und keine Lust bereiten.

Schmölders problematisiert an vielen Beispielen die These von der Konsumentensouveränität. "Die empirische Forschung zeigt nun, daß menschliches Handeln wie überall, so auch bei allen Kaufentscheidungen die ganze Variationsbreite zwischen dem planvoll überlegten, einsichtigen Verhalten des 'homo oeconomicus' mit voller Marktübersicht und Voraussicht der Zukunft bis zum gänzlich reaktiven 'Impulskauf' ohne oder gar wider Willen des handelnden Menschen umfaßt; die Literatur des 'Marketing' verrät eine schon fast zynisch zu nennende Unterschätzung des freien Willens der Käufer, denen gewisse Modewaren oder Güter des 'demonstrativen Konsums' geradezu aufgezwungen werden sollen" (Schmölders 1984, S. 63).

Schmölders erwähnt das Beispiel des Hauskaufens. Bei einer Untersuchung in New London (Connecticut) stellte man fest, daß der Kauf mehr oder minder zufallsbedingt war. Im Durchschnitt besichtigten die Käufer weniger als ein Dutzend Häuser, zehn Prozent nur ein einziges Haus und neunzehn Prozent besichtigten nur zwei Häuser und wählten dann eins davon (vgl.Schmölders 1984, S. 64).

Der Käufer scheint auch bei langlebigen Konsumgütern als Informationsquelle vor allem Verwandte und Bekannte zu benutzen und verfügt nicht über genügend Informationen und Beurteilungskriterien.

Selbstbedienungsläden erhöhen das Manipulationsrisiko des Verbrauchers. "Wenn der Käufer einen Verkäufer vor sich hat, überlegt er vorher, was er braucht; im Selbstbedienungsladen dagegen sinkt der Zwang zur Rationalität. Es handelt sich offenbar um die bequemste aller Kaufsituationen, vorausgesetzt, daß die Entscheidungshilfen stark genug sind. Die Warenauswahl, der sich der Käufer gegenübersieht, ist nämlich so groß, daß er Hilfe braucht - sei es die Kenntnis einer der angebotenen Marken, sei es die suggestive Verpackung, die Anordnung, der Geruch" (Schmölders 1984, S. 67).

Die Kaufhandlung liegt nach Schmölders zwischen einer planvollen Kaufentscheidung aufgrund von Alternativen und dem spontanen Kauf. Der Kauf wird abgestützt durch Entscheidungshilfen wie Gewohnheit, Vorbilder, Vertrauen in das Urteil anderer, Erinnerung an einen Werbespruch. Markttransparenz ist eher die Ausnahme als die Regel. "Damit ergeben sich als die wichtigsten Arten der normalen Kaufhandlung die habituelle Kaufhandlung, die nachahmende Kaufhandlung, zu der sowohl die folgsame (Mode) als auch die übertrumpfende Nachahmung (ein Fall des demonstrativen Konsums) gehören; die vertrauende Kaufhandlung (man vertraut dem Rat und der Erfahrung von Freunden, Verkäufern usw.) und die induzierte Kaufhandlung (man wird von einem Werbespruch, einer Verpackung beeinflußt)" (Schmölders 1984, S. 67). Es ist Schmölders zuzustimmen, wenn er die These der Markttransparenz verwirft und für eine voraussetzungslose Theorie des Wirtschaftslebens eintritt.

Klassischerweise gingen die großen Denker der Antike von der Ökonomie als Haushaltslehre aus. Es ging darum, für die Familie die materiellen Mittel zu beschaffen. Nicht der Markt stand im Vordergrund, sondern die Versorgungs- und Gestaltungseinheit Haushalt. "Der private Haushalt läßt in der Tat besser als alle Markt- und Erwerbswirtschaft (Chrematistik) nicht nur das formal-ökonomische, sondern auch jenes materiell-ökonomische Verhalten erkennen, das sich als eine Mittelbeschaffung, Mittelverwendung und Bedarfsdeckung gerichtetes Disponieren der in einer Familie lebenden Menschen darstellt. Eine nur an den Marktabläufen orientierte 'Katallaktik', wie sie die Wirtschaftstheorie zeitweise fast ausschließlich beherrschte, bleibt dazu verurteilt, wesentliche Zusammenhänge des Wirtschaftsgeschehens zu übersehen; sie versagt vollends bei der Prognose, dem Prüfstein aller Erfahrungswissenschaft" (Schmölders 1984, S. 69). Es ist klar, daß die Antike keine Lehre von der Produktion kannte und nur den Haushalt zum Gegenstand hatte. Dies kann aber nicht heißen, daß man den Haushaltsgedanken total vergißt und durch das Individuum oder die Unternehmung einfach ersetzt.

'Haushalten' heißt in der Antike Bedarfsdeckung, Einteilen und Bewahren. "Die amerikanische Renaissance der Konsumtheorie hat gezeigt, daß dieses Einteilen und Bewahren, dieses Sichern und Schonen nichts anderes bedeutet als vernünftiges Verbraucherverhalten;... Es gibt aber auch ein 'schlechtes Haushalten', ein - gemessen am Rationalprinzip - unvernünftiges Verhalten im Haushalt wie im sonstigen Leben; Wirtschaftlichkeit ist nicht die einzige oder auch nur die wesentlichste Richtschnur menschlichen Verhaltens" (Schmölders 1984, S. 69).

Das Haushalten mit finanziellen Mitteln tritt heute als Sparmotiv bzw. als Verschuldungsverhalten auf. Beim Verschuldungsverhalten zeigt sich, daß es sehr stark durch psychologische Gegebenheiten geprägt ist. Das Sparverhalten hängt zwar von ökonomischen Faktoren ab - z.B. Höhe des Einkommens - aber auch von der sozialen Schicht, vom Menschentypus und vom Beruf. "Legt man einen Querschnitt durch die Gesamtbevölkerung, so sparen zwar diejenigen, die höhere Einkommen beziehen, im allgemeinen einen größeren Teil davon als diejenigen, die nur über ein geringes Einkommen verfügen; das bezieht sich aber nur auf die gesamte Bevölkerung, nicht auf einzelne Gruppen gleichartigen Verhaltens, und schon gar nicht auf Indivi-

duen" (Schmölders 1984, S. 75). Schmölders belegt mit seinen empirischen Studien, daß sowohl die Annahme des rationalen Verhaltens
der Mikrotheorie als auch die Annahmen der Makrotheorie problematisiert werden müssen. Die Annahme von Keynes einer individuellen
'Sparfunktion des Einkommens' existiert nach Schmölders nicht; er
belegt dagegen Zusammenhänge zwischen Einkommen, Berufsgruppe
und Spartätigkeit.

Literatur

Pelzmann, Linde, Wirtschaftspsychologie, 2. Aufl., Wien, New York
       1988

Schmölders, Günter, Finanz- und Steuerpsychologie, Das Irrationale
       in der öffentlichen Finanzwirtschaft, Hamburg 1979

Schmölders, Günter, Verhaltensforschung im Wirtschaftsleben, Mün-
       chen 1984

XVI. DAS PRINZIP VERANTWORTUNG: HANS JONAS

Mitte der 70er Jahre wurde die herrschende ökonomische Lehre aus ökologischen Gründen sehr scharf angegriffen. Es wurde kritisiert, daß ein verengtes ökonomisches Welt- und Menschenbild mit dazu beiträgt, die Umweltzerstörung zu beschleunigen. Innerhalb dieser Diskussion wurde auch eingewendet, daß die natürlichen Bedingungen des Menschen nicht berücksichtigt, d.h. eine geschlechtsspezifische Differenzierung nicht vorgenommen wird.

1. Das Frauen- und Männerbild in den Arbeitswissenschaften

Gertraude Krell hat in ihrer Dissertation "Das Bild der Frau in der Arbeitswissenschaft" versucht, geschlechtsspezifische Merkmale darzustellen. Sie beschreibt, daß die meisten Autoren der Arbeitswissenschaft von der natürlichen Aufgabe der Frau als Hausfrau und Mutter ausgehen. Die Frau ist zuständig für die Familie, für den Haushalt und der Mann steht im Erwerbsleben. Diese klassische Rollenverteilung wird wenig hinterfragt. Krell problematisiert diese Ausgangsthese und erwähnt historische Beispiele, die belegen, daß diese Rollenaufteilung ein spezifisches Produkt der bürgerlichen Gesellschaft ist. In der bürgerlichen Gesellschaft bildet sich immer stärker ein spezifisches Männer- und Frauenbild (vgl. Krell 1984, S. 30ff):

Mann	Frau
Öffentliches Leben	Häusliches Leben
Außen	Innen
Weite	Nähe
Aktivität	Passivität
Energie,	Schwäche,
Tapferkeit	Bescheidenheit
selbständig	anhängig
erwerbend	empfangend

Gewalt	Güte
Rationalität	Emotionalität
Geist	Gefühl
Vernunft	Empfindung
Abstraktion	Verstehen
Wissen	Religiosität
Würde	Anmut, Schönheit

Die Arbeitswissenschaft bestimmt die unterschiedlichen Merkmale als natürliche Gegebenheiten. Krell weist auf den gesellschaftlichen Aspekt hin. "Angesichts der skizzierten Fülle unterschiedlichster Formen der gesellschaftlichen Arbeitsteilung zwischen den Geschlechtern kann die Vorstellung von der natürlichen Aufgabe der Frau nicht aufrechterhalten werden. Das, was als ihre natürliche Aufgabe angesehen wird, die Zuständigkeit für Familie und Haushalt, erweist sich vielmehr als historisch-gesellschaftliches Produkt. Erst mit der Entstehung der bürgerlichen Gesellschaft und der damit verbundenen Trennung von Produktions- und Reproduktionsbereich geht eine strikte Zuordnung der beruflichen Arbeit zum Mann und der häuslichen Arbeit zur Frau einher" (Krell 1984, S. 50). Entsprechend der Kernfrage der Arbeitswissenschaft nach dem Leistungsvermögen der Menschen bei der Arbeit, interessiert sie sich auch für die körperliche Leistungsfähigkeit des Menschen.

Die Arbeitswissenschaft geht davon aus, daß mit der Pubertät sich das körperliche Leistungsvermögen geschlechtsspezifisch differenziert. Der Mann gilt als stärker und größer und hat eine andere physische Gestalt als die Frau. "Auch hinsichtlich der Funktionsfähigkeit des Herz-Lungen-Systems, die...(H.W.) im allgemeinen Sprachgebrauch häufig mit der körperlichen Leistungsfähigkeit im allgemeinen gleichgesetzt wird, gilt das weibliche Geschlecht im Vergleich zum männlichen für generell unterlegen" (Krell 1984, S. 71). In punkto Geschicklichkeit nimmt man dagegen an, daß die Frauen geschickter sind als Männer. Dies gilt vor allem für Hand- und Fingergeschicklichkeit.

Die Intelligenz wird bei den meisten Arbeitswissenschaften geschlechtsspezifisch differenziert. Dem Manne werden eher Rationalität, Sachlogik, Abstraktion zugeschrieben und der Frau eher Gefühl, Logik des Herzens und Anschaulichkeit. Den Männern wird eher ein technisches Verständnis bescheinigt, während die Frauen als relativ unbegabt in technischen Dingen gelten. Krell interpretiert diese Unterschiede sozialisationsbedingt. "Dafür, daß die Geschlechtsunterschiede auf technischem Gebiet sozialisationsbedingt sind, spricht auch eine Untersuchung des Schweizer Psychologen Meili in russischen Schulen in den Jahren 1928 und 1931... (H.W.): Er vergleicht die technischen Leistungen des gleichen Schuljahrgangs (nicht der gleichen Kinder) im Abstand von drei Jahren. Der Vergleich erbrachte, daß zwei Faktoren, erstens eine intensive Propaganda für Technik und zweitens die Einführung eines für beide Geschlechter einheitlichen polytechnischen Unterrichts, innerhalb von drei Jahren den Vorsprung der Jungen fast aufgehoben hatten" (Krell 1984, S. 93). Dieses Beispiel ist etwas unglücklich von Krell gewählt, da es Zwang und Propaganda unterstellt.

In der Unterstellung zur beruflichen Arbeit existieren für die Arbeitswissenschaft ebenfalls geschlechtsspezifische Merkmale. Frauen sind eher familienorientiert, Männer stärker auf den Beruf fixiert. Frauen sehen in ihrer Berufsrolle eher die Sozialkontakte, während Männer eher ihre Aufstiegschancen im Kopfe haben. "Kaum eine andere Auffassung wird so konstant und häufig vertreten wie die, daß Frauen weniger monotonieempfindlich sind als Männer bzw. daß sie eine Neigung zu einförmigen Tätigkeiten haben und diese sogar lustvoll erleben" (Krell 1984, S. 105).

Die Autorin beschäftigt sich eingehend mit der Frage, wie die Arbeitswissenschft die biologischen Unterschiede von Mann und Frau bewertet und kommt zu folgende generelle Schlußfolgerung: "Es ist offensichtlich, daß hier von den Arbeitsmedizinern alles, was mit innerer Natur zu tun hat, für das männliche Geschlecht verleugnet und verdrängt und auf das weibliche Geschlecht projiziert wird. Natur und Weiblichkeit werden gleichgesetzt - und beide gleichermaßen negativ bewertet. Deshalb meine ich, daß sich in der hier referierten und diskutierten Einstellung zur Menstruation die männliche Furcht vor der eigenen inneren Natur, die verwirrende Vielfältigkeit des Lebendigen, zu der ja Rhythmen gehören, und schließlich vor der Frau, die all dies Furchtbare zu verkörpern scheint" (Krell 1984 , S. 126).

Insgesamt betrachtet wirft Krell der Arbeitswissenschaft vor, daß sie zu männerfixiert sei und ihre Thesen die Frauen diskriminieren. Entweder gibt es für Krell keine Unterschiede zwischen Männern und

Frauen oder sie deutet diese als ausschließlich gesellschaftlich bedingt. Ihre radikalen Thesen spitzt sie in dem Vorwurf gegen die Arbeitswissenschaften zu, daß diese das Lebendige insgesamt diskriminieren. Vor allem der Taylorismus hat nur die mechanischen Bewegungen gesehen und den ganzen Menschen vernachlässigt. "Eine Arbeitswissenschaft, die ihrem menschlichen Gegenstand gerecht werden will, müßte deshalb nicht nur die einseitige Orientierung an betrieblichen Interessen, die Zersplitterung in Einzeldisziplinen, die Fixierung auf das Meßbare und die gesicherte Objektivität und Reproduzierbarkeit ihrer Meßergebnisse, sondern auch die traditionelle Trennung von einem über dem Problem stehenden Experten oder auch interdisziplinär arbeitenden Expertenteam und den betroffenen Arbeiterinnen und Arbeitern als Forschungsprojekt in Frage stellen" (Krell 1984, S. 145). Die Arbeitswissenschaft begeht den grundlegenden Fehler, daß sie den Menschen überhaupt mit einer Maschine vergleicht. Beide gelten als Energietransformatoren, die den Zweck haben, die Energieumwandlung so zweckmäßig wie möglich zu machen. Die Maschine gilt als schnell in der mechanischen Leistung, mit hoher Präzision, konstanter Leistung, hoher Speicherkapazität; dem Menschen werden folgende Eigenschaften zugewiesen: große Lernfähigkeit, Flexibilität, Intelligenz, große Vielseitigkeit. "Die Utopie des Ingenieurs offenbart sich als eine Welt, in der Maschinen die unzulänglich funktionierenden Menschen substituieren" (Krell 1984, S. 184).

Krell sieht in der Frauen- und Lebensfeindlichkeit der Arbeitswissenschaft einen Zusammenhang. Sie versucht diese These an der Biographie des berühmten Arbeitswissenschaftlers Frederick Winslow Taylor zu belegen. Für ihn waren Exaktheit und Genauigkeit Selbstzweck. Er lebte in starken Ängsten und Aggressionen und entwickelte ein starkes Über-Ich. Als Junge galt er als komischer Kauz, der bei allen Spielen für die Einhaltung strikter Regeln war. Er hatte ein reduziertes Gefühlsleben und wollte seine Probleme meist technisch lösen. Allerdings war sein Verhalten auch widersprüchlich. Der Vater der Zeitstudie war selbst unzuverlässig und unpünktlich. "Beherrschung war Ziel und Zweck all seines Denkens und Handelns: zuerst Selbstbeherrschung und dann Beherrschung der Dinge und Menschen um ihn herum. Auf den Zusammenhang zwischen Taylors Selbstbeherrschung und 'contrtol' als zentrles Motiv des Scientific Management macht auch Kakar aufmerksam" (Krell 1984, S. 193).

Was Taylor wohl nicht ertragen konnte war die "Lebendigkeit des Realen"; er wollte das Lebendige mechanisieren und kontrollieren. Krell sieht darin eher männliche Verhaltensdispositionen. "Wie bei den soldatischen Männern dient auch bei Taylor die Arbeit zur Bewältigung psychischer Probleme. Um seine innere Unruhe im Zaume zu halten, schafft er ein System von Verhaltensvorschriften - für sich und für andere. Das erklärt die übergroße Bedeutung, die für ihn 'control' hat - Selbstbeherrschung und zugleich Beherrschung der Dinge und Menschen um ihn herum" (Krell 1984, S. 199).

Dem Manne werden im Beruf eher Eigenschaften abverlangt wie Kontrolle, Selbstbeherrschung, Härte gegen sich selbst sowie einen kühlen Verstand. Weibliche Eigenschaften wie Sensibilität, Weichheit, Mitgefühl gelten als unprofessionell.

2. Das ökologische Argument

Seit der verstärkten ökologischen Diskussion während der 70er Jahre wurde vor allem der Wachstumsfetischismus (vgl. Woll 1981) und das implizierte mechanische Weltbild Gegenstand der Kritik. Die bis dahin herrschende ökonomische Lehre vernachlässigte die externen Effekte und betrachtete das Wachstum zu sehr als eine quantitative Größe. Vor allem die Frage der Atomenergie erschütterte das Denken in einfachen Zuwächsen. Das Menschenbild der Wachstumsideologie beruhte auf einfachen Annahmen. Der Mensch ist Herr der Schöpfung und bedient sich der Natur. Er macht sich die Erde untertan. Technologie und Ökonomie sind wertfreie Bereiche, eine Zunahme beider steigert die Wohlfahrt. Einzelwirtschaftliche Rationalität führt zum Wohle aller.

"Die Grenzen des Wachstums" zeigten auch die Grenzen des herrschenden Weltbildes. Es vernachlässigte die zukünftige Generation, den Eigenwert der Natur, die ethische Vernunft, die Gefahren der Technologie, den Menschen als natürliches und emotionales Wesen. Das Weltbild war im schlechten Sinne anthropozentrisch bzw. egozentrisch.

Mit der Wachstumskritik wurde auch eine Technikkritik geführt. Die Technik beruht demnach auf einem einseitigen naturwis-

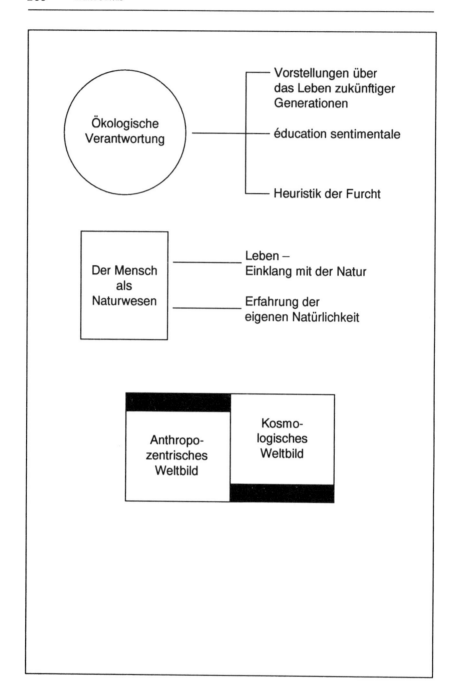

senschaftlichen Denken. Die Funktionalität wird zugunsten der Umweltverträglichkeit geopfert. Die Eingriffstiefe der Technik in die Natur ist zu hoch, sie wirkt eher abbauend als aufbauend. Aus der Technikkritik ergibt sich deswegen die Forderung einer Weiterentwicklung der Naturwissenschaften. Nicht nur das wiederholbare Bacon'sche Experiment soll der Ausgangspunkt sein, sondern im goetheanischen Sinne sollen der Mensch und die Natur wieder zu Meßfühlern werden. Die Subjekt-Objekt-Spaltung verhindert eine humane Wissenschaft. Es gibt keine außer dem Menschen existierende mechanische ablaufende Welt. Der Mensch ist Subjekt und Objekt zugleich. Nicht nur der menschliche Verstand soll als Wahrheitsorgan herangezogen werden, sondern der ganze Mensch mit all seinen fünf körperlichen Sinnen und seinen ideellen Sinnen wie Gemeinsinn, Ich-Sinn, Gleichgewichtssinn, Lebenssinn soll die Natur auf sich wirken lassen und daraus sollen Naturerkenntnisse im goethischen Sinne entwickelt werden.

Die Natur ist dabei nicht Umwelt, sondern Mitwelt. "Was ich hier die natürliche Mitwelt nenne, heißt im heutigen Sprachgebrauch meistens 'die Natur'. Diese Redeweise stammt aber noch aus der Zeit, als die Naturzugehörigkeit des Menschen selbst kein Thema war oder verdrängt wurde. Unter Natur sollte damals eigentlich im wesentlichen die unberührbare Natur im Gegensatz zur Welt der Zivilisation verstanden werden. Damit verband sich die Inkonsistenz, daß es gerade in Mitteleuropa, wo so gedacht wurde, seit langem kaum noch unberührte Natur im Sinn von Wildnis gibt" (Meyer-Abich 1989, S. 254). Der Begriff Mitwelt will auf den Eigenwert der Natur aufmerksam machen. Der Staat wäre demnach nicht nur Sozialstaat, sondern auch *Naturstaat*. Der Naturstaat könnte eine adäquate Behandlung und Pflege einklagen. Die natürliche Mitwelt hätte ebenso Rechte wie die Menschen und Institutionen Rechte haben. "So wie nun ein Wirtschaftsunternehmen in eigener Sache und aus eigenem Recht durch eine natürliche Person als sein Organ eine Klage vor Gericht führen kann, sollte meines Erachtens auch der Fluß, in den es seine Abwässer leitet, in eigener Sache klagen und sich vertreten lassen dürfen" (Meyer-Abich 1989, S. 273). Das ökologische Menschenbild begreift Mensch, Tier, Pflanze und das Mineralreich als natürliche Einheit. Der Mensch wird vor allem als natürliches Gattungswesen begriffen. Es gibt dabei keinen Unterschied von Mensch und Mitwelt. Bei diesem Menschenbild wird der einzelne Mensch vernachlässigt, außerdem bleibt ungeklärt, welche Eigenschaften der Kulturmensch hat, wie das Verhältnis von Kultur und Natur zu gestalten ist.

Das ökologische Menschenbild berücksichtigt gleichrangig zum Menschen die Mitwelt. Außerdem fordert diese Weltsicht vor allem die Berücksichtigung der Lebensverhältnisse in der Zukunft, die nur durch eine neue Ethik realisiert werden kann. In dieser Frage hat der Philosoph Hans Jonas die Diskussion stark geprägt. Er hat die Frage nach der Gesinnungsethik oder der Verantwortungsethik bzw.der ökologischen Ethik mit dem Begriff "Prinzip Verantwortung" transzendiert. Die ökologische Herausforderung erfordert eine neue Ethik, eine Neuformulierung des Menschenbildes. Es geht nicht mehr um eine einseitige Rationalität des Einzelnen, sondern um die individuelle und kollektive Verantwortung für die Zukunft. Dazu bedarf es der Herausbildung von neuen Ideen und eine umfassende Entwicklung des menschlichen Gefühlslebens, einer "Heuristik der Furcht".

Jonas beklagt vor allem, daß wir uns in unseren Mitmenschen emotional nicht mehr hineinversetzen (vgl. Adam Smith und die Sympathie) können. Die ökologische Bedrohung verlangt außerdem, daß wir eine Emotionalität für Menschen herausbilden müssen, die noch gar nicht geboren sind. Dies scheint die größte Herausforderung zu sein. Der Kant'sche Imperativ müsse erweitert werden: "Handle so, daß die Wirkungen deiner Handlung verträglich sind mit der Permanenz echten menschlichen Lebens auf Erden" (Jonas 1984, S. 36).

Diese neue Ethik ist notwendig, da wir die Natur überstrapaziert haben und die Technik in bisher nie gekannte Tiefe und Dauer die Welt und den Menschen verändert. Keine frühere Ethik hatte die Existenz der Gattung zu berücksichtigen. Für Jonas gibt es ein sittliches Eigenrecht der Natur, das wir zu beachten haben. Wir brauchen nicht nur kognitive Menschen, sondern quasi ethische Menschen. Da wir die Fernwirkungen unseres Handelns nicht erleben dürfen, braucht der ethische Mensch eine *Vorstellung* über die mögliche Negativentwicklung der Menschheit. "Da muß also das vorgestellte malum die Rolle des erfahrenen nalum übernehmen, und diese Vorstellung stellt sich nicht von selbst ein, sondern muß absichtlich beschafft werden: also wird die vorausdenkende Beschaffung dieser Vorstellung selbst zur ersten, sozusagen einleitenden Pflicht der hier gesuchten Ethik" (Jonas 1984, S. 64). Die zweite Pflicht für den ethischen Menschen besteht darin, das Leiden der *künftigen* Menschen in die eigene Gemütslage eingehen zu lassen. Dazu ist eine emotionale und gedankliche Ausbildung und Schulung notwendig. "Das vorgestellte Geschick künftiger Menschen, zu schweigen von dem des Planeten, das weder mich noch irgendjemanden trifft, der noch mit mir durch Bande der Liebe oder direkten Mitlebens verbunden ist, hat nicht von sich her diesen Einfluß auf unser Gemüt; und doch 'soll' er ihn haben, das heißt sollen w i r ihm diesen Einfluß einräumen. Es kann sich hier also nicht, wie bei Hobbes, um Furcht von der (mit Kant zu reden) 'pathologisischen' Art handeln, die uns vor ihrem Gegenstand eigenmächtig befällt, sondern um eine Furcht geistiger Art, die als Sache einer Haltung unser eigenes Werk ist" (Jonas 1984, S. 65). Das zukünftige Wissen ist ein Wissen von extremer Unsicherheit. Dies gilt nach Jonas sowohl quantitativ als qualitativ. Es muß deswegen eine imaginative Kasuristik entwickelt werden, die noch unbekannte Dinge aufspürt und entwickelt. Nach Jonas haben wir eine Pflicht zur Zukunft, eine ontologische Verantwortung für die Idee des Menschen. Die ontologische Idee erzeugt einen kategorischen, nicht hypothetischen Imperativ. Der ethische Mensch gründet sich in der Metaphysik.

Er anerkennt das 'Gute' oder 'den Wert' im Sein. Zwecke sind ihm ein Gut-an-sich, dies ist der Zwecklosigkeit des Seins unendlich überlegen. Zwecke bestätigen, daß es dem Menschen um etwas geht. In diesem Sinne ist für den metaphysischen Menschen jedes fühlende und strebende Wesen nicht nur ein Zweck der Natur, sondern ein Zweck an sich selbst, nämlich sein eigener Zweck. Das mögliche An-sich-Gute motiviert das Sittengesetz (vgl. Jonas 1984, S. 184ff).

Die Verantwortung hat nach Jonas zwei Komponenten: die Vernunft - das Objektive - und das Gefühl - das Subjektive -. Menschen sind potentiell moralische Wesen, da sie das 'du sollst' hören können. Das Gefühl muß zur Vernunft hinzukommen, damit das objektiv Gute eine Gewalt über unseren Willen erhält. Dies galt in jeder Moralphilosophie: Jüdische Gottesfurcht, platonischer Eros, aristotelische Eudämonie, christliche Liebe, Kants Ehrfurcht, Nietzsches Willenslust. Das Unvergängliche lädt das Vergängliche zur Teilhabe ein und erregt in ihm die *Lust* danach. Das Gefühl hat seinen Ursprung nicht in der Idee der Verantwortung, sondern in der erkannten selbsteigenen Güte der Sache (Liebe zur Sache). Jedes Lebendige hat sein Recht in sich.

Es gibt die 'Verantwortung' des Genius für sein Werk, das Wichtigste ist aber für Jonas die elterliche Verantwortung. Sie ist das Vorbild für das gesamte ökonomische, soziale und politische Leben. Gegenstand der elterlichen Verantwortung ist das Kind als ganzes und in all seinen Möglichkeiten, nicht nur die unmittelbaren Bedürfnisse, sondern auch die zuukünftige Entwicklung.

Die Verantwortung des Staatsmannes und die der Eltern hängen zusammen. Die eigentliche Verantwortung ist die eigene Zukünftigkeit. Im Lichte solcher selbstübersteigenden Werte wird erkennbar, daß Verantwortung nichts anderes ist als das moralische Komplement zur ontologischen Verfassung unseres *Zeitlichseins*. Die neue Ethik ist eine Reaktion auf die Naturzerstörung und die Dynamik der Technik, orientiert an der Sache.

Sie ist nicht die der Ewigkeit, sondern die der Zeit. Wir müssen im Vergänglichen das Eigentliche suchen. Das Streben nach Vollkommenheit muß zurückweichen angesichts der existierenden Pflichten. Die Nichtplanbarkeit ist ein essentieller Bestandteil dessen, für das sich der ethische Mensch verantwortlich fühlen muß. Vernunft, Wille und Gemüt sind neu gefordert. "Wie jede ethische Theorie, muß auch eine Theorie der Verantwortung beides ins Auge fassen: den *rationalen* Grund der Verpflichtung, das heißt das legitimierende Prinzip hinter dem Anspruch auf ein verbindliches 'Soll', und den *psychologischen* Grund seiner Fähigkeit, den Willen zu bewegen, daß heißt für ein Subjekt die Ursache zu werden, sein Handeln von ihm bestimmen zu *lassen* . Das besagt, daß Ethik eine objektive und eine subjektive Seite hat, deren eine es mit der Vernunft, die andere mit dem Gefühl zu tun hat" (Jonas 1984, S. 163).

Für Jonas geht es nicht um eine marxistische Utopie oder um das Bloch'sche Prinzip Hoffnung, sondern um eine Existenzrettung des Menschen. Damit hat Jonas eindringlich auf die Ökologiefrage und Existenzfrage aufmerksam gemacht. Er fordert die Entwicklung eines neuen ganzheitlichen, vor allem ethischen Menschen. Vernunft, Gemüt und Wille sind allseitig zu entwickeln. Wir brauchen vor allem ein Einfühlungsvermögen über zukünftige Probleme, Liebe zur Sache, vergleichende Futurologie und eine Betonung der Metaphysik.

Im Sinne einer Modifizierung seines Denkens müssen jedoch ein paar Anmerkungen gemacht werden. Jonas stützt sich sehr stark auf die 'Heuristik der Furcht' und leitet daraus eine 'Education sentimentale' ab. Eine Gefühlserziehung kann aber auch positiv begründet werden, nicht aus Furcht, sondern aus der Sympathie und Empathie für Menschen und Sache.

Jonas vereinseitigt die Furcht und beschwört die ökologische Katastrophe. Er fordert den ethischen Menschen und oft bleibt bei ihm nur Verzweiflung und die Ankündigung der Tyrannis.

Demgegenüber gilt es die Dinge umfassend zu betrachten und alle Aspekte zu berücksichtigen. Die Forderung nach ethischer Erziehung und verantwortlichem Handeln läßt sich ebenso begründen aus der Tatsache, daß der Mensch die Aufgabe hat, die Zukunft zu gestalten, unabhängig von den Weltuntergangsprognosen. Dabei muß die heutige Mitwelt in ihrem Eigenrecht akzeptiert werden. Wir hätten nicht nur die Aufgabe, Property Rights zu konstruieren, die eine ökonomische Nutzung der Natur ermöglichen, sondern unabhängig von der Ökonomie einen Naturstaat zu schaffen bzw. ein neues Spannungsverhältnis zwischen Nutzung und Pflege der Natur aufzubauen. Der homo oeconomicus (Immler, 1989, S. 313) kann auf Rationalität nicht verzichten, er braucht aber eine umfassende Naturerkenntnis und ein natürliches Empfinden aufgrund seiner Eigenschaft als Naturwesen. Damit ist aber das Problem theoretisch noch nicht gelöst, da der Mensch sowohl Natur - als auch Kulturwesen ist. Es geht vielmehr um die Thematisierung dieser Problematik.

Literatur

Auer, Alfons, Umweltethik, 1. Aufl., Düsseldorf 1984

Immler, Hans, Vom Wert der Natur, Opladen 1989

Jonas, Hans, Das Prinzip Verantwortung, 1. Aufl. Ffm, 1984

Krell, Getraude, Das Bild der Frau in den Arbeitswissenschaften, Ffm, New York 1984

Meyer-Abich, Klaus Michael, Eigenwert der natürlichen Mitwelt und Rechtsgemeinschaft der Natur, in: Günter Altner (Hrsg.), Ökologische Theologie, Stuttgart 1989

Woll, Helmut, Die Untauglichkeit des Indikators Sozialprodukt als Wohlfahrtsmaß, München 1981

XVII. DIE KONSTRUKTIVISTISCHE KOGNITIONS-THEORIE: HUMBERTO R. MATURANA

Der chilenische Philosoph und Biologe Humberto R. Maturana hat auf der Basis von neurophysiologischen Experimenten ein neues Menschenbild entwickelt, das die gesamten Wissenschaften mehr oder minder beeinflußt hat. Die erste größere Veröffentlichung zu diesem Thema war seine "Biology of Cognition" aus dem Jahre 1970. Seine generelle These lautet, daß das menschliche Nervensystem ein in sich geschlossenes System ist und die objektive Realität nicht abbilden kann Der Mensch konstruiert sich seine eigene Welt, die mit der Realität nicht übereinstimmen muß. Diese Grundthese wird mit dem Begriff Konstruktivismus wieder gegeben; kognitiv deswegen, weil wir uns die Welt in dieser Form denken.

Maturana gründet seine Theorie auf der Wahrnehmung des Menschen, und zwar auf der Sinnestäuschung. Er ging u.a. von Farbwahrnehmungen aus. Bei den Versuchen ergab sich, daß bei der Wahrnehmung von Farben es keine Korrelation zwischen einer Farbe und einer bestimmten Art von Ganglienzellen der Retina nachgewiesen werden konnte. Maturana schloß daraus, daß das Nervensystem ein in sich abgeschlossenes, lebendiges System ist und in sich reagiert. Die Außenwelt stimuliert nur das Nervensystem, sie trifft auf eine Disposition des Nervensystems, sie wird nicht von demselben, wie vielfach angenommen abgebildet. Das Nervensystem konstruiert damit eine eigene Welt. Der Mensch kann somit nicht zwischen Realität und Illusion unterscheiden. "Wenn Sie als Beobachter ein mit dem Medium interagierendes Lebewesen untersuchen, dann ist auf der einen Seite das Medium der Sender, während auf der anderen Seite der Organismus der Empfänger ist. Die Menge der Alternativen des Mediums und die Menge der Alternativen des Senders sind nicht dieselben. Sie sind nicht isomorph, wie es die beiden Sende-Empfangsgeräte bei der Informationsübertragung im Rahmen der Kommunikationstheorie sind...Es gibt aber keinen außerhalb des Organismus existierenden Mechanismus, durch den die Vorgänge festgelegt werden können, die in einem Organismus ablaufen. Die Veränderungen in einem Organismus können durch die Umwelt lediglich ausgelöst werden. Determiniert werden sie durch die Struktur des Organismus"

(Maturana 1990, S. 15/16). Der Gegenbegriff zur Abbildtheorie lautet deswegen Autopoesis. Dieser neue Begriff besagt, daß lebende Systeme sich selbst erzeugende Einheiten sind, die im Verlauf ihrer Entstehungsgeschichte eine Grenze zwischen sich und der Umgebung erzeugen. Lebende Systeme führen quasi ein Eigenleben gegenüber der Umwelt.

Maturana wendet sich mit diesen Thesen gegen einfache Umwelttheorien. Lebende Systeme existieren für ihn als strukturdeterminierte Einheiten in einem Medium, mit dem sie sich nicht in voller, sondern in *struktureller* Übereinstimmung befinden. Damit sind aber die lebenden Systeme miteinander vernetzt. Die Verbindung beruht auf dem Eigenleben der Systeme und auf dispositionalen Verbindungen. Es muß also ein *konsensueller* Bereich innerhalb der Systeme geben, der eine Interaktion ermöglicht. Er realisiert die Verständigung. Die Auslese ist nicht Ursache, sondern Folge dieses Prozesses.

Wir können das Verhalten von anderen Menschen nicht beeinflussen, wir können sie nur *perturbieren*. Damit meint Maturana, daß wir auf den anderen Menschen zwar einwirken, aber dieser gemäß seines eigenen Systems reagiert oder nicht reagiert. " Es ist nicht möglich, das Verhalten eines anderen Menschen zu beeinflussen oder das gezielt festzulegen, was mit einem anderen Menschen geschehen wird. Das einzige, das Sie tun können, ist, jemanden zu 'perturbieren'. Was auch immer dann in dem anderen jeweils geschieht, resultiert aus seiner Struktur" (Maturana 1990, S. 23).

Aus diesen Gründen problematisiert der Autor den Begriff der 'Macht` zwischen Personen. Macht existiert nur, weil der gehorsame Mensch dies anerkennt. Familien sind für Maturana keine hierarchischen Organisationen, sondern vieldimensionale lebende Systeme mit einer spezifischen Koordination. Lebende Systeme sind weder gut noch schlecht, weder gesund noch krank, sie müssen so betrachtet werden, wie sie sind, ohne spezifische Wertung. Sie entwickeln sich aus sich heraus. Maturana deutet diese Zusammenhänge am Beispiel des Puppentheaters. Text und Regieanweisungen liegen fest. Die Puppen werden geführt und reagieren untereinander, bei der Improvisation ist dies genauso. Der Zuschauer ist sekundär. "Unter diesen Umständen entsteht ein Stück, das sich auf der Bühne abspielt, zugleich aber auch auf die Puppenspieler zurückwirkt, denn die Spieler werden ja durch die im Stück stattfindenden Ereignisse beeinflußt. Diese Tatsache bleibt dem Publikum verborgen. Das Publikum sieht das Stück als ein fließendes Phänomen. Bei dieser Improvisation wird das Stück sowohl durch den vorgegebenen Inhalt beeinflußt als auch dadurch, daß in den Puppenspielern bei der Aufführung etwas vor sich geht. Ich denke, daß sich Menschen in dieser Situation befinden. Sie sind gesellschaftliche Wesen und das soziale System konstituierende Menschen. Wir produzieren gleichsam ein Theaterstück und werden bei der Aufführung von dessen Ablauf beeinflußt" (Maturana 1990, S. 31). Man könnte sich hier fragen, ob der Autor die menschliche Individualität leugnet. Maturana behauptet das Gegenteil. Die Puppen sind geschlossene, selbständige Systeme, die aufeinander gemäß struktureller Dispositionen reagieren.

Nur Individuen können nach der konstruktivistischen Kognitionstheorie gesellschaftliches Handeln tragen und Entwicklungen vorantreiben. Sie sind eigenmächtig und selbstverantwortlich. Die Eigenschaften der Individuen formen das soziale System. Die Außenwelt prägt nicht das Individuum, sondern das Individuum reagiert in seiner spezifischen Weise auf die Außenwelt. Um dieses Grundargumentationsmuster zu verdeutlichen, erwähnt Maturana das Salamanderexperiment von Roger Sperry. Dieser hat die Augen des Salamanders um 180 Grad gedreht. Der Salamander reagiert auf einen Wurm so, daß er den Kopf um 180 Grad dreht und dann die Zunge bewegt, um den Wurm zu erreichen. Der Salamander reagiert aufgrund seiner inneren Struktur und kann sich nicht an die Außenwelt anpassen. "Das Tier befindet sich normalerweise in einem Zustand der strukturellen Übereinstimmung mit dem Medium. Wenn Sie ihm einen Wurm darbieten, wird es seine Zunge auswerfen und den Wurm auch treffen. Wenn die Augen gedreht werden, wird deutlich, daß das Verhalten des Salamanders passend ist, solange die strukturelle Übereinstimmung mit den Medien besteht. Bei der Erzeugung von Verhalten führt der Salamander eine interne Korrelation aus. Er richtet sich auf eine externe Welt hin aus" (Maturana 1990, S. 52). Der Autor gesteht allerdings ein, daß der Mensch flexibler als ein Tier reagieren kann. Der Mensch kann neue Dinge dazu lernen. Mit unseren fünf Sinnen interagieren wir mit der Umwelt. Sind die Sinne gestört, kann der Mensch häufig diese Störungen kompensieren. Maturana behauptet keine funktionalistische Beziehung zwischen lebendem Organismus und Medium, sondern nur, daß strukturelle Zusammenhänge irgendwie bestehen.

Mensch	Welt

Der Mensch entwirft seine eigene Welt	Die Welt als Konstruktion
Geschlossenes Nerven- system	Nicht objektiv erfahrbar
Sinnes- Täuschung	Welt als Realität und Illusion

Mit dem Begriff des "Beobachters" will der Autor die klassische Subjekt-Objekt-Spaltung umgehen. Er unterscheidet nicht zwischen Beobachter und Objekt, sondern bezieht sich nur auf die Operationen des Beobachters. Alles, was gesagt wird, wird von einem Subjekt gesagt. Das sind die Fakten, hinter die Maturana nicht mehr zurückgeht.

Die Operationen des Menschen sind also sein Ausgangspunkt. Er geht von der Subjektivität aus, von der Praxis, die nicht mehr gerechtfertigt werden muß. Deswegen gibt es verschiedene Bereiche der Realität und keine absolute Wirklichkeitserkenntnis. "Daraus ergeben sich mehrere Konsequenzen. Eine Konsequenz für den sozialen Bereich lautet, daß niemand behaupten kann, über einen besonderen, privilegierten Zugang zu einer 'Wahrheit' zu verfügen. Eine andere Konsequenz lautet, daß es viele Realitätsbereiche gibt und daß alle Realitätsbereiche gleichberechtigt sind. Sie sind nicht gleich angenehm, aber gleichberechtigt sind sie schon, denn jeder wird jeweils durch die Unterscheidungsoperationen des 'Beobachters' festgelegt. Das Beobachten ist wiederum ein Bereich der Realität, der im Bereich der konstitutiven Ontologien hervorgebracht wird. Deshalb sage ich, daß meine Erklärung, also die Ontologie des 'Beobachters', die Bedingungen des Zustandekommens von Beobachtung beschreibt" (Maturana 1990, S.60). Unterschiedliche Welten ergeben sich, weil verschiedene Subjekte wahrnehmen. Dabei spielen die Emotionen auch eine Rolle, nicht im Sinne von intuitivem Erkennen, sondern im Sinne von Dispositionen zu Handlungen. Emotionen legen die Bedingungen aller rationalen Konstruktionen fest.

Maturana akzeptiert zwar den Begriff der Individualität nicht aber das "Ich-Bewußtsein". Dies setzt er mit Egoismus und Manipulation von sozialen Prozessen gleich. Dinge ereignen sich, sie können nicht von einem "Ich" gesteuert werden. Der Mensch unterscheidet sich vom Tier nicht durch sein "Ich-Bewußtsein", sondern durch sein körperliches Aussehen und seine Sprache. Die Sprache übernimmt eine Koordinationsfunktion zwischen dem lebenden System und der Außenwelt. "Was immer Sie auch in der Sprache tun, hat sowieso mit Ihrer strukturellen Dynamik zu tun. Die strukturelle Dynamik ist ein Signal in der sozialen Interaktion, in einer sozialen Koordination von Handlungen. Es ist ein bestimmtes Signal im Hinblick auf den Namen. Dies erlaubt es mir, die Aktivitäten eines Teils des Gehirns mit denen eines anderen zu korrelieren. Ich betrachte das Benennen als eine sensomotorische Korrelation" (Maturana 1990, S. 85).

Der Autor argumentiert nicht auf einer empirischen Basis neurophysiologischer Studien, sondern eher mit Fallbeispielen. Sein Ausgangspunkt im Erkenntnisprozeß ist das Subjekt (der Beobachter). Das Menschenbild wird in einer neuen Fachsprache verschlüsselt und abstrakt erläutert. Neue Begriffe wie Autopoesis, strukturelles Driften, Ko-Evolution, Konsensueller Bereich, Perturbation, strukturelle Koppelungen usw. begründen ein einfaches Weltbild. Die Argumentation stützt sich auf täuschende Wahrnehmungen. Sie sollen belegen, daß die Realität nicht erkannt werden kann. Wir schwanken immer zwischen Wirklichkeit und Illusion. Diese Argumentation ist nicht plausibel. Wenn wir Wahrnehmung als Täuschung erkennen, haben wir die Realität erfaßt. Dies geschieht entweder durch eine korrigierende Sinneswahrnehmung oder durch unser Denken. Außerdem ist nicht einzusehen, warum sich eine Theorie auf der Täuschung und nicht auf einer gelungenen Wahrnehmung gründet. Dieses zu zeigen wäre die Aufgabe einer Erkenntnistheorie, die natürlicherweise auf dem Subjekt beruht, wer sonst ist Träger der Erkenntnis, wenn nicht der Mensch selbst?

Maturana wendet sich zu Recht gegen eine einfache Abbildtheorie, indem er lebende Systeme als geschlossene Systeme bestimmt. Durch die Verneinung einer absoluten Wahrheit versucht er Dogmatismus und Fanatismus zu verhindern. Jeder Mensch konstruiert seine Welt, die von anderen akzeptiert werden soll. Er erkennt nur die Dinge, für die er eine Disposition in sich trägt. Es gibt zwar das Individuum, aber es kann nicht genau bestimmt werden. Es gibt zwar soviel Wahrheiten wie es Subjekte gibt, doch es gibt auch nur eine Wahrheit. Wie dieses Verhältnis bestimmt werden kann, bleibt bei Maturana unklar.

Literatur

Luhmann, Niklas, Soziologische Aufklärung 5. Konstruktivistische Perspektiven, Opladen 1990

Maturana, Humberto R., Varela, Francisco J., Der Baum der Erkenntnis. Die biologischen Wurzeln des menschlichen Erkennens. München 1987

Maturana, Humberto R. ein Interview, in: Riegas, Volker / Vetter, Christian (Hrsg.), Zur Biologie der Kognition, Ffm 1990

Schmidt, Siegfried J. (Hrsg.), Der Diskurs des radikalen Konstruktivismus, Ffm 1987

Watzlawick, Paul (Hrsg.), Die erfundene Wirklichkeit, München 1991

XVIII. DIE GRENZEN DER FREIHEIT: JAMES BUCHANAN

1. Der ökonomische Imperialismus

Neuere Ansätze (McKenzie/Tullock 1984) aus den USA beanspruchen das ökonomische Denken auf soziale Gebiete auszudehnen. Für sie ist Ökonomie nur ein methodisches Handwerkszeug, das überall anwendbar ist. Ökonomie wird wie folgt definiert: "Der Ansatz, den wir in diesem Buch wählen, ist die Definition der Wirtschaftswissenschaft als einer geistigen Fähigkeit, die einen besonderen Blickwinkel des Verhaltens von Menschen einschließt, der für die Wirtschaftswissenschaftler charakteristisch ist. Ökonomie ist also kurz gesprochen ein Denkprozeß oder, anders ausgedrückt, die Art und Weise, wie Ökonomen an ein Problem herangehen, nicht aber eine Menge von Problemen, die man ohne weiteres abtrennen kann und durch die so der Ökonom von anderen Wissenschaftlern unterschieden werden kann" (McKenzie/Tullock 1984, S. 25). Ökonomie ist hier also ein besonderer Denkprozeß, eine Methode.

Basis dieser Methode ist die Abstraktion, das Modell. Man ist sich darüber im klaren, daß das Modell meist unrealistisch ist, doch will man die Welt, wie sie ist, erklären und Vorhersagen machen. McKenzie und Tullock·bezeichnen ihren eigenen Ansatz als unmoralisch. Die Wissenschaft soll keine Wertungen behaupten, sondern verstehen, warum sich Menschen so verhalten. Die Dienstleistung einer Dirne soll genauso behandelt werden wie die des Metzgers.

Wir wissen, daß diese Annahme theoretisch unhaltbar ist, da jede Aussage im sozialen und historischen Kontext immer auch eine Wertaussage ist. Statt Metzger könnte man ja auch Tierliebhaber oder Tierquäler sagen etc. Schon die Begriffswahl ist also eine Wertung.

McKenzie und Tullock trennen die wissenschaftliche Sachaussage und die persönliche Bewertung. "Wie jedermann sonst haben wir natürlich auch unsere eigenen Bewertungsmaßstäbe; es würde uns deshalb auch gar nicht weiter schwerfallen, Ratschläge zu erteilen, wie sich Leute anders verhalten sollen, damit sie das, was wir als Humanisten für 'Richtig' halten auch erreichen" (McKenzie/Tullock 1984, S. 27). Auch dies ist unseres Erachtens kaum möglich. Sachaussagen enthalten innere Wertungen und sind von Personen gemacht und damit auch individuell geprägt.

Basis dieses ökonomischen Denkens ist das Individuum, da sich alle Gruppenentscheidungen auch immer auf Personen zurückführen lassen. "Nur Individuen haben wertende Vorstellungen, treffen Entscheidungen und entschließen sich zum Handeln, wenn sie die Freiheit dazu haben. Alle Gruppenentscheidungen und -handlungen lassen sich als gemeinsame und als individuelle Handlungen auffassen" (McKenzie/Tullock 1984, S. 28). Wir stimmen zunächst mit den Autoren darin überein, daß das freie Subjekt letztendlich für seine Entscheidungen verantwortlich ist. Diese haben aber einen sozialen Kontext. Außerdem wäre zu fragen, ob es nicht auch kollektive Entscheidungen gibt, die mehr sind als die Summe der Einzelentscheidungen? Die Frage also, ob eine Gruppenentscheidung nicht auch eine eigene Qualität hat?

Die Autoren gehen davon aus, daß Menschen ihr Schicksal verbessern wollen und dies mit Absicht anstreben. "Ökonomen gehen bei ihrer Analyse des menschlichen Verhaltens davon aus, ihr Schicksal zu verbessern, ihre Lage von einer weniger angenehmen in eine bessere zu verwandeln..." (McKenzie/Tullock 1984, S. 28). Sicherlich wollen die Menschen ihr Schicksdal verbessern, das bewirkt der natürliche Lebenstrieb. Der Mensch beabsichtigt aber auch immer im Sinne der Aufklärung ein "gelungenes" Leben zu führen, d.h. eigene Ideen im Leben zu verwirklichen.

In der Frage des freien Willens fallen McKenzie und Tullock hinter die liberale Position zurück. Sie geht von der freien Entscheidung aus. Die Autoren betonen lediglich, daß der Mensch entscheiden soll. "Ob Menschen sich frei entscheiden oder auf bestimmte Entscheidungen hin 'programmiert' sind, ist vom ökonomischen Standpunkt aus unerheblich. Es reicht uns festzustellen, daß sie bestimmte Entscheidungen treffen" (McKenzie/Tullock 1984, S. 29).

McKenzie und Tullock nehmen nun an, daß sich die Individuen rational verhalten. Rationalität heißt hier, daß Individuen immer mehr wählen von dem, was sie wünschen, als weniger. Gegen diese Definition von Rationalität müssen wir folgendes einwenden. Vernünftiges Handeln muß sowohl die Qualität als auch die Quantität einer Ware abschätzen. Es geht dabei nicht um das mehr, sondern daß das Individuum der Entscheidung *innerlich* zustimmen kann (vgl. Scherhorn 1981).

Der vorliegende Ansatz ist mehr als unbefriedigend. Es wird eine quantitative Rationalität beim menschlichen Verhalten unterstellt, die dann als Erklärungsbasis wiederum herangezogen wird. Dies ist schlichtweg eine Tautologie. Die wichtigste These des Marktmodells, die freie Entscheidung wird relativiert, ohne daß angegeben wird, was eine Entscheidung ist. Jede Handlung wird damit potentiell zu einer Entscheidung stilisiert, Kaufverhalten von Kindern, Nachfrage nach Suchtmittel, 'normales' Kaufverhalten von Erwachsenen. Die dargestellten Aussagen entziehen sich damit einer sinnvollen Diskussion und verbleiben jenseits des Prinzips der Verantwortung.

2. Die Ökonomie als Kontrakt

James Buchanan (1984) versucht mit neoklassischen und vertragstheoretischen Überlegungen das ökonomische Denken zu revolutionieren. Seine Pardigmen lauten: Individualismus, Freiheit, Regeln.

Die Regeln entstammen nicht einer göttlichen Ordnung, sondern müssen vom Menschen mit Hilfe seines Verstandes entwickelt werden. Anarchie ist für Buchanan ein Ideal für vollkommene Menschen. Der moderne Mensch allerdings braucht Regeln, Freiräume, aber auch Grenzen für sein Handeln. "Wie schon so viele vor mir, will ich die Grundlagen für eine Gesellschft untersuchen, deren Mitglieder frei sein wollen und die gleichzeitig die durch ihre wechselseitige Abhängigkeit im gesellschaftlichen Bereich gezogenen Grenzen erkennen. Individuelle Freiheit kann nicht schrankenlos sein" (Buchanan 1984, S. XI).

Buchanan grenzt sich von platonischen Idealvorstellungen ab und begründet das menschliche Zusammenleben aus der gesellschaftlichen Organisation, die den Menschen ermöglicht, seine Ziele effizient zu realisieren. Buchanan geht nicht von der gemeinsamen Glückseligkeit aus, sondern vom Kompromiß. Seinen Ansatz bezeichnet er als individualistisch und demokratisch. Er will die Normen seiner Mitmenschen neutral akzeptieren und bewertet den Menschen nur als

Einzelnen. Dieser kann frei Verträge schließen, wenn beide die erstrebte Situation als "gut" empfinden.

Buchanan unterstellt, daß die Menschen die Utopie des Anarchisten anstreben. Diese sei allerdings nicht realisierbar. Er erläutert dies am Beispiel des Umgangs mit Langhaarigen. Ziel des Anarchismus sei, daß jeder macht was er will. Was geschieht aber, wenn sich Menschen durch die Freiheit des anderen (Langhaarigen) gestört fühlen. Für Buchanan ist dieses Problem nur lösbar durch vertragliche Regelungen, durch Geld und Ausgleichszahlungen. "Dieser Mangel in der anarchistischen Konzeption läßt sich nun scheinbar beleben, wenn man freien Tausch zuläßt und sich auf ein allgemein anerkanntes Zahlungsmittel einigt. Ein solches Gut, das 'Geld', erleichtert einen Vergleich der Werte und ermöglicht es anderen, gemeinsam zu handeln und einen Störenfried zu kompensieren oder zu bestechen" (Buchanan 1984, S. 5).

Der Autor ist mit dieser Lösung jedoch nicht ganz glücklich, da sie mißbraucht werden kann. Beispiel: In Erwartung der Ausgleichszahlung äußert jemand Vorbehalte gegenüber Langhaarigen, obwohl diese real gar nicht existieren. Der Willkür ist also Tür und Tor geöffnet. Trotz dieser Mängel gründet Buchanan seine Theorie auf das "anarchistische Ideal" gebunden an Verträge und Geld als Bewertungsmaßstab, Tauschmittel und Kompensationsmittel. "In dem Maße, wie Konflikte in immer mehr Bereichen menschlicher Interaktionen offenkundig werden, werden institutionelle Mittel zur Lösung dieser Probleme eingesetzt, und das Bündel formalistischer Regelungen dehnt sich aus. Solange sich die Menschen stillschweigend an Regeln halten, ist jedoch eine Verrechtlichung nicht erforderlich. Tun sie dies aber nicht, so werden Formalisierung, Durchführungsbestimmungen und zwangsweise Durchsetzung notwendig" (Buchanan 1984, S. 6/7).

Nach Buchanan gibt es bereits in Amerika einige allgemein akzeptierte Grundregeln des menschlichen Zusammenlebens, die sich bewährt haben und unangetastet bleiben müssen. Er erwähnt vor allem die natürliche Achtung vor dem Mitmenschen, die gegenseitige Toleranz, die Grundhaltung, "leben und leben lassen". Der Kampf aller gegen alle ist nicht erstrebenswert, deswegen erläßt der Souverän Regeln und Normen.

Die persönlichen Interaktionen sollen möglichst auf der freien Entscheidung beruhen. Außenstehende Beobachter haben die freie Entscheidung der Beteiligten nicht zu beurteilen. Eine Bewertung kann nur die Art und Weise ansprechen, wie die Ergebnisse zustande gekommen sind, nicht jedoch die Ergebnisse selbst.

Aus diesen Kontraktüberlegungen begründet Buchanan das Eigentum. Es sei notwendig, damit der Einzelne sich abgrenzt und Verträge schließen kann. Was der Einzelne tun darf, muß genau festgelegt werden. Buchanan faßt das Eigentum nicht nur physisch-materiell auf, sondern auch als Nutzungsrecht immaterieller Güter. Dabei werden die Nutzungsrechte von der allgemeinen Rechtsordnung begrenzt. Das Eigentum gilt für Buchanan scheinbar für jede Gesellschaft, wenn er schreibt: "Die Grundfunktion des Eigentums in jeder Gesellschaftsordnung, in der die individuelle Freiheit als Wert verkörpert ist, sollte verstanden werden. Durch die Definition und Allokation von 'Rechten' unter die einzelnen Mitglieder einer Gemeinschaft kann die Anarchie zum Ordnungsprinzip für weite Bereiche menschlichen Verhaltens werden" (Buchanan 1984, S. 13).

Buchanan geht sogar soweit, daß er Eigentumsrechte und Persönlichkeit als quasi identisch ansieht. "Durch die Beschreibung seiner Eigentumsrechte wird ein Mensch als 'Person' definiert" (Buchanan 1984, S. 13). Gemäß dieser Bestimmung kann die Menschlichkeit schwanken zwischen keinerlei Rechte - vollständige Sklaverei - und dem Besitz von allen Rechten - vollkommene Dominanz. Beide Extreme sind nicht wünschenswert.

Eine Person wird definiert als ein Wesen, daß mit klaren und eindeutigen Rechten ausgestattet ist. Sie hat die Freiheit, die Rechte zu nutzen und zu tauschen. Die Personen unterscheiden sich in der Art und Zahl ihrer Rechte. Ein Tausch kommt nur zustande, wenn Ungleichheit herrscht. Aus diesen Gründen beschwört Buchanan nicht die Gleichheit der Menschen, sondern ihre Ungleichheit: "Individuen unterscheiden sich voneinander in wichtigen Punkten: körperliche Stärke, Mut, Vorstellungskraft, künstlerische Fertigkeiten und Urteilsvermögen, Intelligenz, Präferenzen, Einstellungen anderen gegenüber, persönliche Lebensweise, Fähigkeit zum sozialen Verhalten, 'Weltanschauung', in der Macht, andere zu kontrollieren, und in der Verfügungsgewalt über materielle Ressourcen" (Buchanan 1984, S. 15). Eine Person wird von Buchanan durch ihre materiellen und immateriellen Rechte definiert. Ein Austausch kann nur stattfinden, wenn Rechte vorhanden sind und vom anderen respektiert werden.

Der Staat muß die Rechte aller respektieren und jedermann bei der Durchsetzung seiner Rechte *gleich* behandeln. Das Neutralitätsgebot führt aber zur gleichen Behandlung von Ungleichen, nicht von Gleichen. "Mit anderen Worten, man geht oft von der falschen Vorstellung aus, daß Rechtsgleichheit auch die Herstellung faktischer Gleichheit impliziere oder daß faktische Gleichheit ein Maßstab für sozialen Fortschritt sei" (Buchanan 1984, S. 16).

Aus seiner Vertrags- und Eigentumstheorie leitet Buchanan den Staat ab. Er hat die Rechte der Einzelnen zu schützen, er hat aber auf die Definition der Rechte selbst keinen Einfluß. Welche Rechte hat aber der Staat selbst? Wie kann sich das Individuum vor staatlicher Willkür schützen? Es gibt historisch verschiedene Möglichkeiten: Aufteilung der Exekutivgewalt auf mehrere Beamte, förderativer Staatsaufbau, Gewaltenteilung, Anerkennung höherer Gesetze, Naturrecht.

Buchanan verläßt mit seiner Argumentation den Boden der ökonomischen Wissenschaft. Er leitet alle seine Thesen einseitig aus einem juristischen Akt, dem Vertrag, ab. Die eigentlichen Fragen der Ökonomie nach der Produktion und Verteilung der Waren in Qualität und Quantität werden nicht gestellt.

Läßt man sich auf seine Argumentation ein, so wird außer acht gelassen, wie die Dinge vor Beginn des Tausches verteilt sind. Er gibt keine Kriterien für freies und rationales Handeln. Er behauptet nur, alle Entscheidungen seien rational, sonst würden sie nicht stattfinden. Freiheit und Vernunft sind jedoch Eigenschaften, die nicht ergebnishaft existieren und abgerufen werden können, sondern in langen Lernprozessen in Gegenwart und Zukunft eworben werden müssen. Der Staat ist nicht einseitig als Überwacher von Kontrakten anzusehen, sondern immer auch eine Norminstanz und eine gesamtverantwortliche Einrichtung der Gesellschaft. Der Staat soll aktuelle und zukünftige Ziele der Individuen und der Gesellschaft mitentwickeln und gestalten. Er trägt Verantwortung für die heutige und die zukünftige Generation. Buchanan kennt scheinbar nur formale Rechte, undifferenziert nach Quantität, Qualität, Macht und Herrschaft. Verantwortung, Empathie, der richtige Umgang mit den Dingen sind für ihn Fremdworte. Sein Menschenbild - das Ideal der Anarchie - ist eine Karikatur eines Ideals. Wir wissen aus der Persönlichkeitstheorie, daß Menschlichkeit nichts mit totaler Unverbindlichkeit und Isoliertheit zu tun hat. Der Mensch braucht Eigenständigkeit, Gemeinschaft und Verantwortung. In diesem Sinne baut Buchanan ein ironisches, einseitiges Menschenbild auf.

3. Die Anwendung des Marktkonzeptes auf die Droge

In einem Spiegel-Interview vom 30. März 1992 versucht der amerikanische Nobelpreisträger Milton Friedman das Marktkonzept auf die Drogenpolitik anzuwenden. Friedman hält die staatliche Drogenpolitik für gescheitert. Sie sei zu teuer und ineffizient. Er plädiert für eine Freigabe aller Rauschgifte und eine Anwendung des Marktprinzips. "Ich bin für die Abschaffung der gegenwärtigen Prohibition und plädiere dafür, daß Drogen in genau derselben Weise behandelt werden wie derzeit Alkohol und Tabak" (Friedman).

Friedman spricht sich nicht für eine totale Freigabe aus, sondern durchaus auch für gesetzliche Beschränkungen, beispielsweise für Nichtvolljährige. Der Staat dürfe allerdings keine Drogen verkaufen, sondern die Privatwirtschaft.

Ein legaler Drogenmarkt ist nach Friedman besser zu kontrollieren, die Preise wären billiger und es würde auch eine bessere Rauschgiftqualität am Markt angeboten. "Der Hauptgewinner eines legalisierten Drogenmarktes ist der Konsument. Denn die legalen Drogen wären sehr viel sauberer, ihr Wirkstoffanteil würde per Beipackzettel ausgewiesen, die Gefahr der Überdosis nähme ab..." (Friedman).

Die Illegalität in der Drogenfrage führe zur Erhöhung der Kriminalität, zur Überfüllung der Gefängnisse, zur Überforderung der Justiz. Friedman geht außerdem davon aus, daß ein Verbot den Konsum eher anreize und fördere, als eine Freigabe. "Die Abschaffung der Alkoholprohibition hat langfristig zu keinem Anstieg des Alkoholkonsums geführt. Tatsächlich ging die Anzahl der alkoholbedingten Todesfälle zurück, weil der Alkohol reiner war. Und nachdem in Holland Marihuana entkriminalisiert wurde, ging der Marihuana-Verbrauch zurück, ähnliche Daten liegen aus Alaska vor, wo der Besitz von Marihuana für den privaten Bedarf jahrelang strafrechtlich nicht verfolgt wurde" (Friedman).

Milton Friedman äußert nur wenige Hypothesen zum menschlichen Verhalten. Die freie Konsumwahl, das Kernstück der Marktwirtschaft, wird nicht zitiert. Dies ist kein Zufall, da Friedman sicherlich weiß, daß bei Drogen von einer freien Entscheidung nicht gesprochen werden kann, daß ja gerade das Gegenteil sich ereignet und die Sucht genau das Problem ist. Jeder Mensch hat aber nur dann ein Recht auf Sucht, wenn er sich frei entscheiden kann. Die Drogenabhängigkeit realisiert sich aber meist schon bei Minderjährigen und entscheidungsschwachen Menschen.

Außerdem basiert die Marktwirtschaft auf einem Rechtssystem, das eingehalten werden muß. Sind die Drogen verboten, gibt es für den Ökonomen keinen Drogenmarkt, allenfalls illegale Handlungen. Die Frage der Legalisierung von Drogen ist keine ökonomische Frage, sondern eine politische und normative. Ist der Einzelne oder die Gemeinschaft bereit, Drogen zuzulassen? Nur ein demokratisch legitimierter Prozeß könnte eine solche Frage beantworten.

Milton Friedman behandelt Drogen wie jede andere Ware. Ein Mensch, der sein Geld am Drogenmarkt verdient, handelt für ihn wie ein Industriebaron, aus Interesse. Diese Argumentation verkürzt jedoch den Warenbegriff und geht damit an der Realität vorbei. Die Industrie hat immer auch darauf zu achten, daß Qualitätsmaßstäbe eingehalten werden und daß die Waren individuellen und gesellschaftlichen Bedürfnissen genügen. Waren sind Ergebnis menschlicher Arbeitsleistung *zur Verbesserung* der Lebensbedingungen. Rauschgifte dagegen *zerstören* die menschlichen Fähigkeiten und bedeuten eine ökonomische Ressourcenvernichtung. Milton Friedman destruiert nicht nur den Warenbegriff, indem er von allen Gebrauchswerten absieht, er nivelliert auch die Menschen. Drogenfahnder und -abhängige sitzen für ihn im gleichen Boot. "Verfolger und Verfolgte im Drogenkrieg haben in gewisser Weise ein gemeinsames Interesse. Den Verfolgten, den Drogenlieferanten und Vertreibern der Drogen sichert die Prohibition ein gutes Auskommen. Dies gilt auch für die Verfolger. Ihre Etats werden laufend aufgestockt, die Gehälter erhöht, Ruhm und gute Karrieren sind ihnen sicher" (Friedman). Es ist zu bezweifeln, daß die Verfolgung von Suchtproblemen den Verfolgern diesen Spaß bereitet, den Friedman hier unterstellt.

Das Marktmodell geht davon aus, daß die Güter teilbar sind. Sind sie es nicht, soll der Staat das jeweilige Gut anbieten. Der Deich an

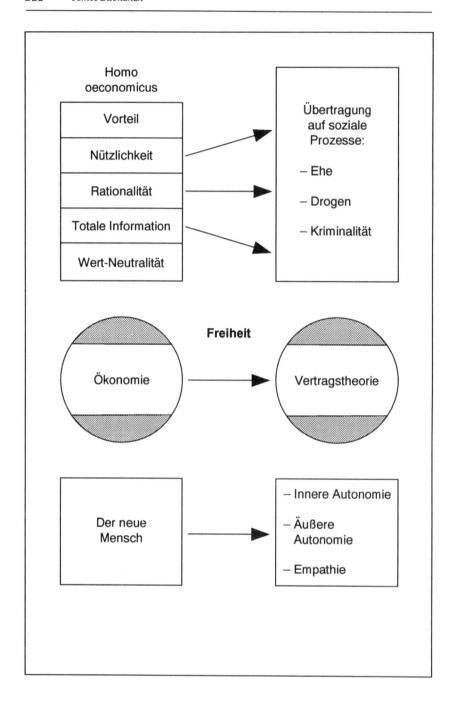

der Nordsee läßt sich nicht teilen und wird deswegen zu den kollektiven Gütern gezählt. Die Droge kann ebenfalls als eine unteilbare Ware angesehen werden, da ihr Konsum endlos ist. Ein Konsumakt führt notwendigerweise zu einem weiteren. Aus diesen Gründen kommen wir zu dem Ergebnis, daß das Marktmodell auf die Drogenfrage nicht anzuwenden ist, da drei Voraussetzungen des Modells nicht erfüllt sind: die Legalität, die Teilbarkeit und die freie Entscheidung des Konsumenten.

Das Problem ist primär kein ökonomisches Problem, sondern eine politische und normative Frage. Es hat allerdings erhebliche ökonomische Auswirkungen: Drogenabhängige erbringen keine Arbeitsleistung zum Sozialprodukt, die Drogenberatung kostet sehr viel Geld, die Drogenhändler verdienen sehr viel Geld, der Drogenanbau bringt Arbeitsplätze und Umsätze, die Drogenkriminalität vernichtet Ressourcen. Diese Fragen können nur geklärt werden nicht durch Nutzenabwägungen, sondern durch individuelle und gesellschaftliche Wertentscheidungen.

4. Der Einwand von Scherhorn

Gerhard Scherhorn, Professor für Konsumtheorie und Verbraucherpolitik an der Universität Hohenheim, plädiert für ein neues Menschenbild in der Ökonomie. Er wirft pauschal der ökonomischen Theorie vor, sie habe ein deterministisches Bild vom Menschen, er wird betrachtet wie eine nutzenmaximierende Maschine. "Der Mensch wird *wie eine Maschine* betrachtet, die aus einzelnen, auswechselbaren und reparierbaren Teilen besteht und deshalb auch machbar, lenkbar und in ihrem Verhalten vorausbestimmbar ist. Man stellte sich - und tut es vielfach noch - den Menschen als eine 'nutzen-maximierende Maschine' vor: als ein Wesen, das allein vom Streben nach möglichst viel Lust (Nutzen, Befriedigung) und möglichst wenig Unlust (Schmerz, Enttäuschung) geleitet ist" (Scherhorn 1991, S. 157).

Scherhorn sieht im einseitigen Menschenbild der Ökonomie einen Hauptgrund für das praktische Versagen des Marktmodells. Man habe nur die äußere Autonomie des Menschen betrachtet, es fehle die innere Seite.

Äußere Autonomie heißt keine Gebundenheit des Individuums in seinen Entscheidungen an den Willen anderer. Der Eigentümer kann autark entscheiden. Die innere Autonomie bedeutet, daß die Entscheidung mit den inneren Neigungen des Individuums übereinstimmt: "'Innere' Autonomie würde bedeuten, daß das Subjekt von der äußeren Freiheit oder Unabhängigkeit, die ihm gegeben ist, in freier Entscheidung einen selbstbestimmten Gebrauch macht. Frei und selbstbestimmt ist eine Entscheidung, wenn der Handelnde ernstlich erwägen kann, die Handlung zu unterlassen, und wenn das, wofür er sich dann entscheidet, wirklich seinem Selbst entspringt, so daß es von ihm zutiefst als seine eigene Wahl erlebt werden kann, wenn es also seinen authentischen Gefühlen, Wünschen und Interessen gemäß ist" (Scherhorn 1991, S. 157).

Innere Autonomie heißt für Scherhorn Offensein für Erfahrung und Wahrnehmung, Vertrauen in die Signale des eigenen Organismus. Diese Prozesse vernachlässige die ökonomische Theorie und betone vor allem die äußeren Aspekte des Handelns, die inneren Aspekte bleiben unberücksichtigt oder bleiben determiniert." *Der ökonomisch-rational Handelnde* ist frei bei der Festlegung seiner Präferenzen; hat er sie festgelegt und in eine konsistente Ordnung gebracht, so kalkuliert er das für ihn erreichbare Nutzenmaximum und ändert dann an seinen Wünschen und Vorstellungen von innen heraus normalerweise nichts mehr. Auf die Veränderung ökonomisch relevanter Bedingungen jedenfalls reagiert er in der dadurch festgelegten Weise" (Scherhorn 1991, S. 158).

Diese Vorgehensweise ist nach Scherhorn unrealistisch, da die spontanen Lebensäußerungen unberücksichtigt bleiben und in ein starres Annahmeschema gepreßt werden.

Die innere Struktur des Menschen ist jedoch nicht starr, sondern vielschichtig und in sehr hohem Maße nicht autonom, sondern heteronom, d.h. nicht frei, sondern von Irrationalität und Zwangsvorstellungen geprägt. "Die Einschränkung kann beispielsweise darin bestehen, daß das Verhalten bestimmt wird von einer Zwangsvorstellung oder einer 'fixen Idee'; von dem unwiderstehlichen Drang nach Einverleibung eines Suchtmittels; von dem Hang zum Kompensieren eines inneren Defizits durch äußere Gratifikationen wie Geld und Besitz, Position und Geltung, Macht und Einfluß, Kaufakte und Konsumgüter; von einer suchthaften Abhängigkeit von Gewohnheiten;

von einem rigiden Befolgen internalisierter Imperative; von un-
kontrollierten Ängsten oder Aggressionen; von einem tiefeingewur-
zelten Gefühl der Hilflosigkeit" (Scherhorn 1991, S. 160).

Die Ökonomie dagegen geht nach Scherhorn immer noch davon
aus, daß der Einzelne sich auf der Basis seiner Präferenzen rational
entscheidet, d.h. daß das Verhalten rational selbst determiniert ist. Die
Entstehung der Präferenzen bleibt unberücksichtigt. In Scherhorns
Begriffen wird nur die äußere Autonomie von der Theorie berücksichtigt, die innere Autonomie gilt als statisch, als geklärt. Außerdem
weist Scherhorn mit dem Begriff der inneren Heteronomie darauf hin,
daß die innere Freiheit durch Zwänge und Süchte stark beeinträchtigt
ist.

Scherhorn untersucht nicht den Rationalitätsbegriff der Ökonomie.
Er unterscheidet nicht zwischen formaler und substantieller Vernunft.
Er kritisiert vor allem das deterministische, nutzenmaximierende
Menschenbild, das den Menschen zu verantwortungslosem Handeln
erzieht. Er stellt dieser verengten Konstruktion sein Idealbild des verantwortlichen Handelns entgegen. Das ökonomische Weltbild verhin-
dere durch seine Annahme unendlicher Bedürfnisse, Nutzenmaximierung, das richtige Handeln. *Innere Autonomie* werde bewußt nicht
anerzogen, sondern eher ausgetrieben.

Innere und äußere Autonomie, Empathie und Integration sind Begriffe eines neuen Menschenbildes für Scherhorn. Willensfreiheit wird
zur obersten Kategorie. "Ins Zentrum des Interesses rückte daher die
selbstkritische Kompetenz, die 'prozedurale Unabhängigkeit', d.h. die
Fähigkeit, durch Selbstreflexion zu der inneren Gewißheit zu gelangen, daß eine Entscheidung, gleichgültig wie konventionell oder unkonventionell sie sein mag, wirklich den authentischen Vorstellungen
und Idealen des Handelns entspricht" (Scherhorn 1991, S. 165).

Wie das Handeln des Einzelnen einzubetten ist in das *Einssein mit
anderem Leben* wird von Scherhorn erwähnt, aber nicht näher ausgeführt. Auch das Konzept von Erich Fromm wird nur kurz angedeutet.
Sein Persönlichkeitskonzept (Fromm) beruht auf der Zulassung der
individuellen Fähigkeiten und Gefühle. Die jeweilige Person akzeptiert ihre guten und schlechten Anlagen. "Daher drückt sich das
Selbstwertgefühl einer integrierten, autonomen Persönlichkeit nicht in
besonderem Selbstbewußtsein aus, sondern eher in Selbstvergessen-
heit - sie hat keinen Grund, den eigenen Selbstwert zu problematisie-

ren, sie kann der jeweiligen Situation, also der Umwelt und der eigenen Aktivität, ganz zugewandt sein. Selbstreflexion wird daher dann zu Authenzität führen, und Autonomie wird dann mit Empathie verbunden sein, wenn auch die zweite Bedingung, Integration, erfüllt ist" (Scherhorn 1991, S. 166).

Das neue Menschenbild wird von Scherhorn nicht weiter präzisiert und erläutert. Er setzt sich nur noch dafür ein, daß die gesellschaftlichen Strukturen so entwickelt werden, daß das verengte ökonomische Menschenbild überwunden wird. Gesellschaftliche Institutionen sollen so organisiert werden, daß der innere Mensch, daß Empathie und Integration stärker sich herausbilden können.

Abschließend läßt sich feststellen, daß Scherhorn sich nicht auf *das* Menschenbild in der Ökonomie stützt. Die Menschenbilder von Smith, Marx, Schmoller, Gutenberg, Keynes betonen völlig andere menschliche Eigenschaften und sind nicht durch einen Typus beschreibbar. Scherhorn stützt sich auf ein verengtes Menschenbild innerhalb neoklassischer Strömungen, das er selbst noch verkürzter darstellt als es schon ist. Unterschiede in der neoklassischen Sicht fehlen.

Seine generelle Kritik zeigt trotzdem einige Schwachstellen an. So stützt sich die Ökonomie nicht auf den ganzen Menschen, sondern nur auf Teilaussagen bzw. hat das Menschenbild kaum zum Thema. Scherhorn stellt die Willensfreiheit in den Vordergrund, es fehlt das Handeln aus Erkenntnis. Es geht darum, daß der einzelne Mensch seine ihm gemäßen Ideen und inneren Bilder findet. Sie unterliegen nicht dem Kriterium des Willens, sondern der Wahrhaftigkeit und Wahrheit. Der Mensch ist primär ein erkennendes Wesen und hat die Aufgabe, die Welt nach seinen Ideen zu gestalten. So kann z.B. der heutige Mensch sich nicht nur fragen, ob er die moderne Technik will oder nicht, sondern er muß die Frage klären, ob die Technik die Natur wahrhaft zur Sprache bringt und aus dieser Frage Schlußfolgerungen ziehen.

Literatur

Buchanan, James, Die Grenzen der Freiheit, Tübingen 1984

Friedman, Milton, Spiegel-Interview vom 30. März, Hamburg 1992

McKenzie, Richard B./Tullock, Gordon, Homo oeconomicus. Ökonomische Dimensionen des Alltags, Ffm 1984

Scherhorn, Gerhard, Autonomie und Empathie, in: Biervert/Held, Das Menschenbild in der ökonomischen Theorie, Ffm/New York 1991, S. 153-172

XIX. KOMMUNIKATION UND ETHISCHE VERNUNFT: PETER ULRICH

Peter Ulrich hat in seiner vielbeachteten Habilitationsschrift "Transformation der ökonomischen Vernunft" das utilitaristische Menschenbild und die damit verbundene Rationalitätskonzeption eingehend kritisiert. Er bedauert die lebensweltliche Ferne, die mangelnde sozialwissenschaftliche Fundierung und die mechanistische Verengung der neoklassischen Theorie. Während nach Peter Ulrich Adam Smith noch eine starke ethische Ausrichtung der Ökonomie vorsah, hat Ricardo den "Homo oeconimicus" als theoretische Hilfskonstruktion in die Welt gesetzt. "Der Lebensweg des Homo oeconomicus begann eine Generation nach der Geburt der klassischen Wirtschaftstheorie Smith'scher Prägung. Der von Anfang an auffallend kluge, aber etwas einseitig begabte Bursche ging erst aus der fruchtbaren Verbindung der klassischen politischen Ökonomie mit dem Utilitarismus hervor. Geburtshelfer war David Ricardo. Er entwarf den Homo oeconomicus als methodische Hilfsfigur, um die wirtschaftstheoretischen Probleme von den Problemen der Wirklichkeit abzugrenzen und zu vereinfachen" (Ulrich 1993, S. 193).

Ricardo trennte noch nicht sehr scharf zwischen Wirklichkeit und Modell-Logik und entkoppelte die Theorie von der Lebenswelt. Er begründete damit eine *autonome Ökonomik*. "So sehr die methodische Trennung zwischen Realität und idealtypischer Modellanalyse ein potentieller wissenschaftlicher Fortschritt war, so problematisch war nun allerdings die von Ricardo eingeführte Verwendung des Homo oeconomicus. Die unterschwellige Gleichsetzung des methodischen Idealtyps mit einem normativen Ideal verunmöglichte einen kritischen Umgang mit den Modellergebnissen isolierender Abstraktion" (Ulrich 1993, S. 196).

Unsere Ricardo-Interpretation in Kapitel IV hat allerdings erwiesen, daß Ricardo in seiner Theorie der komparativen Kosten nur partiell ökonomisch denkt. Er schlägt nicht vor, Wein und Tuch in Portugal produzieren zu lassen, weil es dort absolut günstigere Kosten gibt, sondern er bringt die relativen Kosten ins Spiel. Somit soll England Tuch produzieren, obwohl dies in Portugal billiger möglich wäre.

Der Homo oeconomicus ist nach Ulrich eine Fiktion. Die gesellschaftlichen Wertstellungen werden durch einen teleologischen Trichter zu Formalzielen, Nutzenmaximierung und einseitiger Rationalität vergewaltigt. Ulrich spricht von einer ökonomistischen und kommunistischen Fiktion im ökonomischen Denken. Sowohl der Liberalismus als auch der Sozialismus beabsichtigten eine unrealistische Nutzenmaximierung.

Diese Ineinssetzung scheint uns problematisch. Sie vergißt, daß der Sozialismus vordringlich ein politisches System zum Ziele hat, in das die Ökonomie eingebettet ist. Politik und Ökonomie stehen nicht gleichwertig wie beim Liberalismus nebeneinander, sondern es gilt das Primat der Politik über die Ökonomie. In diesem Sinne ist eine sozialistische Gesellschaft per se keine Konsumgesellschaft. Außerdem ist zu bemerken, daß Ulrich's Kritiken an der Nutzentheorie überzogen sind. Er schafft den Homo oeconomicus als ein quasi eigenständiges Wesen, das in dieser verselbständigten Form nirgends existiert. Insofern baut Ulrich einen Mythos auf, den er anschließend destruiert. Während Ulrich eine Negativfigur aufbaut, versucht Kirchgässner (1991) seinen Homo oeconomicus mit positiver Rationalität auszustatten (siehe auch Kapital XX).

Ulrich entwickelt seinen Homo oeconomicus also aufbauend von Ricardo über die Grenznutzenschule, Wohlfahrtstheorie, Theorie der Lebensqualität bis hin zur Vertragstheorie, der Rawl'schen Gerechtigkeitsvorstellungen, den Property Rights, dem Coase-Theorem und dem Homo sociologicus. Seine Kritik an dem von ihm geschaffenen Wesen lautet:

- es ist ein eindimensionaler Mensch

- es ist realitätsfern

- soziologische Kategorien werden ausgeblendet

- es fehlt eine normative Fundierung

- die menschliche Kommunikation wird zu wenig berücksichtigt

- Utilitarismus und Egoismus werden zu stark betont

Diese Kritiken gelten generell, unabhängig von den einzelnen
Schattierungen in den jeweiligen Theoriesystemen und -versatz-
stücken. "Hier liegt wohl auch der entscheidende Kritikpunkt am
verhaltenstheoretischen Ansatz der Ökonomie in praktischer Sicht:
REMM (Resourceful, Evaluative, Maximizing Man, H.W.) ist und
bleibt ein *eindimensionaler Mensch* - ein kluger Utilitarist, ein kaum
zu bremsender 'Erfolgsmensch' (Tietzel), der keine andere Ver-
nunftdimension neben seiner Gratifikationsmentalität kennt. Wenn
REMM der Standardkritik am alten Homo oeconomicus, er sei
'rational' konzipiert, nun Rechnung trägt, so mag das aus verhal-
tenswissenschaftlicher Sicht angemessen sein, doch aus praktisch-
philosophischer Sicht ist eher die umgekehrte Kritik relevant: Homo
oeconomicus und REMM sind beide zu *wenig vernünftig*; als
sprachlos gebliebene Superindividualisten haben sie beide ihr
brachliegendes 'Sprachtalent' - ihr kommunikativ-ethisches Rationa-
litätsvermögen - noch überhaupt nicht entdeckt" (Ulrich 1993,
S. 242).

Aus diesen Gründen entwickelt nun Ulrich eine Vernunftethik für
die Politische Ökonomie. Sie gründet auf dem Menschenbild des
freien, vernünftigen und verantwortungsbewußten Bürgers. Ein
Menschenbild, das für demokratische Gesellschaften selbstverständlich ist, jedoch als eine normative Annahme und nicht als eine wissenschaftliche Tatsache verstanden wird. Peter Ulrich führt nun
einen philosophischen Beweis, der zeigen soll, daß Normativität und
Wissenschaftlichkeit in diesem Punkte möglich sind.

Er stützt sich in seiner Beweisführung auf die Kant'sche Ethik
und entwickelt diese auf der Basis der Diskursethik von Habermas,
Apel und Jonas weiter. Das moralische Leiden des Homo oeconomicus soll überwunden werden durch die Hereinnahme lebenswelt-
licher Rationalität. "Das Kind, die kranke ökonomische Rationalität,
kann gesunden, wenn seine Mutter, die unerkannt gebliebene praktische Vernunft, die hinter hohen wissenschaftstheoretischen Mauern
versorgt worden ist, wieder für mündig erklärt und in die Wissen-
schaftswelt hereingelassen wird, damit sie sich ihres verwahrlosten
Kindes endlich annehmen kann" (Ulrich 1993, S. 270).

Ulrich transzendiert den normativ blassen kategorischen Imperativ von Kant durch das 'Argumentationsapriori der idealen
Kommunikationsgemeinschaft' und durch das 'Erfahrungsapriori der

realen Kommunikationsgemeinschaft'. Jeder Diskursteilnehmer geht
davon aus, daß seine Argumente wahrgenommen werden, sonst
würde er am Diskurs nicht teilnehmen. Hierin sieht Ulrich eine
rational nicht hintergehbare moralische Grundnorm. Dieses Argumentationsapriori ist die Basis einer universalen Minimalethik.
Auch der einsame Denker kann in dieser Ethik seinen Platz finden,
denn er denkt im Hinblick auf Kommunikation. "Auch die Gültig-
keit eines einsamen Gedankens bleibt immer an die prinzipielle
Möglichkeit seiner intersubjektiven, sprachlichen Rechtfertigung
gegenüber jedem Vernunftwesen gebunden; nicht formulierbare
Argumente sind keine Argumente. Wer seine Argumentation ver-
weigert, der kündigt durch sein Verhalten seine Mitgliedschaft in der
sozialen Kommunikationsgemeinschaft auf - 'nicht weniger, aber
auch nicht mehr'" (Ulrich 1993, S. 290).

Ulrich geht nicht davon aus, daß man die Kriterien der idealen
Kommunikationssituation operationalisieren oder durch Verfah-
renstechniken präzisieren kann. Dies ist für ihn eine illegitime tech-
nokratische Umgangsweise mit seinem Theorem.

Das 'Erfahrungsapriori der realen Kommunikationsgemeinschaft'
verweist auf die notwendige empirische 'Gegebenheit' von rationalen
Kommunikationsstrukturen. "Man könnte auch sagen: die gattungs-
geschichtliche Evolution des Menschen zu einem auf die Kultivie-
rung seiner kommunikativen Vernunft angelegten und angewiesenen
'homo sapiens' ist nicht mehr hintergehbar - es sei denn durch individuelle oder kollektive Selbstzerstörung aller Humanität. Die
'idealistische Spitze' (Apel), das Apriori der idealen Kommunikationsgemeinschaft, ruht fest auf dem gattungsgeschichtlich-empiri-
schen Fundament der realen Kommunikationsgemeinschaft. Das
eine Apriori setzt das andere wechselseitig voraus" (Ulrich 1993,
S. 295). Ulrich's Menschenbild baut auf den kommunikativen Menschen, der durch Sokrates und seinen Dialogen repräsentiert wird.
Eine Vitalisierung dieser Dialoge soll die 'Adoleszenzkrise der
Menschheit' überwinden, soll es ermöglichen, daß die Menschen
erwachsen werden. Dies kann der Mensch - wie die Kindheitsent-
wicklung zeigt, nicht nur aus sich heraus, sondern es bedarf der
Lehre und Philosophen, die eine Hebammenfunktion ausfüllen sollen.

Ulrich sieht seine Kommunikationsethik als eine Synthese der
Kantischen und der Aristotelischen Linie der praktischen Philoso-

phie an: "Das evolutionäre Denken von Aristoteles, das zukunfts-
orientiert nach der sinnvollen und guten Lebensgestaltung fragt, aber
unkritisch bleibt, verbindet sich mit dem kritischen Denken Kants,
das nach der ethischen Selbstverpflichtung des autonomen Individuums aus vernünftiger Einsicht fragt, jedoch keinen evolutionären
Weg zur Verwirklichung einer attraktiven, lebenswerten Form des
gesellschaftlichen Zusammenlebens weist" (Ulrich 1993, S. 305).

Ulrich setzt dem Kant'schen Imperativ: "Handle so, daß die
Maxime deines Willens jederzeit zugleich als Prinzip einer allgemeinen Gesetzgebung gelten könne"; bzw.: "Handle so, daß du die
Menschheit, sowohl in deiner Person, als in der Person eines jeden
anderen, jederzeit zugleich als Zweck, niemals bloß als Mittel
brauchest" seine Kommunikationstheorie entgegen und sieht darin
den archimedischen Punkt für eine wissenschaftliche Ethik. Der
Mensch kommuniziert in der Hoffnung auf Vernunft und er findet
eine Gesellschaft vor, die bereits in Teilbereichen vernünftig
argumentiert. Dieses Spannungsfeld gilt es für ihn zu bearbeiten,
bzw. er sieht es als eine freie Notwendigkeit an, heute dieses Feld zu
bestellen.

Ulrich fordert eine praktische Sozialökonomie, die auf der
Lebenswelt aufbaut und durch wissenschaftliche Diskurse ständig
weiterentwickelt wird. Die Sozialökonomie soll auf der Philosophie
aufbauen und die verdeckten Normen offenlegen. Basis der Ökonomie wäre eine Erweiterung des Homo oeconomicus, eine praktische
ethische Vernunft. Das Offenlegen der Normen ist für Ulrich sach-
lich notwendig und ermöglicht tradierte Entscheidungen zu bestätigen oder abzuwandeln, es ermöglicht Entscheidungsfreiheit. Nicht
die Marktwirtschaft steht im Vordergrund, sondern die Ökonomie
als kommunikatives Geschehen. Ulrich fordert also einen *dritten
Weg.* "Die praktische Sozialökonomie ist somit eine politische Ökonomie. Als 'dritter Weg' politischer Ökonomie steht sie jedoch auf
dem Fundament einer modernen Vernunftethik, die - teilweise in
bewußter kontrafaktischer Antizipation - vom Menschenbild des
mündigen Menschen ausgeht. Damit erreicht sie das *postkonventio-
nelle* Moralbewußtsein einer im wirklichen Sinne des Wortes kritischen Ökonomie" (Ulrich 1993, S. 351).

Ulrich geht davon aus, daß Marx versuchte, eine lebensweltliche
Ökonomie zu begründen, doch wird dabei die Ökonomie überbetont
und der freie Bürger vernachlässigt. Basis der Sozialökonomie soll

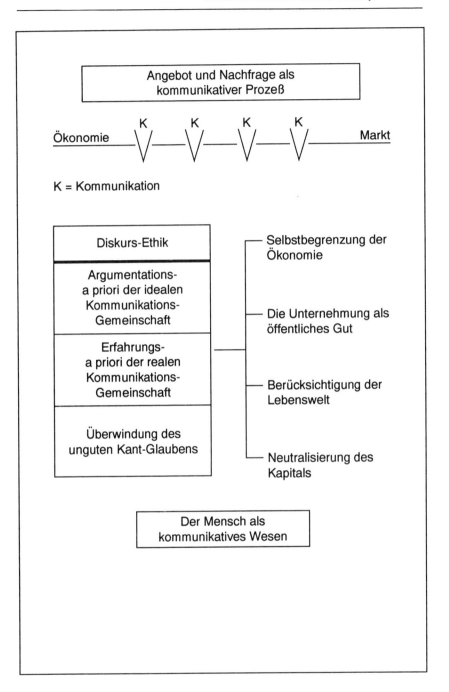

der freie Bürger sein und die Wertvorstellung vom *guten* Leben. Nicht eine Lebensart soll dabei vordefiniert werden, sondern viele Lebensarten sollen sich prozeßhaft herausbilden. Die Bedürfnisse werden nicht festgelegt, sondern sind Entscheidungen freier Bürger. Die Bürger brauchen keine wissenschaftlichen Bedürfnisfestsetzungen, sondern Freiräume für ein selbstbestimmtes Leben.

Nicht eine effiziente Systemsteuerung steht für Ulrich im Vordergrund, sondern die Ankoppelung der Ökonomie an die Lebenswelt und die kommunikative Verständigung. "Die *neue ordnungspolitische Schlüsselfrage aus dem Blickwinkel der Lebenswelt* ist die nach den strukturellen Voraussetzungen für die Wiederankoppelung des ökonomischen Systems an rationale Formen politisch-ökonomischer Willensbildung" (Ulrich 1993, S. 372). Aus diesem Grunde thematisiert Ulrich in den Abschlußkapiteln seines Buches strukturelle Veränderungen der Marktwirtschaft. Ausgehend von einem neuen Rationalitätstypus bringt er eigene Vorschläge in den ethischen Diskurs ein. Hier läßt sich auch sehr gut der Unterschied zwischen Peter Ulrich und Peter Koslowski (1988) herausarbeiten. Ulrich setzt in sozialkritischer Tradition der Frankfurter Schule auf Strukturveränderungen in der Gesellschaft. Koslowski dagegen will eher ökonomisches Handeln und moralisches Handeln in Übereinstimmung bringen, dabei setzt er weniger auf gesellschaftliche Strukturveränderungen, sondern eher auf Verhaltensveränderungen.

Er fordert einen Diskurs über das bestehende Eigentumsrecht. Die Marktwirtschaft hat nach Ulrich die Eigentumsfrage nicht gelöst, da nicht Vernunft mit Eigentum verbunden ist, sondern meist Macht und Willkür. Er fordert eine Machtneutralisierung des Eigentums. "Es sind also die realen Veränderungen unserer Wirtschafts- und Gesellschaftsordnung selbst, nicht etwa weltfremde Idealvorstellungen, die nach radikalen, d.h. an den ursächlichen Wurzeln ansetzenden ordnungspolitischen und eigentumsrechtlichen Konsequenzen rufen: *ein Prozeß der faktischen Neutralisierung gesellschaftlich relevanten Eigentums ist längst im Gang*" (Ulrich 1993, S. 376). Ulrich plädiert dafür, diesen Neutralisierungsprozeß in eine kommunikative Debatte einzufügen und Freiheit und Vernunft in diesem Prozeß zu berücksichtigen.

Nach Ulrich ist die Trennung von privaten und öffentlichen Gütern obsolet. Alle Güter haben heute öffentlichen Charakter und müssen einer Legitimation unterzogen werden. Das kann durch die

Betroffenen geschehen, aber auch durch einen gesamtgesellschaftlichen Diskurs. Ulrich will keine einfache Betroffenheits- bzw. Selbstverwaltungskultur, sondern ethische Vernunft in der Sache, für den Einzelnen und für die Gesellschaft.

Ein weiterer Vorschlag ist die regulative Idee der offenen Unternehmensverfassung. Dabei steht nicht die Kapitalverwertung im Vordergrund, sondern das neutralisierte Kapital und eine offene Diskussion über die Politik des Unternehmens. "Dagegen übernimmt im Konzept der pluralistischen Unternehmensverfassung mit neutralisiertem Kapital die unternehmungspolitische Verständigungsgemeinschaft die kollektive Kapitalverantwortung unter dem Legitimationshorizont eines fairen Kosten- und Nutzenausgleichs unter allen Beteiligten, durch keine apriorisch festgeschriebenen Aneignungsrechte einer parteilichen Gruppe verzerrt wird" (Ulrich 1993, S. 422). Alle intern und extern Betroffenen sollen in einem offenen Dialog geführt werden. Es geht Ulrich um einen demokratischen Minimalkonsens über die Ordnung des Unternehmens und über die unentziehbaren Persönlichkeits-, Teilnahme- und Oppositionsrechte aller im unternehmungspolitischen Willensbildungsprozeß.

Die Unternehmen sollen geleitet werden durch konsensorientiertes Management. Hier sollen dialogische Prinzipien, Persönlichkeitsorientierung, Aufbau von kommunikativen Verständigungspotentialen sowie lebensweltliche Legitimationen den alten, autoritären Führungsstil ablösen.

Nach Ulrich muß sich der moderne Mensch vor allem die Frage nach der Gestaltung der Zukunft stellen. Dabei soll die totale Durchökonomisierung und totale Sozialetatisierung durchbrochen werden. Der moderne Mensch ist aufgrund der gesellschaftlichen Organisation zu Konsum gezwungen. Hier soll eine Wende durch eine Selbstversorger- und Selbstverantwortlichkeitskonzeption vollzogen werden. "Die kulturelle Blüte der griechischen Polis beruhte auf der *Befreiung der Bürger von sklavischer Arbeit ohne Eigenwert.* Nicht auf der Emanzipation *in* der Arbeit, wie sie der laboristisch geprägte orthodoxe Sozialismus gefordert hat, sondern auf der Emanzipation *aus* der Arbeit beruhte die Freizeit des freien Mannes" (Ulrich 1993, S. 466). Aus diesem Grunde soll die Ökonomie eine Selbstbegrenzung erfahren und technische Vernunft und Konsum wieder reduziert werden.

Auch soll nach Ulrich der Sozialstaat verändert werden in Richtung Eigenverantwortung und Beteiligung. Es geht ihm nicht um einen Umbau aus rein finanziellen Gründen, sondern um die Stärkung der Persönlichkeit und des Verantwortungsbewußtseins. "Das emanzipatorische Ideal ist die möglichst weitgehende *Umwandlung der sozialetatistischen Budgets für Kompensationszahlungen in persönliche Budgets der Bürger,* die mit keiner administrativen Kontrolle verbunden und autonom verfügbar sind" (Ulrich 193, S. 474).

Der Autor nimmt am Schluß seines Buches Stellung zum "Mythos der Megamaschine: "Sowohl das ökonomische als auch das technische System haben sich verselbständigt und bedürfen einer Selbstbegrenzung sowie eines Diskurses ihrer Konstitutionsgeschichte. Für Ulrich ist die Technik nicht neutral, sondern Ergebnis einseitiger Lebensformen" Denkbar ist immerhin auch ein weniger krisenhafter Weg aus dem technokratischen Bewußtsein, der auf einer Selbsttransformation der technischen Vernunft gründen würde, die den ursprünglichen emanzipatorischen Sinn des technischen Fortschritts wiederherstellt" (Ulrich 1993, S. 482).

Der Ansatz von Ulrich hat großes Interesse gefunden und eine weitgehende Diskussion ausgelöst. Er enthält eine Unzahl von philosophischen und ökonomischen Anregungen. Der Mensch und seine ethische Vernunft stehen im Zentrum der Betrachtung. Ulrich will eine neue Wertdiskussion. Welche Werte die Zukunft bestimmen sollen, überläßt er einer offenen Diskussion.

Es ist Ulrich zuzustimmen, daß die Ökonomie normativen Charakter hat, trotz aller Beteuerungen. Es muß allerdings bezweifelt werden, ob er den archimedischen Punkt gefunden hat in der Frage der Letztbegründung der Philosophie, da es auch Menschen gibt die argumentieren, ohne daß sie davon ausgehen, daß ihre Argumente gehört werden. Außerdem erscheint sein Homo oeconomicus leicht konstruiert. Es gibt genügend Verhaltenshypothesen in der Ökonomie, die von dieser Vorstellung in Theorie und Praxis abweichen. Ulrich nimmt davon wenig Kenntnis. Es sei nur an List's Produktivitätsthese und Schumpeter's dynamischen Unternehmer erinnert.

Die These der kommunikativen Ethik belegt Ulrich an wichtigen Thesen wie neues Management, Kapitalneutralisierung sowie offene Unternehmensverfassung und Selbstbegrenzung von Staat, Ökonomie und Technik. Ansonsten steht seine These in der Gefahr, die kommunikative Ethik nicht zu bestimmen und einem offenen Prozeß zu überantworten. Hier fehlt ein ausformulierter Wissenschafts- und Wahrheitsbegriff. Es wäre auch zu fragen, wie pluralistische Wissenschaftssysteme zueinander stehen.

Sein Menschenbild beruht auf dem freien, rationalen Bürger. Jeder Mensch soll Wissenschaftler werden. Dieser Bürger versteht die Kommunikation. Versteht er auch die Arbeit oder die Umsetzung seiner Ideen?

Ulrich klammert in seiner Theorie die Weltmarktkonkurrenz, die Probleme der Dritten Welt aus. Mit dem Kommunikationsbegriff kann er diese Fragestellungen potentiell mit aufnehmen. Eine Ausformulierung müßte geleistet werden.

Trotz aller Kritik bleibt das Grundanliegen von Ulrich außer Zweifel. Es bedarf einer neuen, ökonomischen Vernunft. Es bedarf einer Kenntnisnahme der vielschichtigen Menschenbilder in der Ökonomie und die Weiterentwicklung dieser Ansätze zu verschiedenen Menschenbildern, die die aktuellen Probleme berücksichtigen.

Literatur

Kirchgässner, Gebhard, Homo oeconomicus, Tübingen 1991

Koslowski, Peter, Prinzipien der Ethischen Ökonomie, Tübingen 1988

Ulrich, Peter , Transformation der ökonomischen Vernunft, 3. Aufl., Bern/Stuttgart/Wien 1993

XX. HOMO OECONOMICUS UND EVOLUTIONÄRE ÖKO-NOMIK: GEBHARD KIRCHGÄSSNER

Aufbauend auf einer evolutionären Erkenntnistheorie hat sich in den letzten Jahren eine evolutionäre Ökonomik herausgebildet. Gerhard Vollmer (1990) hat dazu einige erkenntnistheoretische Grundlagen geliefert. Er versucht Ergebnisse der Biologie, Wahrnehmungslehre, Hirnforschung, Evolutionslehre zu einem neuen Menschen- und Weltbild zu formen. Dabei ist der Mensch in eine lange Entwicklungsgeschichte eingebettet und mit seiner natürlichen Umwelt verknüpft. Das spezifisch Menschliche ist kaum erkennbar.

Vollmer geht davon aus, daß der Mensch sich so entwickelt hat, daß seine spezifischen Gehirnleistungen ihn von anderen Lebewesen unterscheiden und er damit die Evolution beeinflussen kann.

Charakteristisch für den Menschen sind folgende Fähigkeiten (vgl. Vollmer S. 85ff):

a) Der Mensch erkennt und heilt Krankheiten
b) Er kann die Fortpflanzung kontrollieren
c) Der Mensch weiß von der Evolution
d) Er kann seine Umwelt willentlich verändern
e) Er kann Wissen weitergeben
f) Wissen kann nicht nur an die Nachkommen, sondern an jederman weitergegeben werden
g) Durch kulturellen Fortschritt kann der Mensch besser die Evolution wiederum beeinflussen.

Die evolutionäre Ökonomik versucht nun Ideen dieser Erkenntnistheorie auf die Wirtschaft anzuwenden (vgl. Witt 1990, Arndt 1992, Kirchgässner 1991). Dabei stützt man sich aus naheliegenden Gründen u.a. auf die dynamische Theorie Joseph Schumpeters. Nicht Gleichgewichtsprozesse stehen im Vordergrund, sondern Kreativität und Entwicklung. "Eine Gleichgewichtstheorie klammert gerade das aus, was die Menschen von den Tieren unterscheidet, die Fähigkeit, schöpferisch zu sein. *Ohne die menschliche Kreativität gibt es überhaupt keine Wirtschaft* " (Arndt 1992, S. 67).

Kirchgässner hat versucht, seinen "Homo oeconomicus" in eine evolutionäre Sichtweise einzubetten. Im Gegensatz zu Peter Ulrich ist

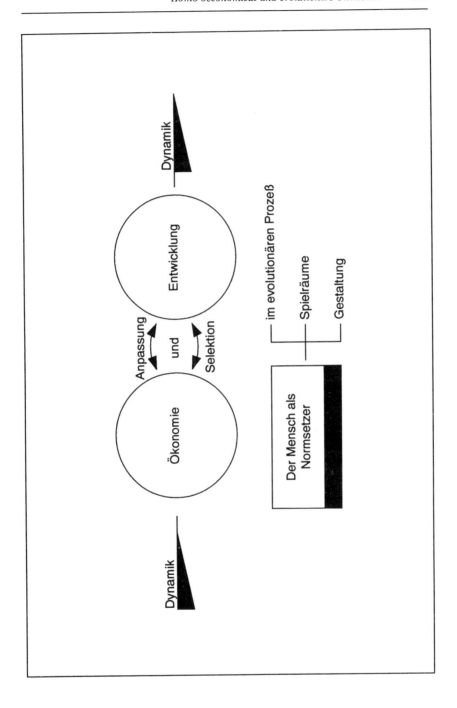

sein Wirtschaftsmensch kein verengtes Schreckgespenst, sondern beruht auf rationalen Einsichten, wie sie von Hans Albert und Karl Popper formuliert wurden. Er ist also ein Kritischer Rationalist, ein wertfreier Entscheider mit sozialen Kenntnissen, unabhängig von jedem Gesellschaftssystem.

Kirchgässner wendet sich gegen den homo oeconomicus der mikroökonomischen Theorie, gegen das Individuum, das in jedem Augenblick rational handelt und gleichsam ein wandelnder Computer sein soll. Seinen Homo oeconomicus sieht er wie folgt: "Rationalität bedeutet in diesem Modell lediglich, daß das Individuum prinzipiell in der Lage ist, gemäß seinem relativen Vorteil zu handeln, d.h. seinen Handlungsspielraum abzuschätzen und zu bewerten, und dann entsprechend zu handeln" (Kirchgässner 1991, S. 17). Dabei geht der Autor davon aus, daß niemals vollständige Information herrschen kann und immer unter Zeitdruck entschieden wird. Seine evolutionäre Sichtweise wird in folgendem Zitat bereits deutlich: "Man kann dies auch so formulieren, daß im Rahmen des ökonomischen Verhaltensmodells unterstellt wird, daß sich Individuen an veränderte Umweltbedingungen entsprechend ihrer Zielvorstellungen (Präferenzen) in systematischer und damit vorhersagbarer Weise anpassen, wobei sich solche Veränderungen sowohl durch Handeln anderer Individuen, z.B. durch politische Maßnahmen, als auch durch Veränderungen der 'natürlichen' Bedingungen ergeben können" (Kirchgässner 1991, S. 18). Diese Verhaltenshypothese gilt vor allem für Gruppen, unabhängig, ob einzelne Individuen sich so verhalten. Ökonomie wird somit zu einer Wissenschaft von der Veränderung der Verhältnisse. Dies bedeutet nicht, daß der Autor dem Marxismus das Wort redet, sondern von einem gegebenen Menschen, nicht von einem revolutionären Menschen ausgeht. "Andere ökonomische Verhältnisse führen nicht dazu, daß aus egoistischen (bösen) altruistische (gute) Menschen werden, sondern unter den geänderten Rahmenbedingungen handelt der gleiche alte Mensch. Möglicherweise handelt er im Sinne einer bestimmten, vorgegebenen Zielvorstellung bzw. eines Normensystems jetzt 'besser', aber dann ergibt sich dies als Reaktion auf veränderte Handlungsbedingungen und nicht deshalb, weil er 'besser' geworden wäre" (Kirchgässner 1991, S. 27). Dies ist eine unbewiesene Behauptung, da ein besseres Verhalten auch auf 'entwickeltere' Individuen zurückgeführt werden könnte.

Kirchgässners Rationalitätsbegriff bewegt sich im Rahmen einer Verstandeswissenschaft. Jaspers (vgl. 1958, S. 290ff) hat aber spätestens in den fünfziger Jahren darauf hingewiesen, daß eine Überwindung dieses einseitigen Ansatzes notwendig wird. Der Verstand muß erweitert werden durch eine vernünftige Anschauungsweise. So ist z.B. die Atombombe Ergebnis von Verstandesleistungen, aber unvernünftig. "Den nach allen Seiten zu entwickelnden, den reinen und kritischen Verstand braucht die Vernunft in jedem Augenblick. Nicht einen Schritt kann sie ohne ihn tun. Aber sie verliert sich nicht in ihm, sondern führt ihn" (Jaspers 1958, S. 290). Es geht also nicht um die Beseitigung des Rationalitätsbegriffes, sondern um die Erweiterung und inhaltliche Bestimmung desselben. Kirchgässner verbleibt im formalen, er bestimmt nicht, was er unter einer besseren Situation versteht. Dies überläßt er dem Individuum, das jedoch seine Merkmale nicht erläutert. Das Problem bleibt ungelöst, da eine Führung des Verstandes fehlt. "Vernunft erzeugt neue Denkweisen, die mit dem Verstand über den Verstand hinausführen. Sie heißen die philosophischen. Sie sind das wesentliche Denken, das die Denkungsweisen des Verstandes, die wissenschaftlichen, moralischen, juristischen Sacherkenntnisse, bewegt, so daß sie erst aus dem philosophischen Denken einen Sinn erfahren, den sie durch sich selbst nicht begreifen und die Führung gewinnen, ohne daß sie ins Endlose und Nichtige geraten" (Jaspers 1958, S. 290).

Auch Max Horkheimer hat auf diese Problematik hingewiesen, allerdings stärker sozialkritisch als Jaspers. Er trennt nicht zwischen Verstand und Vernunft, sondern unterscheidet zwei Vernunftbegriffe (vgl. zu den folgenden Ausführungen, Woll 1994, S. 41ff). Die objektive Vernunft erfaßte das ewige Wesen der Dinge, vernahm die absolute Wahrheit der Welt. Die subjektive Vernunft betont dagegen die formale und nützliche Seite der Vernunft. Mit der bürgerlichen Gesellschaft hat sich vor allem die subjektive, die instrumentelle Vernunft durchgesetzt. Der vernünftige Mensch sei jener, der fähig ist zu erkennen, was für ihn von Vorteil ist. "Sie hat es vor allem mit dem Verhältnis von Zwecken und Mitteln zu tun, mit der Angemessenheit von Verfahrensweisen an Ziele, die als solche mehr oder minder hingenommen werden, ohne im allgemeinen ihrerseits der vernünftigen Rechtfertigung unterworfen zu werden. Befaßt die subjektive Vernunft sich überhaupt mit Zielen, dann entweder, um zu prüfen, ob sie auch im subjektiven Sinne vernünftig seien. Vernünftig heißt dann, daß sie dem Interesse des Subjekts, seiner wirtschaftlichen und vitalen Selbsterhaltung dienlich seien, wenn nicht des isolierten Individuums, so doch der Gruppe, mit der es sich identifiziert. Oder die Ziele werden in die vernünftige Betrachtung deshalb hineingezogen, um die Möglichkeit ihrer Verwirklichung und etwa die Angemessenheit der zu wählenden Mittel zu prüfen. Für die Einschränkung des Vernunftbegriffs auf den letzteren Gebrauch steht vor allem die Lehre von Max Weber. Ein Ziel kann nach ihm, gegenüber anderen bei der Vernunft keinen Vorzug beanspruchen, die Macht ist so vernünftig und so unvernünftig wie die Gerechtigkeit" (Horkheimer, S. 48).

Der subjektive, instrumentelle Vernunftbegriff gilt heute als der natürliche. Es ist auch die Vernunft des Diktators, der seinen Untertanen sagt: seid vernünftig. Philosophie im emphatischen Sinne - von Platon, Thomas v. Aquin, Spinoza bis Hegel - gebraucht dagegen Vernunft im objektiven Sinne. Die Existenz wird gemessen an der objektiven Struktur, nicht am subjektiven Interesse. Das Augenmerk liegt eher auf den Ideen, dem Sinn, dem Wesen der Dinge, nicht auf den Mitteln. "Solche Denkart weist auf die Idee der Versöhnung einer objektiven, von der Philosophie als vernünftig begriffenen Ordnung mit dem menschlichen Dasein und seiner Selbsterhaltung" (Horkheimer, S. 49).

Der objektiven Vernunft liegt die Überzeugung zugrunde, daß die Einsicht in die Welt von Wertungen nicht getrennt ist.Tugend und Wissen sind eins. Die Regeln der Tugend folgen aus der Erkenntnis. Für die Philosophie gilt nichts anderes als für das Alltagsleben. "So wie der Anblick eines ertrinkenden Kindes dem Vorbeigehenden, der schwimmen kann, sein Handeln vorschreibt, so wie ein krasser Notstand in Land oder Gemeinde, auch ohne die Schlußfolgerung des Referenten, eine beredte Sprache führt und andererseits die Offenbarung moralischer oder ästhetischer Schönheit zur Liebe einlädt, ohne daß erst noch eine besondere Richtschnur gegeben werden müßte, so spricht auch nach jenen philosopohischen Systemen die Welt im großen ihre eigene Sprache, und der Philosoph macht sich nur zu ihrem Mund, damit sie laut werde. Das ist es, was mit objektiver Vernunft, die die subjektive in sich schließt, gemeint ist" (Horkheimer, S. 49).

Der Aufklärungsprozeß hat nach Horkheimer die objektive Vernunft zurückgedrängt; die Entzauberung der Welt bedeutet den Siegeszug der Nützlichkeit, der Subjektivität vor der Wahrheit und dem Ganzen. Der deutsche Idealismus ist der letzte gescheiterte Versuch, beide Vernunftbegriffe in eine Ordnung zu bringen. Die Funktionalisierung der Vernunft durchzieht allerdings die Neuere Geschichte. Jegliche inhaltliche Idee, jede höhere Vernunft, jedes Ideal gilt als verdächtig. Das einzige Kriterium, das nach Horkheimer die subjektive Vernunft anerkennt, ist die Möglichkeit der Operationalisierbarkeit von Werten, die Begriffe sollen nicht mehr die Qualität der Dinge ausdrücken, sondern sind lediglich Wissensmaterial zur geschickten Verfügung. Horkheimer sieht darin auch die theoretische Basis für die Beherrschung von Mensch und Natur durch die instrumentelle Vernunft. "Jeder Gebrauch von Begriffen, der über ihre rein instrumentelle Bedeutung hinausgeht, verfällt dem Verdikt, er sei dem Aberglauben verhaftet. ...Die Begriffe werden nicht mehr in harter theoretischer und politischer Arbeit überwunden, sondern abstrakt und summarisch gleichsam durch philosophisches Dekret, dabei aber im Einklang mit dem Zeitgeist, zu bloßen Symbolen erklärt. Sie gelten als arbeitssparende Kunstgriffe, als wäre Denken selbst aufs Niveau industrieller Verfahrensweise gebracht und zu einem Stück Produktion geworden. Je mehr die Ideen der Automatisierung und Instrumentalisierung verfallen, je weniger sie in sich selber bedeuten, um so mehr unterliegen sie zugleich der Verdinglichung, als wären sie eine Art von Maschinen" (Horkheimer, S. 53). Mit dem Autor könnte man sagen, daß sich Kirchgässner und der Kritische Rationalismus nur auf der Ebene der instrumentellen Vernunft bewegen und die objektive Vernunft vernachlässigen.

Horkheimer sieht den Entzauberungsprozeß nicht nur negativ. Die subjektive Vernunft hat auch den Menschen aus der negativen Abhängigkeit von der Natur befreit. "In der Tat war es notwendig, daß die Vernunft sich von dem gegenständlichen Momenten ablöste und selbständig machte, um dem blinden Naturzwang sich zu entwinden und die Natur in jenem Maße zu beherrschen, das uns freilich heute selbst in Schrecken versetzt. Vernunft ist aber dieser Loslösung als einer notwendigen und zugleich scheinhaften sich nicht bewußt geworden" (Horkheimer, S. 56).

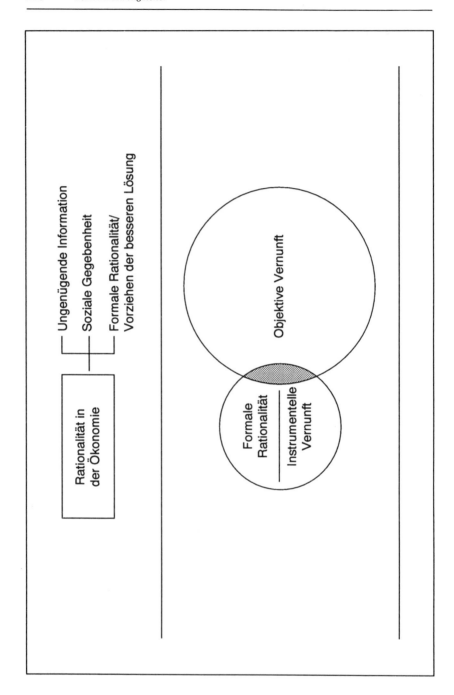

Max Horkheimer geht es um diesen Bewußtwerdungsprozeß, um die Neugestaltung des Verhältnisses des Menschen zum Menschen und zur Natur. Dazu bedarf es nicht nur des Appelles, sondern vor allem der Arbeit am gesellschaftlichen Ganzen, der geschichtlichen Aktivität. "Aus der treuen Hingabe der Wissenschaft an das, was ist, wird verstanden werden, was nottut, und, ohne daß von Zielen die Rede zu sein brauchte, werden sie in jedem Schritt echter Theorie mit enthalten sein, denn in allem Erkennen steckt ein kritisches, ins Wirkliche treibendes Moment. Es verschwindet nur, wenn das Erkennen sich zu Rezept und Propaganda verzerrt. Solange es aber seinem eigenen Element die Treue hält, verliert es den Charakter des bloßen Mittels und vermag zur geschichtlichen Kraft zu werden" (Horkheimer, S. 57/58). Horkheimer beklagt zu Recht die mangelnde Wahrheitsbesinnung der Wissenschaft und fordert eine zusätzliche, nichtinstrumentelle Ziel-Mittel Debatte.

Seine Analyse bleibt jedoch bei einer pauschalen Kritik stehen. Er führt die Probleme vereinfachend auf die bürgerliche Gesellschaft, auf das Privateigentum zurück. Eine Differenzierung des Eigentumsbegriffs wird nicht vorgenommen. So ist ihm entgangen, daß ein entscheidender Begründer des Marktmodells, León Walras, das Gemeinschaftseigentum als Voraussetzung angenommen hat. "In Walras' Idealgesellschaft sind alle Steuern abgeschafft, die Menschen können völlig frei über die `Früchte ihrer Kenntnisse und Talente' verfügen. Grund und Boden jedoch werden sozialisiert, der Staat finanziert sich durch Miet- und Pachtzinsen. Seine vornehmste Aufgabe ist es, Schulen und Universitäten zu unterhalten: Jeder Bürger muß seine Interessen und Fähigkeiten bestmöglichst entwickeln können"(Die Zeit).

In Anlehnung an León Walras und an ein emphatisches Naturverständnis und in Kenntnis der Macht der Produktionsmittel müßte neu über das Eigentum nachgedacht werden. Privates Hab und Gut betrifft vor allem den Einzelnen oder die Familie. Der Produktionsmittelbesitz ist ein ungeheurer Machtfaktor und wird über das Geld ein internationales Abstraktum. Die Produktionsmittel beruhen auf menschlicher Arbeit und menschlicher Intelligenz. Grund und Boden wurde uns dagegen von der Schöpfung geschenkt und wird von uns allenfalls umgestaltet, kultiviert oder mißhandelt. Grund und Boden gehört allen

Menschen. Aus diesen Gründen bietet es sich an, drei Eigentumsformen als *Voraussetzungen* des Ziel-Mittel Problems zu unterscheiden:

a) Privates Eigentum, Eigentum des Haushalts, Eigentum der Familie. Es soll in der Verfügung des Eigentümers bleiben.

b) Eigentum an den Produktionsmitteln:
Es wurde gesellschaftlich von Arbeitern und Managern erwirtschaftet und bildet die Basis des gesamten industriellen Lebens. Die Verfügung sollten die Tarifparteien regeln.

c) Eigentum an Grund und Boden:
Es gehört eigentlich der ganzen Menschheit und steht uns nur zur pfleglichen Nutzung zur Verfügung.

Kirchgässner stellt sich weiterhin die Frage, ob der Homo oeconomicus egoistisch oder altruistisch ist. Er geht davon aus, daß diese Frage nicht so wichtig ist wie das Rationalitätspostlat. Generell nimmt er an, daß die Egoismusthese gerechtfertigt ist; er betrachtet dies ohne 'Wertung`; allerdings gibt es für ihn auch Fälle, bei denen es besser ist, im Sinne der Allgemeinheit zu handeln, also altruistisch. "Zusammenfassend läßt sich daher sagen, daß die Annahme des Eigennutzes der Individuen zunächst eine neutrale Annahme ist, die moralisch besonders positives wie besonders verwerfliches Verhalten ausschließt, und daß sie deshalb für das durchschnittliche menschliche Verhalten in vielen Situationen typisch und insofern auch realistisch ist. Außerdem gilt es, Situationen, in denen es sinnvoll erscheint, kontrafaktisch eigennütziges Verhalten zu unterstellen. Daher spricht wohl alles dafür, in der Regel mit der Annahme des Eigennutzes zu arbeiten und nur in bestimmten Ausnahmefällen von dieser Annahme zugunsten des Altruismus (oder andere Annahmen) abzuweichen" (Kirchgässner 1991, S. 65). Es muß bezweifelt werden, daß die Eigennutzhypothese eine neutrale Annahme ist. Sie ist Resultat der Mandevill'schen Satire und Ergebnis historischer und ideeller Prozesse. Sie verkennt, daß die Arbeitsteilung Kooperation bedeutet und sie zur Notwendigkeit macht.

Kirchgässner integriert seinen Homo oeconomicus in eine evolutionäre Ökonomik. Dies wird damit begründet, da sowohl in der Evolution als auch in der Wirtschaft Anpassungsprozesse stattfinden. "Diejenigen Firmen, die für ihre Produkte Abnehmer finden zu Preisen, bei denen zumindest kein Verlust entsteht, können überleben, die anderen werden über kurz oder lang in Konkurs gehen. Außerdem verdrängen neue Produkte alte vom Markt. Auch hier vollzieht sich offensichtlich ein evolutorischer Prozeß, bei welchem die 'fittesten' Firmen überleben. Die Rolle, welche in der Biologie die Mutationen spielen, übernehmen in der Ökonomie die (Produkt- und Prozeß-) Innovationen" (Kirchgässner 1991, S. 216/217).

Der Autor sieht, daß damit die Parallele schon fast erschöpft ist, da er einen wesentlichen Unterschied zwischen Biologie und Sozialwissenschaften eingesteht. In der Sozialwissenschaft gibt es Entscheidungsspielräume der Individuen, in der Biologie gibt es nichts Vergleichbares. "Im übrigen gilt für den im soziobiologischen Programm enthaltenen biologischen (naturwissenschaftlichen) Reduktionismus in verstärktem Maße all das, was oben bereits gegen den verhaltenstheoretischen Reduktionismus gesagt wurde. Intentionales Handeln, wie es im Zentrum des ökonomischen Verhaltensmodells steht, kann damit nicht erklärt werden. Daher wird die Eigenständigkeit der Sozialwissenschaften auch durch diese Naturwissenschaft nicht aufgehoben, und es ist überdies fraglich, wie weit die Soziobiologie über die bereits in der traditionellen Biologie enthaltene Idee der Evolution hinaus etwas zur Lösung ökonomischer bzw. allgemein sozialwissenschaftlicher Probleme beitragen kann" (Kirchgässner 1991, S. 232). Hier ist dem Autor zuzustimmen. Es muß jedoch angemerkt werden, daß hier nur *eine* These aus der Soziobiologie - die Selektionshypothese - auf die Ökonomie übertragen wird. Dies erscheint willkürlich, da die Evolutionslehre sicherlich verschiedene und sich widersprechende Entwicklungsgedanken kennt. Will man die Frage einigermaßen befriedigend diskutieren, müssen mehrere, alternative Ideen aus der Evolutionslehre herangezogen werden.

Literatur

Arndt, Helmut, Die Evolutorische Wirtschaftstheorie, Berlin 1992

Horkheimer, Max, Zum Begriff der Vernunft, in: Sozialphilosophische Studien, Aufsätze, Reden und Vorträge 1930-1972, S.
Aufl., Ffm 1981, S. 47-51

Jaspers, Karl, Die Atombombe und die Zukunft des Menschen, München 1958

Kirchgässner, Gebhard, Homo Oeconomicus, Tübingen 1991

Vollmer, Gerhard, Evolutionäre Erkenntnistheorie, 5. Aufl., Stuttgart
1990

Witt, Ulrich, Individualistische Grundlagen der evolutorischen Ökonomik, Tübingen 1987

Witt, Ulrich (Hrsg.), Studien zur evolutorischen Ökonomik I und II,
Berlin 1990 bzw. 1992

Woll, Helmut, Das Ziel-Mittel-Problem, in: Biesecker/Grenzdörffer
(Hrsg.), Ökonomie als Raum sozialen Handelns, Bremen
1994, S. 36-51

Die Zeit, Nr. 2, v. 8.1.93, Zeit der Ökonomen 11, León Walras

XXI. FREIHEIT, DIE WIR MEINEN

Unsere Analyse geht von einem ganzheitlichen Menschenbild aus. In Anlehnung an humanistische Menschenbilder sollen alle Bereiche des Menschseins ins Blickfeld rücken. Danach ist der Wirtschaftsmensch nur ein Teil der menschlichen Existenz. Kulturelle, wissenschaftliche und transzendentale Bedürfnisse haben den Menschen geprägt und werden ihn weiterhin prägen.

Die ökonomische Theorie und die mit ihr verbundenen Nachbardisziplinen kennen eine Vielzahl von Hypothesen über das menschliche Verhalten. Diese Hypothesen entstammen unterschiedlichen politischen und wissenschaftlichen Richtungen. Zunächst hat sich die moderne Ökonomie am religiösen Menschenbild des Mittelalters abgearbeitet und war Teil des aufgeklärten Denkens. Schon bald wurde das Menschenbild durch die Gegensätze von Liberalismus und Sozialismus mitbestimmt. Gegenseitige Vorwürfe kennzeichnen diese Phase. Der Liberalismus entwickelt das Wirtschaftlichkeitsprinzip aus dem mittelalterlichen Gottesbeweis "die Dinge dürfen nicht ohne Notwendigkeit vervielfältigt werden" und aus der Arbeitsteilung. Der Marxismus weist auf die Entfremdung des Menschen durch die Ökonomie hin. Statt Freiheit wird soziales Elend praktiziert.

Man kann diese Entwicklung auch unter Freiheitsmomenten kennzeichnen. Der englische Liberalismus wollte sich von der mittelalterlichen Bevormundung befreien, der Sozialismus wollte die Menschen vor Hunger und Elend bewahren. Nur die faschistische Periode negierte diese aufklärerischen Impulse.

Die einzelnen Schulen haben den Menschen verschiedenartig thematisiert. Adam Smith rückt die Arbeitsteilung und die Sympathie in den Vordergrund. Friedrich List entwickelt die Lehre von den schöpferischen Kräften. Marx kritisiert das "bürgerliche Weltbild" als heuchlerisch. Der Utilitarismus verspricht eine Verbesserung der Lebenslage durch Nutzenmaximierung. Die historische Schule betont die Gebundenheit des Menschen in die Tradition und will mit Sozialreformen die soziale Frage lösen.

Die Entstehung des Kapitalismus wird unterschiedlich erklärt. Sparsamkeit und Verschwendung können ihn befördern. Materielle

A | Ökonomie hat viele Menschenbilder – z.B.:

Keynes	Smith	Gutenberg	List	Jevons
Marx	Ricardo	Schumpeter	Ulrich	Schmoller

B | Das funktionalistische Bild ist vorherrschend

- Symbiose aus Egoismus, Funktionalismus, Nützlichkeit, Lebensbewältigung

C | Anbindung der Begriffe an ihre ursprüngliche Bedeutung

- Mittelalterliches Weltbild – religiöse Begriffe

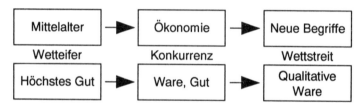

Mittelalter	➤	Ökonomie	➤	Neue Begriffe
Wetteifer		Konkurrenz		Wettstreit
Höchstes Gut	➤	Ware, Gut	➤	Qualitative Ware

D | Konsumfreiheit, Politische Freiheit und Unternehmens-freiheit als Übungsfelder

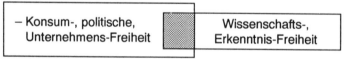

- Konsum-, politische, Unternehmens-Freiheit   Wissenschafts-, Erkenntnis-Freiheit

E | Ganzheitliches Menschenbild

- Freiheit
- Innere Autonomie
- Äußere Autonomie
- Empathie
- Denken als Kern der Persönlichkeit
- Der Mensch als Umgreifendes
- Anschauendes Denken

F | Die Ökonomie braucht eine Werktheorie

G | Die Menschen benötigen Ordnungen und Strukturen

Gründe sind für sein Entstehen verantwortlich, aber auch philosophische, wissenschaftliche und religiöse Ideen. So beansprucht die Wirtschaft nicht nur Waren und Dienstleistungen zur Verfügung zu stellen, sondern auch Gerechtigkeit zu verwirklichen. Es geht um den gerechten Preis und Lohn, um Verteilungsgerechtigkeit.

Im Verlaufe der Entstehung der Ökonomie hat sich immer stärker das zweck-rationale Handeln als Verhaltenshypothese für den Wirtschaftsmenschen herausgebildet. Obwohl gesehen wird, daß soziale, historische, politische und religiöse Motive den Menschen mitbestimmen. Außerdem weiß man, daß wichtige Entscheidungen zwar durch zweck-rationale Analysen vorbereitet werden können, daß die Entscheidung selber aber eher intuitiver Art ist.

Die Ökonomie beansprucht eine auf Vernunft gegründete Wissenschaft zu sein. Dies muß jedoch bezweifelt werden, da die Vernunft nur sehr eingeschränkt ausformuliert ist. Mit Vernunft meint man eher mechanistische Zweckhaftigkeit, Nützlichkeit, interessengebundene Vorteile. Die philosophische Vernunft meint eher das Gegenteil. Für sie ist Vernunft das Verbindende, der Wille zur Einheit und Freiheit.

Die Freiheit in der ökonomischen Theorie bezieht sich auf eine Wahlfreiheit im Konsum- und Unternehmensbereich. Wir können zwischen mehreren Alternativen auswählen und sollen eine zweckrationale Entscheidung treffen. Die philosophische Freiheit erhebt dagegen einen höheren Anspruch. Für sie bedeutet Freiheit vor allem Erkenntnisfreiheit (vgl. Steiner 1987). Das würde für die ökonomische Theorie bedeuten, daß die Qualität der Waren und Technologien sowie die allgemeinen Produktionsbedingungen viel stärker thematisiert werden müßten.

Diese Diskussion hat Rudolf zur Lippe (1991) in seinem philosophischen Essay "Freiheit, die wir meinen" begonnen. Er kritisiert, daß die moderne Ökonomie nicht auf der Erkenntnisfreiheit beruht, sondern ihre zentralen Begriffe wie Bedürfnis, Konkurrenz, Produktion, Eigentum, Wachstum nur unzureichend und interessengebunden bestimme und nach dem Sinn des Ganzen zu wenig frage. Zwar sei der Konsument in seiner Kaufentscheidung frei, doch nach der Substanz der Freiheit wird nicht gefragt. Freiheit wird zur Beliebigkeit. Jede Kaufentscheidung ist per Definition rational. Die Grenzen der Bedürfnisse sind die knappen Ressourcen und nicht das Prinzip Verantwortung (Jonas). Zur Lippe entwickelt den Begriff des

Bedürfnisses im aufklärerischen Sinne. Der Mensch hat danach ein Verlangen nach Freiheit und Vernunft, er spürt ein Streben nach Transzendenz, nach einem höchsten Gut (Kant). "So gehören in dem Begriff Bedürfnisse die Notdurft des Hungers und der Anspruch, am Weltganzen teilzuhaben, immerhin zusammen, noch bevor sie, wie bei Hegel, als wirksame Vermittlung des einen durch das andere begriffen werden" (zur Lippe 1991, S. 49).

Zur Lippe versucht die zweckrationalen ökonomischen Begriffe in vernünftige Ideen einzubetten und zu erweitern. So soll z.b. der Begriff des Marktes nicht einfach als Konkurrenz begriffen werden, sondern in seiner ursprünglichen Idee des Wettstreites. "Zusammenfassend müssen wir feststellen, daß Wetteifer nur eine untergeordnete Rolle in den beherrschenden Mechanismen von Konkurrenz spielt. Dies gilt auf zwei Ebenen, sowohl für die Konkurrenten, die am Markt auftreten, wie für die innere Organisation der konkurrierenden Unternehmen. Antriebskräfte, Initiativen und Entfaltung der Lebensgeister werden also aus systematischen Gründen in der herrschenden Form westlicher Marktwirtschaft unterentwickelt gehalten" (zur Lippe 1991, S. 59). Es geht nicht einfach um die Erweckung der Lebensgeister für wirtschaftliche Zwecke, sondern zur Entwicklung des Menschen und der Gesellschaft. Die Wirtschaft ist eher ein Mittel für menschliche Zwecke. Wobei die menschlichen Ziele nicht einfach definierbar sind und durch vollkommene Informationen besser bestimmbar sind. Dies ist im Jaspers'schen Sinne keine Schaffung eines freien Menschen, sondern seine Gefährdung. Ein 'Idealbild' der Ökonomie - der freie, rationale, souveräne Mensch, übersieht das eigentliche Menschsein.

Zum Menschen gehören positive Ziele, Ideen, Substanz und eine Annäherung an diese Ziele durch die Menschen selber (Identität). Innere und äußere Autonomie, Empathie für Mensch und Natur sind Voraussetzungen. Es geht nicht um eine formale oder rein finanzielle Freiheit. Es geht um die Möglichkeiten, seine eigenen Potentiale zu finden und frei zu entwickeln. Damit ist das Individuum frei und bedingt. In diesem Sinne könnte die Produzentensouveränität und Konsumentensouveränität, die politische Freiheit als Übungsfeld für die eigentliche Freiheit des Menschen, nach der Aufklärungsidee - die *Erkenntnisfreiheit* - angesehen werden. Erkennsnisfreiheit beinhaltet, daß jeder Mensch aufgrund seines allseitigen Wahrnehmens und klaren Denkens wissenschaftsfähig ist. Demokratie wäre damit nicht nur ein politisches Partizipationsproblem, sondern auch ein Feld in der Wissenschaft. Das heißt nicht, daß alle Menschen das gleiche denken, sondern daß sie potentiell die Voraussetzung für die Erkenntnis besitzen.

Die Instrumentalisierung von Zielen und Mitteln als reine Denkleistung abstrahiert, wie Max Weber eingestanden hat, von den Sachen und Gegenständen. Eine konkrete Waren- und Produktionskunde fehlt, ebenso ein reales Verhältnis zur Natur. Die Betrachtung der Dinge ist rein zweckorientiert und nicht *material*orientiert. Informationen werden nur nach ihrer Nützlichkeit beurteilt. Diese eingeengte Sichtweise hat ihre negativen Folgewirkungen in der Ökologie-Diskussion und Arbeitsmarktdiskussion gezeigt. Ein empathisches Verhältnis zur Arbeitstätigkeit und zur Natur fehlt. Empathie ist aber eine wesentliche Bedingung menschlicher Identität. Eine Störung der menschlichen Empathiefähgkeit führt zu sozialen Störungen und zu übertriebenen Konsumäußerungen. In diesem Sinne ist die Ökonomie eine Wissenschaft *ohne Gegenstand*. Dieses Problem verschärft sich, wenn die Ökonomie sich nicht nur mehr dem Betrieb, sondern neuen sozialen Fragen zuwendet. Hier wäre zu empfehlen: Schuster bleib bei deinen Leisten, d.h. bei der klassischen Frage der Smith'schen Ökonomie: wie verbessere ich den Wohlstnd des Landes und der Regionen.

Eine Verbesserung von Smith wäre die konkrete Thematisierung von Natur, Arbeit und Technik im Sinne einer Produktions- und *Werk*theorie und die Ausdehnung der Frage nach dem richtigen Umgang mit den konkreten Dingen, nach der Erstellung der menschlichen Grundversorgung im ästhetischen und kulturellen Sinne. Sicherlich haben Erziehung, Religion, Ehe etc. auch ökonomische Aspekte. Es sind aber primär nichtökonomische, menschliche Lebensäußerungen und bedürfen einer nichtökonomischen Wertbestimmung, die nicht von Ökonomen getroffen werden sollte. Diese sollten sich auf den Betrieb und die Gesamtwirtschaft beschränken.

Diskurspartner des Ökonomen wären dann sachgemäß zunächst die Tarifparteien. Da die Probleme in einer weltweiten Arbeitsteilung organisiert sind, sollten die Tarifparteien einen nationalen und internationalen Diskurs anstreben. Die nationale Ökonomie müßte demgemäß im Sinne des Prinzips der Kopräsenz ausgearbeitet werden.

Gesprächspartner wären im Sinne des Werkbegriffes auch die Techniker und Architekten sowie Landwirte. Diese ermöglichten die Einbringung der Gesetzmäßigkeiten und Qualitäten von bestimmten Gegenständen. Die Ökonomie könnte konkreter bis hin zum Gegenstand thematisiert werden, die Universalität wäre durch den Weltwirtschaftsgedanken gegeben.

Während die Ziele allgemein-menschlicher Natur sind, können wir zur Erreichung dieser Ziele ökonomische Mittel verwenden. Sie bilden die Basis für die Menschenwürde. In der Ökonomie werden die Natur und die Menschen als Produktionsfaktoren instrumentalisiert. Dies widerspricht dem Postulat der Aufklärung, daß der Mensch niemals Mittel für fremde Zwecke sein soll.

Ein weiterer Gradmesser für Humanität ist die Qualität unserer Mittel, vor allem der technischen Mittel. Die bisherige Diskussion um die Frage Technik und Herrschaft hat gezeigt, daß die Qualität und die Folgen der Technik eine ungelöste Frage ist. Es geht zwar auch um die Geeignetheit der Mittel für gegebene Zwecke, aber noch mehr um den angemessenen Umgang mit den Dingen bei unterschiedlichen Werthaltungen. Die verantwortungsbewußte Ökonomie ist allenfalls ein wichtiges Mittel für menschliche Ziele im Bewußtsein der spezifisch menschlichen Existenz.

Karl Jaspers hat die Frage "Was ist der Mensch überhaupt?" impliziert in scharfer Abgrenzung zum homo oeconomicus formuliert: "Ob der Mensch grundsätzlich erschöpfbar ist im *Gewußtsein,* oder ob er *Freiheit* ist, die sich gegenständlicher Wißbarkeit entzieht (...) Der Mensch ist mehr als er von sich wissen kann" (Jaspers 1951, S. 25). Humanität drückt sich nicht in machbarer Freiheit aus; der Mensch hat sich nicht selbst bzw. die Natur geschaffen. "Wir sind nicht frei durch uns selbst, sondern im Grunde der Freiheit durch das, worin *wir uns geschenkt werden* " (Jaspers 1951, S. 27). Geschenkt wurde uns auch Grund und Boden. Es gibt deswegen keine Begründung dafür, diesen mit privaten Eigentumtiteln zu vermarkten, sondern eher darum, folgende Polarität zu gestalten: einerseits die Natur zu schützen und andererseits die Ernährung zu gewährleisten. Wir können - in Anlehnung und Weiterführung von Karl Jaspers - auch die Freiheitsfrage als Polaritätsproblem formulieren: Wir sind nicht frei durch uns selbst, sondern im Grunde der Freiheit durch das, worin wir uns geschenkt werden. Wir sind uns geschenkt, frei zu sein.

Literatur

Jaspers, Karl, Über Bestimmungen und Möglichkeiten eines neuen Humanismus. Drei Vorträge, München 1951, S. 25ff

Lippe, Rudolf zur, Freiheit, die wir meinen, Hamburg 1991

Steiner, Rudolf, Die Philosophie der Freiheit (1894), 15. Aufl., Dornach 1987

Literaturverzeichnis

Aeppli, Ernst, Persönlichkeit. Vom Wesen des gereiften Menschen, 3. Aufl., Zürich/Stuttgart 1975

Altner, Günter (Hrsg.), Ökologische Theologie. Perspektiven zur Orientierung, 1. Aufl., Stuttgart 1989

Anders, Günter, Die Antiquiertheit des Menschen, 2 Bde, München 1980

Arndt, Helmut, Die Evolutorische Wirtschaftstheorie, Berlin 1992

Arrow, Kennth J., Economic theory and the hypothesis of rationality. The New Palgrave, vol 2, London 1986, S. 69-75

Auer, Alfons, Umweltethik, 1. Aufl., Düsseldorf 1984

Bachofen, Johann Jacob, Das Mutterrecht, Basel 1861

Bahrdt, Hans Paul, u.a., Das Gesellschaftsbild des Arbeiters, Tübingen 1957

Bahrdt, Hans Paul, Zur Frage des Menschenbildes in der Soziologie, in: Archives Européennes de Sociologie, Tome II, 1961, S. 1 ff.

Beck, Ulrich, Brater, Michael, Daheim, Hans-Jürgen, Soziologie der Arbeit und der Berufe, Hamburg 1980

Becker, Garry S., The Economic Approach to Human Behavior, Chicago 1976, dt.: Der ökonomische Ansatz zur Erklärung menschlichen Verhaltens, Tübingen 1982

Bentham, Jeremy, Economic Writings, Hrsg. W. Stark, 3 Bde., London 1952ff

Biervert, Bernd, Held, Martin (Hrsg.), Ökonomische Theorie und Ethik, Ffm 1987

Biervert, Bernd, Held, Martin, Das Menschenbild in der ökonomischen Theorie. Zur Natur des Menschen, Ffm, New York 1991

Bloch, Ernst, Das Prinzip Hoffnung, Gesamtausgabe Bd 5, Ffm 1959

Bohnen, A., Die utilitaristische Ethik als Grundlage der modernen Wohlfahrtsökonomik, Göttingen 1964

Bökenkamp, Joachim, Methodologische Betrachtungen der Annahme menschlichen Verhaltens aus der Sicht der Volkswirtschaftslehre, Göttingen 1985

Boos, Margarete, Die Wissenschaftstheorie Carl Mengers, Graz/Wien 1986

Brater, Michael, Büchele, Ute, Fucke, Erhard, Herz, Gerhard, Berufsbildung und Persönlichkeitsentwicklung, Stuttgart 1988

Brater, Michael, Büchele, Ute, Persönlichkeitsorientierte Ausbildung am Arbeitsplatz, München 1991

Bresser, Paul Heinrich, Körper-Seele-Geist, in: Elisabeth Lukas, Von der Trotzmacht des Geistes, Freiburg 1986

Briefs, Goetz, Betriebsführung und Betriebsleben in der Industrie, Stuttgart 1934

Buber, Martin , Das Problem des Menschen, Heidelberg 1982

Buchanan, James, Die Grenzen der Freiheit, Tübingen 1984

Chase, Stuart, Die Wissenschaft vom Menschen, Wien 1951

Dahrendorf, Ralf, Homo Sociologicus. Ein Versuch zur Geschichte, Bedeutung und Kritik der Kategorie der sozialen Rolle, Köln/Opladen 1959

Dahrendorf, Ralf, Sozialstruktur des Betriebes, Wiesbaden 1959

Die Zeit, Nr. 2, v. 8.1.93, Zeit der Ökonomen 11, León Walras

Dörge, F.W., Menschenbild und Institution in der Idee des Wirtschaftsliberalismus. Hamburger Jahrbuch für Wirtschafts- und Gesellschaftspolitik, 1, 1959, S. 199-209

Dreyfus, Hubert L., Was Computer nicht können. Die Grenzen künstlicher Intelligenz. Ffm 1989

Eulenburg, Franz, Phantasie und Wille des wirtschaffenden Menschen, Tübingen 1931

Fey, Alfred, Der homo oeconomicus in der klassischen Nationalökonomie und seine Kritik durch den Historismus, Limburg 1936

Feyerabend, Paul, Irrwege der Vernunft, Ffm 1989

Frankl, Viktor E., Der Mensch vor der Frage nach dem Sinn, München 1979

Frankl, Viktor.E., Ärztliche Seelsorge. Grundlagen der Logotherapie und Existenzanalyse, 10.Aufl., Wien 1982

Frey, Bruno S., Stroebe, W., Ist das Modell des Homo Oeconomicus 'unpsychologisch'? in: Zeitschrift für die gesamte Staatswissenschaft 136(1980), S. 82-87

Frey, Bruno S., Stroebe, W., Der Homo Oeconomicus ist entwicklungsfähig, in: Zeitschrift für die gesamte Staatswissenschft 137(1981), S. 293 f

Frey, Bruno S., Ökonomie ist Sozialwissenschaft, München 1990

Friedenthal, Richard, Karl Marx. Sein Leben und seine Zeit. München 1981

Friedman, Milton, Spiegel-Interview vom 30. März, Hamburg 1992

Fromm, Erich , Die Furcht vor der Freiheit, Ffm 1977

Fromm, Erich, Das Menschenbild bei Marx, in: Gesamtausgabe, Band V, 1. Aufl., München 1989, S. 335-395

Funk, Rainer, Mut zum Menschen. Erich Fromm's Denken und Werk, seine humanistische Religion und Ethik, Stuttgart 1978

Gehlen, Arnold, Anthropologische Forschung, Reinbeck bei Hamburg 1974

Gehlen, Arnold, Der Mensch. Seine Natur und seine Stellung in der Welt, 10. Aufl., Ffm 1974

Georgescu-Roegen, Nicholas, The Entropic Law and the Economic Process, Cambridge (Mass.) 1971

Gutenberg, Erich, Grundlagen der Betriebswirtschaftslehre, Erster Band, Die Produktion, 14. Aufl., Berlin/Heidelberg/New York 1968

Halbwachs, M., Das kollektive Gedächtnis, Stuttgart 1967

Hartfiel, Günter, Wirtschaftliche und soziale Rationalität, Berlin 1968

Hartmann, Heinz, Zwei Rationalitäten, politische gegen wirtschaftliche Rationalität, in: Zeitschrift für die gesamte Staatswissenschaft, 119, 1963

Haubl, Rolf, Molt, Walter, Weidenfeller, Gabriele, Wimmer, Peter, Struktur und Dynamik der Person. Einführung in die Persönlichkeitspsychologie, Opladen 1986

Heidegger, Martin , Wegmarken, 2.Aufl.Ffm 1978, vor allem: Vom Wesen der Wahrheit (1930) und: Brief über den Humanismus (1946)

Hersch, Jeanne, Die Hoffnung, Mensch zu sein, 6.Aufl., Zürich 1991

Hobbes, Thomas , Leviathan, ed. by C. B. Macpherson, Harmandsworth 1968

Hofmann, Werner, Rationalismus und Irrationalismus im ökonomischen Denken der Gegenwart, in: Jahrbuch für Sozialwissenschaft, Bd. 4/10, 1959

Holler, M.J., Homo oeconomicus, Lendemann, München 1983

Horkheimer, Max, Zum Begriff der Vernunft, in: Sozialphilosophische Studien, Aufsätze, Reden und Vorträge 1930-1972, S. Aufl., Ffm 1981, S. 47-51

Hueber, Anton, Die philosophische und ethische Begründung des homo oeconomicus bei Adam Smith, Ffm 1991

Hume, David, Eine Untersuchung über den menschlichen Verstand, Hrsg.: Herring, v. H., Stuttgart 1982

Hume, David, Treatise of Human Nature (1739), Oxfort 1888

Hunt, M., Das Rätsel der Nächstenliebe, Ffm 1992

Immler, Hans, Vom Wert der Natur, Opladen 1989

Jaspers, Karl, Über Bedingungen und Möglichkeiten eines neuen Humanismus, München 1951

Jaspers, Karl, Einführung in die Philosophie, München 1953

Jaspers, Karl, Die Atombombe und die Zukunft des Menschen, München 1958

Jaspers, Karl, Was ist Philosophie?, 3.Aufl., München 1983

Jaspers, Karl, Freiheit und Wiedervereinigung, 2.Aufl., München 1990

Jevons, William S., Die Theorie der politischen Ökonomie, dt. Ausgabe, Hrsg. Heinrich Wäntig, Leipzig 1923

Jonas, Hans, Das Prinzip Verantwortung, 1. Aufl. Ffm, 1984

Jürgens, H.W., Vogel, Chr., Beiträge zur menschlichen Typenkunde, Stuttgart 1965

Keynes, John Maynard, Allgemeine Theorie der Beschäftigung, des Zinses und des Geldes, Berlin 1936

Kirchgässner, Gebhard, Homo Oeconomicus, Tübingen 1991

Koslowski, Peter, Prinzipien der Ethischen Ökonomie, Tübingen 1988

Krell, Getraude, Das Bild der Frau in den Arbeitswissenschaften, Ffm, New York 1984

Kroeber,Riel, Werner, Konsumentenverhalten, München 1975

Kurz, Heinz D., Adam Smith (1723-1790), Ein Werk und seine Wirkungsgeschichte, Marburg 1991

Lippe, Rudolf zur, Freiheit, die wir meinen, Hamburg 1991

List, Friedrich, Das nationale System der Politischen Ökonomie, Gesammelte Werke, Hrsg. Artur Sommer, Bd. VI, Berlin 1930

Luhmann, Niklas, Soziologische Aufklärung 5. Konstruktivistische Perspektiven, Opladen 1990

Marx, Karl, Pariser Manuskripte 1844, Hamburg 1968

Marx, Karl, Engels, Friedrich, Das Kapital I, MEW 23, Berlin 1969

Marx, Karl, Engels, Friedrich, Das Kapital III, MEW 25, Berlin 1970

Maturana, Humberto R., Varela, Francisco J., Der Baum der Erkenntnis. Die biologischen Wurzeln des menschlichen Erkennens. München 1987

Maturana, Humberto R. ein Interview, in: Riegas, Volker / Vetter, Christian (Hrsg.), Zur Biologie der Kognition, Ffm 1990

McKenzie, Richard B./Tullock, Gordon, Homo oeconomicus. Ökonomische Dimensionen des Alltags, Ffm 1984

Mead, George Herbert, Geist, Identität und Gesellschaft aus der Sicht des Sozialbehaviorismus, Ffm 1968

Menger,Carl, Grundsätze der Volkswirtschaftslehre, 2. Aufl., Wien-Leipzig 1923

Meyer-Abich, Klaus Michael, Eigenwert der natürlichen Mitwelt und Rechtsgemeinschaft der Natur, in: Günter Altner (Hrsg.), Ökologische Theologie, Stuttgart 1989

Meyer-Faye, Arnold, Das Menschenbild bei Adam Smith, in: Holler, M. H. (Hrsg.), Homo oeconomicus III, München 1984

Meyer-Faje, Arnold, Identitätsorientierte Menschenführung, Bern/Stuttgrt 1990

Meyer-Faye, Arnold / Ullrich, Peter (Hrsg.), Der andere Adam-Smith, Beiträge zur Neubestimmung von Ökonomie als Politischer Ökonomie, Bern/Stuttgart 1991

Morin, E., Das Rätsel des Humanen. Grundfragen einer neuen Anthropologie, München/Zürich 1974

Müller, K.E., Menschenbilder früher Gesellschaften, Ffm 1983

Münsterberg, Hugo, Psychologie und Wirtschaftsleben, Leipzig 1912

Niemeier, Hans-Martin, Jevons, William Stanley und Marschall, Alfred, Untersuchungen zum Verhältnis von Ökonomie und Weltanschauung in der frühen englischen Neoklassik, Hamburg 1988

Opp, Karl-Dieter, Das Modell des Homo Sociologicus, Analyse und Kritik 8, 1986

Pelzmann, Linde, Wirtschaftspsychologie, 2. Aufl., Wien, New York 1988

Peukert, Helge Das sozialökonomische Werk Wilhelm Röpkes, Teil 1, S. 31-44, Ffm 1992

Phelps, Edmund S., Altruism, Morality and Economic Theory, New York 1975

Popitz, Heinrich, Das Gesellschaftsbild des Arbeiters. Soziologische Untersuchungen in der Hüttenindustrie, Tübingen 1957

Preiser, Erich, Das Rationalprinzip in der Wirtschaft und in der Wirtschaftspolitik, Jahrbücher für Nationalökonomie und Statistik, 158. Bd., 1943

Remplein, Heinz, Psychologie der Persönlichkeit, 4. Aufl., München/Basel 1963

Ricardo, David, Grundsätze der politischen Ökonomie und Besteuerung, Ffm 1972

Rickert, Heinrich, Kulturwissenschaft und Naturwissenschaft, Freiburg 1899

Rombach, Heinrich, Die Frage nach dem Menschen. Aufriß einer philosophischen Anthropologie, Freiburg/München 1966

Rothschild, K.W., Wie nützlich ist der Homo Oeconomicus? in: Zeitschrift für die gesamte Staatswissenschaft 137(1981), S. 289-292

Rotter, J., Hochreich, D., Persönlichkeit, Messung, Forschung, Heidelberg 1979

Schack, Herbert, Der irrationale Begriff des Wirtschaftsmenschen, in: Jahrbücher für Nationalökonomie und Statistik, 122. Bd., 1924

Schack, Herbert, Das Menschenbild in der Geschichte der Volkswirtschaftslehre, in: Festschrift für F. Bülow, hrsg. v. O. Stammer und K.C. Thalheim, Berlin 1960

Schaff, Adam, Marxismus und das menschliche Individuum, Wien 1965

Scheler, Max, Zur Idee des Menschen, Gesammelte Werke, Bd.3, Bern 1955

Scherhorn, Gerhard, Autonomie und Empathie, in: Biervert/Held, Das Menschenbild in der ökonomischen Theorie, Ffm/New York 1991, S. 153-172

Schlieper, Friedrich, Allgemeine Berufspädagogik, Freiburg 1963

Schlieper, Friedrich, Allg. Unterrichtslehre für Wirtschaftsschulen, 3. Aufl., Freiburg 1964

Schmidt, Siegfried J. (Hrsg.), Der Diskurs des radikalen Konstruktivismus, Ffm 1987

Schmölders, Günter, u.a., John Maynard Keynes als Psychologe. Berlin 1956

Schmölders, Günter, Geschichte der Volkswirtschaftslehre, Hamburg 1966

Schmölders, Günter, Finanz- und Steuerpsychologie, Das Irrationale in der öffentlichen Finanzwirtschaft, Hamburg 1979

Schmölders, Günter, Verhaltensforschung im Wirtschaftsleben, München 1984

Schmoller, Gustav, Grundriß der Allgemeinen Volkswirtschaftslehre, Erster Teil, Leipzig 1920

Schumpeter, Joseph A., Kapitalismus, Sozialismus und Demokratie, 3. Aufl., München 1950

Schumpeter, Joseph A., Theorie der wirtschaftlichen Entwicklung, 5. Aufl., Berlin 1952

Schweppenhäuser, Hans-Georg, Zur Pathologie der modernen Erwerbsgesellschaft, Berlin 1973

Sen, Armartya K., Rational behaviour, The New Palgrave, vol. 4, London 1988, S. 68-78

Seubert, Rolf, Berufserziehung und Nationalsozialismus. Das berufspädagogische Erbe und seine Betreuer, Weinheim/Bsel 1977

Skinner, Burrhus F., Behaviour of Organism, New York 1938

Skwiercz, Sylvia Hanna, Der Dritte Weg im Denken von Wilhelm Röpke, 1. Aufgl.S. 109-135, Würzburg 1988

Smith, Adam, Eine Untersuchung über Natur und Wesen des Volkswohlstandes, dt. Ausgabe, Gießen 1973

Smith, Adam, An Inquiry into the Nature and Causes of the Wealth of Nations, edited by Campbell, R. H./Skinner, A. S., Glasgow Edition Vol. II, Oxford 1976

Smith, Adam, The Theory of Moral Sentiments, edited by Raphael, D. D./Macfie, A.L., Glasgow Edition Vol. I, Oxford 1976

Smith, Adam, Essays on Philosophical Subjects with Dugald Stewart's Account of Adam Smith, edited by Wightman, W. P. D./Bryce, J. C. / Ross, I. S., Glasgow Edition Vol. III, Oxford 1980

Smith, Adam, Theorie der ethischen Gefühle, Hrsg.: Eckstein, Walther, Hamburg 1985

Sombart, Werner, Der Bourgeois, Zur Geistesgeschichte des modernen Wirtschaftsmenschen, München/Leipzig 1923

Sombart, Werner, Vom Menschen. Versuch einer geisteswissenschaftlichen Anthropologie, Berlin 1938

Sombart, Werner, Allgemeine Nationalökonomie, Berlin 1960

Sombart, Werner, Liebe, Luxus und Kapitalismus. Über die Entstehung der modernen Welt aus dem Geist der Verschwendung, 2. Aufl. Berlin 1992

Spranger, Eduard, Goethes Weltanschauung, Berlin 1942

Spranger, Eduard, Lebensformen, 8. Aufl. Tübingen 1950

Staudinger, Hugo (Hrsg.), Wer ist der Mensch? Entwurf einer imperativen Anthropologie, Stuttgart/Bonn 1981

Steiner, Hans Friedrich, Marxisten-Leninisten über den Sinn des Lebens. Eine Studie zum kommunistischen Menschenbild, Essen 1970

Steiner, Rudolf, Nationalökonomischer Kurs, 5. Aufl., Dornach 1979

Steiner, Rudolf, Die Philosophie der Freiheit (1894), 15. Aufl., Dornach 1987

Tietzel, Manfred, Die Rationalitätsannahme in den Wirtschaftswissenschaften oder der homo oeconomicus und seine Verwandten. Jahrbuch für Sozialwissenschaft, Band 32, Heft 2, 1981, S. 115-139

Tillich, Paul, Der Mensch im Marxismus und Christentum, in: Ges. Werke Bd. III, Stuttgart 1965, S. 194-209

Trapp, Manfred, Adam-Smith - politische Philosophie und politische Ökonomie, Göttingen 1987

Ulrich, Hans, Probst, Gilbert, Anleitung zum ganzheitlichen Denken und Handeln. Ein Brevier für Führungskräfte, 3. Aufl., Bern/Stuttgart 1991

Ulrich, Peter , Transformation der ökonomischen Vernunft, 3. Aufl., Bern/Stuttgart/Wien 1993

Vollmer, Gerhard, Evolutionäre Erkenntnistheorie, 5. Aufl., Stuttgart 1990

Walras, Léon, Éléments d'économie politique pure ou Théorie de la richesse sociale, Faksimile der Erstausgabe von 1874/77, Düsseldorf 1988

Watzlawick, Paul (Hrsg.), Die erfundene Wirklichkeit, München 1991

Weber, Max, Die protestantische Ehtik und der 'Geist' des Kapitalismus. In: Gesammelte Aufsätze zur Religionssoziologie, Bd. 1, Tübingen 1920

Weise, Peter, Homo oeconomicus und homo sociologicus. Die Schreckensmänner der Sozialwissenschaften. Zeitschrift für Soziologie 18, April 1989, S. 148-161

Weizenbaum, Joseph, Die Macht der Computer und die Ohnmacht der Vernunft, 1. Aufl., Ffm 1977

Weizsäcker, Carl F.v., Der Garten des Menschlichen, Ffm 1980

Witt, Ulrich (Hrsg.), Studien zur evolutorischen Ökonomik I und II, Berlin 1990 bzw. 1992

Witt, Ulrich, Individualistische Grundlagen der evolutorischen Ökonomik, Tübingen 1987

Wolff, Helmuth, Der homo oeconomicus: eine nationalökonomische Fiktion, Berlin und Leipzig 1926

Woll, Helmut, Die Untauglichkeit des Indikators Sozialprodukt als Wohlfahrtsmaß, München 1981

Woll, Helmut, Ethik und Ökonomie in der "Theory of Morals Sentiments", in: Bausteine, Zeitschrift für theoretische Ökonomie und soziale Fragen, Vol. 11, Freiburg 1987, S. 63 ff.

Woll, Helmut, Die Wirtschaftslehre des deutschen Faschismus, München 1988

Woll, Helmut, Das Ziel-Mittel-Problem, in: Biesecker/Grenzdörffer (Hrsg.), Ökonomie als Raum sozialen Handelns, Bremen 1994, S. 36-51

Wunderlich, Werner (Hrsg.), Der literarische Homo oeconomicus, Bern/Stuttgart 1989

Wurzbacher, G., Der Mensch als soziales und personales Wesen, 2. Aufl., Stuttgart 1968

Zabeck, Jürgen, Zur Grundlegung einer Didaktik der kaufmännischen Berufserziehung, in: Jahrbuch für Wirtschafts- und Sozialpädgogik, Heidelberg 1968, S. 87-141

Stichwortregister